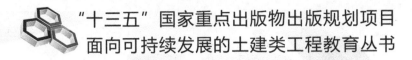

"十三五"国家重点出版物出版规划项目
面向可持续发展的土建类工程教育丛书

SUSTAINABLE
DEVELOPMENT

国际工程管理概论

主　编　张明媛
副主编　周光毅
参　编　台双良　李　静
　　　　石　磊　刘建强
主　审　李忠富

本书关注国际工程中的基本问题，共 11 章，内容包括国际工程概况、国际工程管理模式、国际工程咨询与工程承包、国际工程设备材料采购、国际工程风险与保险管理、国际工程合同管理、国际工程跨文化管理、国际工程计量与估价、国际工程法律法规、国际工程融资以及国际工程管理案例。

本书属于概论性质的教材，在较为全面地概括国际工程涉及的主要知识点的同时，运用实际工程案例为读者提供理论与实践相结合的素材。

本书主要作为高等院校工程管理及相关专业的本科及研究生教材，也可以供建设工程技术和工程管理从业人员学习参考。

图书在版编目（CIP）数据

国际工程管理概论/张明媛主编．—北京：机械工业出版社，2019.8（2024.7 重印）

"十三五"国家重点出版物出版规划项目　面向可持续发展的土建类工程教育丛书

ISBN 978-7-111-63338-9

Ⅰ.①国⋯　Ⅱ.①张⋯　Ⅲ.①国际承包工程-工程管理-概论　Ⅳ.①F746.18

中国版本图书馆 CIP 数据核字（2019）第 157137 号

机械工业出版社（北京市百万庄大街 22 号　邮政编码 100037）
策划编辑：冷　彬　　　责任编辑：冷　彬　刘　静　商红云
责任校对：朱继文　陈　越　封面设计：张　静
责任印制：常天培
北京机工印刷厂有限公司印刷
2024 年 7 月第 1 版第 2 次印刷
184mm×260mm・14.75 印张・374 千字
标准书号：ISBN 978-7-111-63338-9
定价：38.00 元

电话服务　　　　　　　网络服务
客服电话：010-88361066　机 工 官 网：www.cmpbook.com
　　　　　010-88379833　机 工 官 博：weibo.com/cmp1952
　　　　　010-68326294　金　书　网：www.golden-book.com
封底无防伪标均为盗版　机工教育服务网：www.cmpedu.com

前　言

随着"一带一路"倡议得到国际社会的广泛响应，我国建设工程企业在国际工程市场迎来了机遇和发展空间。与此同时，与发达国家的大型建设工程企业相比，我国企业在新常态下的全球市场竞争中要经受更加严峻的考验。面对新形势，实现我国对外经济合作的可持续发展，积极响应"一带一路"倡议，加强国际工程管理专业人才的培养是我国工程管理领域的当务之急。

从事国际工程管理相关业务的专业人员，不仅要具备扎实的工程类专业知识，还要掌握工程项目管理的国际惯例以及国际工程市场的相关知识，这样才能在新形势下适应全球市场激烈竞争的需求。

本书全面系统地介绍了国际工程管理的相关知识。首先，以国际工程的相关概念为切入点，介绍国际工程市场及其发展，并对国际工程管理模式进行了详细的阐述；在此基础上，再根据国际工程自身的特点和特性，对国际工程在跨文化、投融资、采购、成本、合同等方面的管理及工程咨询和工程法律法规的国际惯例和相关知识进行了较为全面的介绍和分析，并单独设置国际工程管理案例章节，通过对实际案例的解析帮助读者进行更加透彻和深入的学习。

本书由张明媛担任主编，周光毅担任副主编。具体的编写分工为：第1、7、9、11章由大连理工大学张明媛编写，第2、6章由中建八局周光毅编写，第3、4章由中建八局刘建强编写，第5章由哈尔滨工业大学台双良编写，第8章由大连理工大学李静编写，第10章由大连理工大学石磊编写。全书由张明媛、周光毅统稿。

李忠富教授担任本书的主审，他提出了宝贵的修改意见与建议，促进了本书编写水平的提高。大连理工大学研究生曹天卓、陈硕、赵媛、石瑞协助完成资料收集与整理及文字录入、修改等工作。在此，向他们表示衷心的感谢。

本书在编写过程中参考了许多国内外专家、学者的著作、教材等相关文献，在此，向这些专家、学者表达崇高的敬意，也向可能遗漏的文献的作者表示歉意。

由于编者水平有限，书中难免存在一些论述不够严谨的内容，有些内容由于理论成熟度的限制还不能做到与时俱进，恳请国内同行批评指正。

编　者

目 录

前　言

第 1 章　国际工程概况　/　1

本章要点　/　1

引入案例　/　1

1.1　国际工程概述　/　1

1.2　国际工程市场　/　4

1.3　我国国际工程市场的发展　/　8

案例分析　/　14

第 2 章　国际工程管理模式　/　16

本章要点　/　16

引入案例　/　16

2.1　国际工程项目参与方　/　16

2.2　国际工程管理模式分类　/　19

案例分析　/　30

第 3 章　国际工程咨询与工程承包　/　33

本章要点　/　33

引入案例　/　33

3.1　国际工程咨询　/　33

3.2　国际工程承包　/　46

案例分析　/　59

第 4 章　国际工程设备材料采购　/　61

本章要点　/　61

引入案例　/　61

4.1 国际工程设备材料采购概述 / 61
4.2 国际工程设备材料采购的招标投标 / 64
案例分析 / 72

第 5 章 | 国际工程风险与保险管理 / 75

本章要点 / 75
引入案例 / 75
5.1 国际工程风险概述 / 75
5.2 国际工程风险的特性和对策 / 81
5.3 国际工程的风险分担 / 87
5.4 国际工程保险 / 94
案例分析 / 102

第 6 章 | 国际工程合同管理 / 109

本章要点 / 109
引入案例 / 109
6.1 工程合同概述 / 109
6.2 工程合同的变更 / 114
6.3 工程的索赔管理 / 117
案例分析 / 123

第 7 章 | 国际工程跨文化管理 / 125

本章要点 / 125
引入案例 / 125
7.1 国际工程中的文化影响 / 125
7.2 我国承包国际工程主要分布地区的文化与市场环境对比 / 127
7.3 规避跨文化风险的措施 / 130
案例分析 / 132

第 8 章 | 国际工程计量与估价 / 134

本章要点 / 134
引入案例 / 134
8.1 国际工程计量 / 135
8.2 国际工程估价 / 142
8.3 国际工程报价决策 / 152

案例分析 / 155

第 9 章　国际工程法律法规 / 165

本章要点 / 165

引入案例 / 165

9.1　发达国家国际工程相关的法律法规 / 165

9.2　中外建筑业法律法规体系的比较 / 174

9.3　我国国际工程实施过程中涉及的主要法律问题 / 180

案例分析 / 190

第 10 章　国际工程融资 / 192

本章要点 / 192

引入案例 / 192

10.1　国际工程融资渠道 / 192

10.2　国际工程融资模式及策略 / 203

10.3　国际工程融资风险管理 / 208

案例分析 / 209

第 11 章　国际工程管理案例 / 213

11.1　中海外联营体波兰 A2 高速公路项目 / 213

11.2　中铁建麦加轻轨项目 / 215

11.3　中资煤矿公司赞比亚科蓝矿案 / 217

11.4　非洲某公路项目 / 218

11.5　中国石油工程建设公司伊朗油田工程 / 219

11.6　ABI Group 工程保险索赔案 / 220

11.7　北京城建第一建设发展有限公司越南黄金西湖公寓项目 / 222

11.8　中国土木工程集团公司尼日利亚铁路现代化改造工程 / 224

11.9　中地公司孟加拉国 D-S 公路项目 / 225

11.10　中国路桥集团埃塞俄比亚亚环路项目的索赔管理 / 226

参考文献 / 230

第 1 章

国际工程概况

本章要点
- 国际工程的相关概念
- 国际工程市场的现状和趋势
- 我国国际工程市场的发展

◆ 引入案例

中国武夷 2018 年 11 月 19 日晚间公告，2018 年 11 月 15 日，公司接到巴布亚新几内亚工程部关于合同号 No. CSTB 3775 东高地省亨加诺菲到钦布省曼吉诺桥到西高地省坎嘎穆嘎机场工地高速公路修复、扩建、改造和维护项目中标通知书，项目合同金额为 1.56 亿基那，折合人民币约 3.23 亿元（当前汇率 0.4846 基那/人民币元）。该项目是巴布亚新几内亚第二大港口城市莱城连接第三大城市哈根的重要标段，全长共计 160km，公司负责上述工程项目的施工。施工合同尚未签订，项目施工工期为 1446 天。本项目预计实现利润总额 1600 万元。

1.1 国际工程概述

1. 国际工程的概念

工程（Engineering）是一个通用名词。

项目（Project）是指在一定约束条件下，具有一定目标的一次性活动。

目前，关于国际工程项目还没有一个完整的学术定义，一般将其理解为工程项目参与者来自不止一个国家，并且按照国际上通用的工程管理模式进行管理的工程。

国际工程（International Project）可以从两个方面去理解：包括咨询和承包两大领域；包含国内和国外两个市场。

国际工程既包括我国工程单位在海外参与的工程，也包括大量的国内的涉外工程，如利用世界银行等国际金融组织的贷款项目。因而国际工程属于国际经济合作范畴，同时，它也是国际技术贸易和国际劳务合作的一种方式。

2. 国际工程的分类

国际工程的分类方法有多种，常见的有以下三种：

（1）按工程项目所在地国别分

1）由我国的投融资、咨询、施工、制造供货和其他相关工程经营主体去国外参与其中的投融资、咨询、监理、承包、供货安装或其他活动的工程。这类工程又称境外工程。

2）由国外相关方参与投融资、咨询、投标、承包（包括分包）、监理的在我国实施的工程，也称涉外工程。

（2）按业务结构分

可分为国际工程的投融资、设计咨询、承包（包括分包、供货安装）及其他服务（如管理、运营维护、劳务等）。

（3）按专业领域分

一般包括房屋建筑、制造、工业/石化、水利、排水、交通、有害废物处理、电力、电信及其他等十大类。

3. 国际工程的特点

（1）工程自身的特点

1）产品的固定性与生产的流动性。

2）产品生产与交易的统一性。

3）生产的个体性和产品的单件性。

4）产品的社会性和交易的长期性。

5）建筑产品的不可逆转性。

6）产品的高价值性和高造价性。

7）工程项目的整体性和分部分项工程的相对独立性。

（2）国际工程独有的国际性特征

国际工程同国内工程相比较具有四个特点：

1）具有合同主体的多国性。国际工程签约的各方通常属于不同的国家，受多国不同法律的制约，而且涉及的法律范围极广，诸如招标投标法、建筑法、公司法、劳动法、投资法、外贸法、金融法、社会保险法、各种税法等。工程中的参与人（业主、承包商、咨询设计单位、设备制作与安装及各专业分包商、贷款银行和劳务等）可能来自不同国家，有多个不同的合同来限定各方之间的法律关系，而这些条款不一定与工程所在国的法律法规完全一致，会导致歧义和争端的发生，处理起来较为复杂。

2）影响因素多、风险增大。国际工程受到政治、经济影响因素多，风险相对增大，如：

① 国际政治经济关系变化可能引起的制裁和禁运。

② 某些资金来源于国外的项目资金减少或中断。

③ 某些国家对承包商实行地区和国别限制或歧视政策。

④ 工程所在国与邻国发生边境冲突。
⑤ 由于政治形势失稳而可能发生内战或暴乱。
⑥ 由于经济状态不佳而可能出现金融危机等。

这些都可能使工程中断或造成损失。因此，从事国际工程不仅要关心工程本身的问题，而且还要关注工程所在国及其周边地区和国际大环境的变化所带来的影响。

3）按照严格的合同条件和国际惯例管理工程。国际工程不能完全按某一国的法律法规或按照某一方的行政指令来管理，而应采用国际上多年形成的严格的合同条件和工程管理的国际惯例来管理。从启动到投产，一个国际工程项目的实施程序具有一定的规范化。这也保证了项目参与各方的责任权利和义务。

4）技术标准、规范和规程庞杂。国际工程合同文件中需要详尽地规定材料、设备、工艺等各种技术要求，通常采用国际上被广泛接受的标准、规范和规程，如 ANSI（美国国家标准协会标准）、BS（英国国家标准）等，但也涉及工程所在国使用的标准、规范和规程。这些技术准则的庞杂性无疑会给工程的实施增加一定的难度。

（3）国际工程行业的风险与利润并存

国际工程充满风险，每年国际上都有一批工程公司经营出现严重亏损甚至倒闭，但是国际工程市场也有一定的、有时甚至是丰厚的利润。同时，国际工程市场还受全球政治经济、军事安全形势等因素的影响，其发展容易出现波动和不平衡。因此，一个从事国际工程业务的公司要在这个市场竞争中求得生存和发展的机会，就需要提高公司本身的素质和竞争力。

（4）国际工程行业的挑战与机遇并存

一方面，自 2008 年金融危机爆发以来，全球经济低迷，需求下滑，国际建筑承包市场受到严重影响，导致工程承包竞争加剧，国际工程承包商面临着更加严酷的挑战；另一方面，以 FEPC、BOT 和 BT 等方式进行开发的国际工程项目增多，特别是我国资金参与到国际工程投资和承包领域增多，"一带一路"倡议及亚洲基础设施投资银行、金砖国家银行的设立，为我国承包商参与全球基础设施投资建设带来全新的机遇。

（5）国际工程与社会自然环境交互影响

这种交互影响突出表现为：①国际工程影响社会自然环境，社会自然环境反过来也影响国际工程；②受影响的不止一个方面，而是多个方面；③不仅是局部区域的、一个国家的影响，而且是多国的、国家之间的影响。

4. 国际工程咨询

国际工程咨询（International Engineering Consulting）是指在工程项目实施的各个阶段，咨询人员利用技术、经验、信息等为客户提供知识密集型的智力服务。它包括投资机会研究、预可行性研究、可行性研究、项目评估、勘测、设计、招标文件的编制、监理、管理、后评价等工作。换言之，就是咨询专家受客户委托为寻求解决工程实际问题的最佳途径而提供的技术服务。第二次世界大战以后，伴随着世界技术革命和社会经济的发展，工程咨询也开始走向国际市场，成为一个多学科、跨行业、融合经济与技术的综合性服务行业。工程咨询公司不仅可以为客户提供专门的高新技术（如发明专利等），而且可以协助客户实施工程项目（如可行性研究、工程设计等）。

世界银行称自己 95% 的贷款项目都是成功的，成功的重要原因之一就是通过咨询公司参与的全过程，帮助和监督业主实施工程项目。

5. 国际工程承包

国际工程承包（International Engineering Contracting）是指：工程公司或其他有工程实施能力的单位通过国际性投标竞争，接受业主委托，为工程项目或其中某些子项目进行建造、设备采购和安装调试及提供劳务等工作。按照业主的要求，有时也做施工详图设计和部分永久工程的设计。

国际工程承包的参与者可分为业主、咨询工程师和承包商三方，其中任何一方都不一定是单个的自然人或法人，例如工程项目的业主可能涉及工程所在国政府的几个部门，或者若干个合营或投资者，还可能有银行和贷款财团参加，承包方也可能涉及多家承包商以各种各样的合作方式共同完成一个工程项目。

6. 国际工程基本建设程序

国际工程建设的基本程序都是类似的。一个工程项目从开始酝酿到竣工投产完成一个项目周期，大体上可概括为以下四个阶段：

1）项目决策阶段。主要任务是进行一系列调查与研究，为投资行为做出正确的决策，开展机会研究和可行性研究。

机会研究实际上是对某一产业部门、区域或某一项目的投资机会的研究，可以由业主提出规划事项，由专门的经济部门或由工程咨询公司协助负责完成。对于一个项目进行机会研究的目的，是试图通过初步的调查研究，探讨项目建设的必要性和可能性。这一阶段的成果可能是一份研究报告，也可能是一份简明的投资建议书。

可行性研究是在机会研究的基础上，为了保证投资决策的正确性，进一步开展的分析。对某些大型或复杂项目还可能分三个层次进行该研究，即可行性初步研究、辅助研究、可行性详细研究。

2）建设准备阶段。主要是为项目进行建设做好各种准备工作，如办理审批手续、进行工程设计和工程采购等。

3）项目实施阶段。主要是按合同进行项目的施工、竣工和投产，达到预期项目目标，实现投资效益。

4）总结阶段。在项目投产或运营一段时间之后，对项目建设的全过程、项目选择、建设方案、项目目标的完成情况，特别是经验和教训进行总结与评价。

1.2 国际工程市场

1.2.1 国际工程市场的产生和发展

19世纪中期，西方国家在向其殖民地和经济不发达国家输出资本的过程中，带动了西方建筑师和营造商进入接受其投资国的建筑市场，形成了早期的国际工程市场。

1）第二次世界大战后到20世纪60年代，一些发达国家在战后恢复时膨胀发展起来的工程公司，因国内任务相对减少而不得不转向国际市场。

战后，许多国家百废待兴，建设规模巨大，建筑业迅猛发展。但到了20世纪50年代中后期，这时的国际资本也开始向不发达国家流动，加上联合国开发机构和国际金融组织纷纷给第三世界国家提供贷款和援助，国际工程市场开始活跃起来。

2）20世纪70年代中东石油市场的繁荣进一步推动了国际市场的蓬勃发展。20世纪五六十年代中东地区石油的发现和开采，特别是70年代许多国际石油公司争相在这个地区投资，使中东地区成为全世界关注的焦点。中东的产油国家外汇收入剧增，雄厚的资金积累使得中东国家除了继续兴建油田、炼油厂和相应的石化厂外，还大规模修建输油管、港口、码头、公路、铁路、机场，以及与石油有关的各类工业和能源、水源项目；另外，过去人烟稀少的海滩和沙漠区域也建造起一座座现代化的新城市。20世纪70年代的中东和北非地区，特别是海湾地区的产油国，每年的工程承包合同金额达数百亿美元。这些国家既缺乏生产和施工技术，又缺乏熟练的劳务人员，因此各国的咨询设计、建筑施工和专业安装公司，以及各类设备和材料的供应商及数百万名外籍劳务人员同时进入中东，使这一地区成为国际工程的中心场所，也推动了国际工程市场的快速发展。

3) 20世纪80年代以后出现分化并进入相对稳定的时期。中东建筑市场的繁荣在1981年达到了顶峰，这一年中东地区国际工程承包合同总金额达到了800多亿美元（不含当地公司承包的合同金额）。但1982年以后，国际市场石油价格回落，加上两伊战争的影响，中东各国石油生产量和出口量大幅度下降，石油收入锐减，制约了中东各国经济的发展。随后的海湾战争及地区局势的不稳定，使得中东各国不得不大力压缩发展项目削减建设投资，放缓建设速度，使繁荣了十多年的中东国际工程市场逐渐低落下来。

建筑业的兴旺与低落通常是与经济发展形势紧密联系的。在中东经济回落的20世纪80年代后期和90年代前期，东亚和东南亚地区利用外资的步伐加快，使得这一地区的许多国家，如韩国、新加坡、马来西亚、泰国和印度尼西亚等国，以及我国香港和台湾地区的经济增长率远高于世界其他大多数地区。许多发达国家积极将劳动密集型工业和可利用当地资源的项目转移到这些国家和地区，这不仅进一步促进了这些国家和地区的经济繁荣，还拉动基础设施（如能源、电力、水源、通信、交通）及其他配套服务设施（如城市住房、商业和办公建筑）的相应发展，使这一地区成为国际工程市场的热点。

1.2.2 国际工程市场的现状和趋势

总体来说，目前国际工程市场的现状和趋势表现为以下四个方面：

1) 工程项目趋于大型化和复杂化。这一特点促进了公司纷纷相互联合、兼并，增强垄断地位。例如，2017年排行前10名的最大承包商的营业额合计6113.47亿美元，约占全球承包商250强总营业额的40.93%。

2) 国际工程市场流行"设计-建造"方式。为业主提供全面服务，美国目前有大约1/3的项目采用这种方式运作。

3) 许多工程项目东道国实行地方保护主义政策。

4) 对工程公司的科技与管理水平要求不断提高。一方面要求咨询、承包公司引进新工艺、新技术与科学管理；另一方面，随着国际市场竞争加剧，工程公司为了获得项目常常采取低利润率报价，这就相当于承担了较大的风险。

这些都是因为：一方面，国际市场对工程的需求具有很大弹性，它直接受世界经济和各国家、各地区经济发展状况与政治局势的左右，还受固定资产投资规模和方向的影响。而且，需求的内容多种多样，所有工程项目都要按照特定的业主要求来建造。需求的多样性要求企业有较强的适应能力，才能获得更多机会。另一方面，国际工程项目实施采用承发包模式，在国际工程市场上，发达国家的承包商拥有较雄厚的资金、先进的技术和成熟的管理经验，综合经营和抵御风险的适应能力比较强，在竞争中占有明显优势。

1. 国际工程承包市场现状和趋势

国际工程承包市场是一个非常广阔的市场，也是一个规模宏大的市场。世界经济一体化和全球化浪潮强烈冲击着工程承包市场的区域保护并改变着市场的竞争格局。

（1）现状

1）市场持续繁荣，规模相对稳定，出现多元化格局。

2）从用途、科技含量和质量要求等角度看，工程承包项目大致分为劳动密集型、技术密集型和知识密集型。目前，发展中国家因在劳动力成本上比较有优势，承建的项目多为相对简单的劳动密集型项目，但近年已开始向技术密集型项目和知识密集型项目转移；发达国家承包商则凭借其在信息、技术、融资及管理方面的显著优势在工程咨询、工程设计和工程管理等技术密集型业务上表现出了很强的竞争力。根据美国《工程新闻记录》（ENR）的统计，全球最大的250家国际工程承包商中60%来自欧美国家。

3）国际工程承包市场发包的单项工程规模正在朝大型化的方向发展，尤其在对大型和超大型项目的运作方面，一般企业很难独立承担项目的巨额融资规模和高度风险。近年来，国际工程承包业兼并和重组不断发生，大的国际工程承包商在兼并中获得了更多的金融和技术资源，竞争力不断提高。

4）尽管大部分发达国家和地区建筑市场是开放的，但其普遍实施的专业执照、企业许可及人员注册资格制度等，仍对发展中国家企业的进入构成较大的技术壁垒。例如，美国从事给水排水、消防、电气、暖通、电梯等专业的建筑公司一律要有专业执照，对建筑师、工程师等个人执业资格的考试十分严格。此外，一些国家在专业人员的资历认可方面，不承认部分发展中国家的工程技术人员学历和专业资历。

（2）趋势

1）工程规模大型化、复杂化。近年来，国际工程承包市场大项目、超大项目不断产生，这也促使大型的、超大型的承包商集团不断出现。国际工程发包额的提升一方面是由于一些发展中国家经济条件的改善，进一步加大了对基础设施投资的力度；另一方面业主为了缩短项目建设工期和尽量减少承包中的中间环节，越来越倾向于委托总承包商提供项目的勘测、设计、设备供货、施工安装、调试、售后维修等一揽子服务。

为了整合资源及提升本地化运作能力，众多国际工程承包商相继实施业内资产重组，形成一大批大型国际工程承包企业。另外，国际工程承包市场开放度不断提高，尤其世界贸易组织（WTO）《政府采购协议》的生效，使各缔约方政府项目的工程承包市场更加开放。工程承包作为服务贸易的重要组成行业，得到迅速发展，工程承包业将成为发展中国家吸引外资最大的行业之一。

2）承发包方式多样化。随着世界经济总量不断增加，对工程服务的需求扩大，全球工程市场的投资主体结构正在发生变化，使国际工程的承发包方式更加多样化。这也引起交付系统的变革。EPC（设计-采购-施工）、PMC（项目管理总承包）等一揽子交钥匙工程，BOT（建设-经营-移交），PPP（公共部门与私人企业合作、公私合营，国内译作政府和社会资本合作）等带资承包方式，成为国际大型工程项目广为采用的模式。据有关专家估算，现今带资承包项目约占65%。这将使业主对承包商的素质和能力的要求大幅提高，如能帮助业主进行项目融资等。

3) 国际工程承包管理规范化。随着国际工程承包市场的风险系数加大，国际承包商的风险防范意识也在增强，加之国际竞争的需要，国际工程承包业务在技术创新、电子化管理、质量管理、环保管理，以及安全管理等方面都逐步规范化、标准化。国际服务贸易标准对工程承包商的资质和对服务的质量均提出较高要求，成为市场准入的技术壁垒。

2. 国际工程咨询市场现状和趋势

（1）现状

工程咨询业在主要发达国家经过一个多世纪的发展，已成为相当成熟和发达的产业，其共同特点是：

1）专业领域宽，业务范围大；有较为完善的行业法规，机构种类多，从业人员和公司数量多，技术水平高，市场竞争激烈，积极发展海外业务。

例如，在较早形成咨询业的美国、英国和法国，多数公司都拥有一批有较高的技术理论知识水平和丰富的实践经验的技术与经济专家，可为各行各业的工程建设进行规划和可行性研究，承担工程设计、设备采购、施工监理等各项具体工作，制定设备和土木工程的招标文件及评选意见，审查承包商的施工组织设计等，为建设管理工作全过程提供服务。起步较晚的德国咨询业发展十分迅速，现有咨询企业1800多家，其中，1500余家大型公司组成"德国独立咨询企业协会"。20世纪60年代才兴起的日本咨询业已进入了稳步发展的阶段，成立了"日本海外工程咨询公司协会"，着力开拓海外咨询业务。此外，澳大利亚和其他一些欧洲国家也都形成了能力较强的工程咨询行业。

2）发达国家市场较为成熟，不仅专业工程咨询公司承揽国内外工程咨询项目，建筑公司、设计施工公司也开发工程咨询业务。由于它们拥有强大的技术能力和资金实力，并以其业务综合性和开展全过程服务的优势投身于市场角逐，极富竞争性，营业额和社会声望均较专业工程咨询公司更胜一筹。

3）在国际援助机构及国际金融组织（如联合国开发计划署、世界银行、亚洲基础设施投资银行、亚洲开发银行、非洲开发银行等）的协助下，发展中国家的工程咨询业也在快速发展。

它们的共同特点是：虽然起步较晚，但发展迅速；重视与外国公司合作，学习发达国家的经验；作为本地公司参与国际机构在本国的援助和贷款项目的咨询，并且积极开发国际业务。

由此可见，国际工程咨询市场是一个充满机遇和挑战的市场。各国咨询公司，不论是发达国家还是发展中国家，都在发挥自身优势，争取在这片领域获得一席之地。

（2）趋势

伴随着激烈的市场竞争和技术与管理的进步，国际工程咨询业务近年来逐渐显露一些新的发展趋势：

1）形式更加多样，工程咨询与工程承包相结合，形成大的集团企业，承包交钥匙的工程。

2）与国际大财团紧密联系，通过项目融资取得项目的咨询权，参与BOT等项目的咨询任务。

3）以咨询为纽带，带动设备和劳务的出口。

4）咨询的范围越来越广，其作用也愈加突出。一些咨询公司已经不仅仅是以咨询者的身份参加项目建设，而是以项目组织者的角色提出和选定项目、组织筹资、进行项目规划设计与组织建设等。咨询公司作为项目的总设计师、总组织者，甚至以投资者身份介入工程项目活动。

3. 市场细分 美国 ENR 将国际工程市场进行了细分：

（1）按照地理区域细分

可分为亚太市场、欧洲市场、北美市场、非洲、拉美和中东市场。

欧洲市场历来是最大的承包市场之一，随着经济一体化和区域经济集团化的推动，欧盟统一大市场的建成和东欧新成员国的加入，欧洲市场增长期保持较好的发展态势，是世界第一大地区市场。但从 2006 年开始，欧洲市场逐渐衰落，营业份额从 2006 年的 32.1% 递减至 2014 年的 19.1%，在 2011 年被亚太市场超越，成为世界第二大地区市场。

亚太市场是指亚洲和太平洋地区，包括东南亚、西北亚、东亚、南亚和澳大利亚、新西兰等地区。该市场从 20 世纪 80 年代中期之后开始兴旺，由于该地区的国家大都采用了适宜的外资政策，国际金融机构和发达国家投资者对该地区的投资不断增加，国际承包市场逐渐转移向亚洲，使其成为具有巨大发展潜力的市场。

北美市场主要由美国和加拿大两个发达国家组成，工程项目的技术含量较高，因此，该市场历来被美国、英国、法国、澳大利亚、日本等发达国家的大型工程承包公司垄断。就目前发展中国家的技术和资金实力而言，在未来 10 年还很难大规模进入该市场。但是近十年来，美国的工程承包业所占份额略有下降。

中东市场是 20 世纪 70 年代中期随着该地区石油开发美元收入的不断增加而发展起来的一个新市场。进入 20 世纪 80 年代后，由于中东各产油国石油收入锐减，以及两伊战争和海湾战争的冲击，该承包市场明显萎缩。战后重建给中东市场带来了活力，但仍受到社会稳定和地区冲突问题的影响，风险较高。

非洲市场近 30 多年来一直处于相对平缓的状态。目前非洲各国政府都采取促进经济发展和吸引外资的政策，其承包市场具有资源丰富、工业基础薄弱、承包项目风险较小、竞争相对有限、利于带动设备材料出口等特点，是世界第五大市场。

拉美市场长期以来处于较为落后的状态。经济基础环境较差、外债负担过重、资金严重缺乏，支付信誉不佳，短期内发展潜力不大。

（2）按照行业特点细分

可以划分为房屋建筑、交通运输等十大行业市场。从市场份额来看，交通运输、石化、房屋建筑三大行业牢牢占据着建筑业传统优势地位。值得注意的是，石化行业 2008 年之后超过房屋建筑行业，成为仅次于交通运输业的优势行业；电力工程从 2010 年开始比较稳定，市场份额基本保持在 10% 左右；水利工程波动不大，市场份额基本保持在 3% 左右；制造业工程份额逐渐下降，但从 2010 年开始又恢复增长；排水废弃物工程虽然在整个国际工程承包市场中所占比重很小，但也是不容忽视的特殊市场。

1.3 我国国际工程市场的发展

1. 我国公司在国际工程市场中的地位

总的来说，我国国际承包公司发展很快，从 1994 年开始，中国公司开始进入世界最大企业的行列。2017 年，有 49 家公司跻身于全球最大承包商 250 强。

同国际工程承包相比，我国的国际工程咨询起步较晚，20 世纪 80 年代获得的项目很少，自 1993 年 2 月成立"中国国际工程咨询协会"以来，局面有了很大的改变，有对外经营权的中国国际工程咨询协会的会员单位已由刚成立时的56家，发展到2012年的约300家。

随着经济全球化的突飞猛进，经过数年的拼搏与发展，我国对外承包工程行业已具有了一定的规模。承包工程企业的实力不断壮大。从2003年到2017年的15年间，我国入围世界225强和100强的公司数目如图1-1所示。而在2003—2012年的10年间，入围225强的公司数目基本呈增长态势，得益于整个国际市场的良好发展。尽管我国对外承包业务增幅有高有低，但总体的国际市场营业额大幅上涨，如图1-2所示。

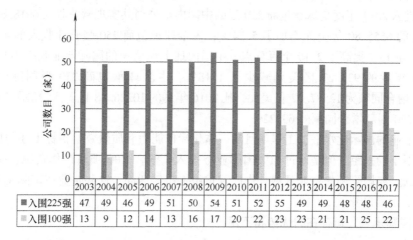

图1-1　2003—2017年我国入围世界225强和100强的公司数目

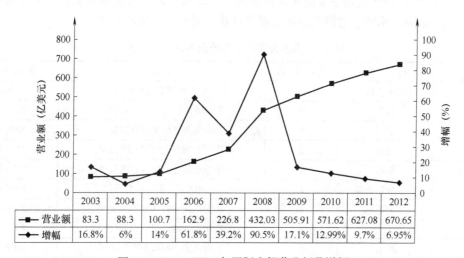

图1-2　2003—2012年国际市场营业额及增幅

我国对外承包工程是在20世纪50年代对外援助的基础上发展起来的，几十年来大体从20世纪70年代的起步阶段，到1985年前的巩固充实，再到如今的发展扩大。

2017年进入全球最大承包商250强的中国内地公司为49家，上榜企业数量与2016年持平。与2016年相比，有13家公司的位次有所上升，占上榜公司总数的26.53%，其中，中国石油工程建设公司比2016年提升了27位，哈尔滨电气国际工程有限责任公司比2016年提升了49位；8家公司排名未发生变化，占上榜公司总数的16.33%；有19家公司的位次有所下降，占上榜公司总数的38.78%，其中，下降幅度最大的是中国水利电力对外公司，比2016年下降了62位;中国能源建设股份有限公司、陕西建工集团、中国核工业建设集团公司、特变电工股份有限公司、江西中煤工程集团有限公司、中核集团中国中原对外工程有限公司6家公司首次进入排行榜,新上榜公司占上榜公司总数的12.24%;2015年度上榜的北京住总集团,2014、2015年度入榜的中铝国际工程股份有限公司和2013、2014、2015年度上榜的上海电气集团股份有限公司本年度重回榜单。特别值得一提的是,2016年进入前10强的7家中国内地公司,2017年度仍名列前10强,并且占据了前5名的位置。

此外,进入2017年度全球承包商250强的中国内地公司共实现营业收入6918.681亿美元,比2016年度的6555.80亿美元增加了5.54%;占全球承包商250强营业收入的46.32%,比2016年度的44.13%提高了2.19个百分点。中国内地上榜公司的国际营业收入为922.30亿美元,比2016年度的933.27亿美元减少了1.18%,占全球承包商250强国际营业收入的20.65%;新增合同额为12587.72亿美元,比2016年度的10226.88亿美元增加了23.08%,占全球承包商250强新增合同额的63.22%。

尽管在企业的国际化水平、工程项目的一体化运作能力和质量效益指标上还与国际顶尖承包商存在着不小的差距,但是通过加大国际业务投入、整合EPC项目运作资源、探索BOT等高端项目模式、与国际领先企业开展合作以及重组上市等活动,这些企业在国际工程领域的竞争能力得到了大幅提升。

2. 我国国际承包公司存在的优势和不足

(1)优势

1)专业优势。中国公司主要活跃在房屋建筑、交通等传统优势项目上,少数公司也涉及制造、石化、能源、水利、电信及排水处理等行业(见表1-1和表1-2)。

表1-1 几家公司在不同行业中的最好排名

序号	行业	最好排名	公司名称	排名时间
1	房屋建筑	4	中国建筑工程总公司	2010年
2	制造	2	中国港湾建设(集团)公司	2000年
3	水利	1	中昊海外建设工程有限公司	2008年
4	交通	2	中国交通建设集团有限公司	2012年
5	排水	6	中国交通建设股份有限公司	2012年
6	有害废物处理	1	中国路桥(集团)总公司	2000年
7	能源	1	中国机械装备(集团)公司	2009年
8	工业	4	中国交通建设股份有限公司	2009年
9	电信	6	上海电力集团股份有限公司	2009年

表1-2 近五年全球最大承包商(中国上榜公司)排名(按营业额排序)

序号	企业名称	2017年	2016年	2015年	2014年	2013年
1	中国建筑工程总公司	1	1	2	1	3
2	中国中铁股份有限公司	2	2	1	3	2
3	中国铁建股份有限公司	3	3	3	2	1
4	中国交通建设集团有限公司	4	4	4	4	6
5	中国电力建设集团有限公司	5	6	7	14	14
6	上海建工集团股份有限公司	9	10	12	11	13

伴随我国产业结构调整和升级，我国公司在国际工程承包市场上逐渐形成了自己的一些强势产业。在多个领域中以生产成本为核心的比较优势具体包括：以工厂制造成本为主的大型基础设施领域，如发电、送电、港口机构、电信、冶炼等；以施工设备和施工技术为主的大型基础设施建设项目，如石油、公路、水利、供水、水电站、港口等。近年来，我国企业在科技含量高、资金规模大的工业项目上呈现持续增长的趋势，如电子通信类高科技项目竞争优势有着明显进步。

2) 地区优势。我国对外承包工程行业有着明显的优势地区，主要在亚洲和非洲（见图1-3和图1-4）。例如，2017年在亚洲、非洲和中东的营业额突破800亿美元，达863亿美元。近年来我国对外承包工程在这些重要市场上快速增长，亚洲、非洲、中东、拉丁美洲营业额之和占海外市场营业总额的70%左右。在全球225家大型承包商中，我国对外承包工程企业在亚洲市场中所占的市场份额呈现明显的扩大趋势，说明我国企业在亚洲市场上有比较强的竞争优势。在非洲地区市场的占有率也有了比较明显的提高，显示了我国对外承包工程行业在非洲市场的竞争实力。未来我国有望在东欧和拉丁美洲地区取得较快的增长速度。

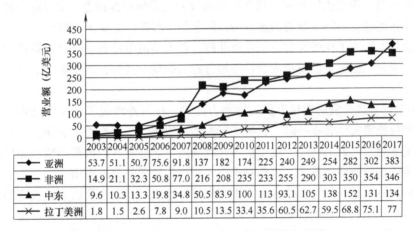

图1-3 我国对外承包企业在各区域的营业额

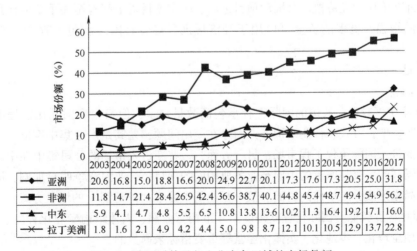

图1-4 我国对外承包企业在各区域的市场份额

3）人力资源成本优势。作为一个人口大国，我国在人力密集型行业中具有非常明显的竞争优势。目前，在一些经济发达国家和地区，我国的建筑劳务仍然有相当大的竞争优势。在一些人力资源成本很低的经济不发达国家和地区，我国熟练的技术工人也有一定的成本和效率优势。

我国企业的人力资源优势主要是在管理人员和技术人员的成本上。我国的工程技术人员的能力和水平与发达国家的工程技术人员没有明显的差距，但工资上却有相当大的差距。与经济不发达国家的工程技术人员相比，我国的工程技术人员在工资上没有优势，但在能力和水平上却有一定的优势。

4）技术、信息和品牌优势。经过长期高速发展，我国企业的技术能力得到很好的提升。我国企业在制造技术、设计技术、施工技术等方面已经具有了很大的优势，凸显在铁路、桥梁、通信、发电、送电、冶炼和资源开发等方面，为争取大型和特大型项目提供了坚实基础。

5）我国资源需求和大型机电设备出口的优势。随着我国经济总量的快速提高，对自然资源的需求量也在快速提高，国际市场资源开发利用已经上升到国家经济安全的高度。对外承包工程作为最成熟的"走出去"形式，可为市场资源开发类项目提供各种形式的支持，与自然资源开发形成互相促进、共同发展的关系，为国际承包工程提供了更多的机会。

我国目前基本形成了比较完整的工业产业链，在大型机电设备、成套设备制造等方面具有较强竞争力。未来大型机电设备和成套设备制造能力的竞争优势，会在更广泛的领域促进国际承包工程的发展。

6）我国对外直接投资对承包工程的拉动力优势。在对外承包工程发展过程中，承包工程也开始逐步和投资紧密结合在一起。我国从资本绝对短缺变成资本相对短缺，而且一些行业和企业会出现资本相对富余的情况。在今后一段时间内，对外投资的数量会较大幅度的增长。对外直接投资和间接投资两种形式，都会对承包工程产生较大的促进作用。

制造业的国际市场开拓将会给承包工程带来额外的机会。制造业以直接投资的形式开拓国际市场，可以推动承包工程的发展。

7）经济援助对承包工程的促进作用。国际承包工程作为对外经济交往的重要组成部分，与政府的外交、经济援助密不可分。很多中国企业是通过经济援助项目进入国际承包工程市场的。政府的外交工作和经济援助对推动项目进展、落实项目资金都有至关重要的作用。随着我国经济实力的增强，更多的资金可以用于经济援助，将会对国际承包工程产生直接的促进作用。

（2）不足

1）承包业。

① 产业集中度较低。我国的国际工程承包商数量众多，但与大型国际化工程承包商相比尚有很大差距。增长方式、行业结构等方面存在突出问题，尤其是产业集中度低。一方面，更多的中国企业进入国际承包工程市场；另一方面，一些新进入市场的公司集中在中国企业已有的市场，用同样的手段与原有的中国企业争取相同的项目，行业内竞争明显加剧，同质化竞争现象明显，尚未形成分工协作的局面。整个行业基本处于"外延型"的增长方式。

② 国际化程度较低。国际化程度是以国际市场营业额、人才结构专业化程度、资源配置、生产要素利用全球化、本地化、实体化经营等重要指标来衡量的。

中国企业的总体情况是国际市场营业额在公司总营业额中的比例不高，大部分中国企业的主战场还是在国内市场。这个指标从很多方面决定着国际市场在一个企业中的地位,影响着企业人才结构、资源配置等许多方面。此外,国际市场营业额比例小,企业决策层的组成人员基本来自国内市场,缺乏对国际市场和国际工程感知和理性的认识,在理念、决策和管理及领导方面都存在着许多问题。

③ 缺乏融资能力。欧洲、北美等国及日本承包商依靠与国际金融机构和国际组织的良好关系获取了大量资金支持。而我国对外工程承包企业融资能力普遍较弱,已成为承揽大型国际工程项目的最大"瓶颈"。

一是融资渠道窄,国际上通行的项目融资在我国尚未开展;二是政策性银行对国际工程承包企业的支持力度有限;三是我国企业资产总规模相对发达国家普遍偏小;四是融资风险大,买方信贷提高了企业的资产负债率,项目的还本付息、利率和汇率等风险由企业承担,增加了经营风险。

④ 企业开发投入与新技术应用不足。比如利用信息技术,承包商可以迅速向国外分支机构或者分包商传递信息,适时控制项目进展情况。发达国家国际承包工程企业每年将大比例研发费用(大约在总收入的3%~5%)投入到项目开发与运作的各个环节中,为欧洲、北美等国及日本承包商的技术革新和技术竞争优势的保持和扩大提供了充足的动力。

⑤ 生产安全问题比较突出。随着我国企业对外涉及的市场领域越来越广,卷入当地各种纠纷的可能性越来越大,加之突发事件和地缘政治动荡不安,恐怖主义威胁各国安全,给对外承包工程造成了人员伤亡和巨大的经济损失,安全问题日益突出。同时"零事故率"已成为国际大承包商重要指标之一。

⑥ 对承包工程的支持体系尚需完善。

⑦ 国际竞争力薄弱。所谓国际竞争力,是指智力密集、技术密集、资金密集和管理密集之大成。而我国,颇具实力的承包公司不多。竞争力偏弱具体表现在:组织运作机制的全面适应性建设滞后;整体管理水平如现代工程管理理论方法的尚不能运用自如;对工程项目全过程监控如工程项目现场实施精细化管理和项目执行力不严;资金运作和融资能力不强,如项目融资的新发展的应用不足,银企结合、银企贸结合度不够;在项目中的技术创新度、科技开发度远远落后于国际大承包商,如信息技术的应用和信息化建设尚不到位;业务域面单一化,如建筑及相关工程服务、开拓的专业尚有拓展空间;与国际上的某些业主、某些大承包商等缺少固定的合作关系,如涉及尖端技术的工程项目,往往被发达国家大承包商所垄断;缺少复合型高端人才是根本性问题。

2)工程咨询业。30多年来,随着我国投资管理体制和建设管理体制改革的不断深化和对国外经验的学习,工程咨询作为一个独立的行业在国家的工程建设管理中的地位日益突出,各种制度、法规不断出台和完善。目前,我国的工程咨询业已经发展成为服务门类齐全、过程全面的服务体系,但同发达国家的咨询业相比,仍然存在一些不足。主要表现在以下三个方面:

① 观念转变滞后。我国目前的咨询公司大多是由计划经济时期隶属于一级政府部门的事业单位转制过来的,市场主体意识、服务意识不强。

② 阶段性的咨询服务制约了公司参与国际竞争的整体性。我国现有综合性咨询机构、专业性咨询机构、招标服务机构和施工监理机构四类咨询机构,是为了适应国内市场需要而建立起来的针对项目生命周期的不同阶段提供服务的阶段性服务机构,但本质是非综合性质的。

③ 国际工程咨询人才缺乏。

3. 对我国国际承包公司发展的思考

（1）承包业

1）深化改革，加快我国对外经济合作公司的实业化、集团化、多元化和国际化的步伐。

2）促进和发展各种联合，包括项目的联合投标、组建集团公司、合并与兼并、参股投资等方式扩大企业规模和经营规模，实现集约化经营。

3）创建有经营特点的经营实体。

4）实现多元化经营方针。

5）积极探索、研究、参与国内外的 BOT 项目。

6）实现国际化经营。

经营国际化业务和国际化经营的本质是不同的，衡量国际化经营不应只看国际业务的比重和企业利润来自国外业务的比重有多大。真正的国际化经营必须使企业以整个世界市场为一个整体，对企业的生产、销售、采购、研发在全球范围内合理配置资源。

（2）咨询业

加入 WTO 后，我国咨询业迎来了更多的发展机遇。为了应对多方面的国际竞争，我们要做的不仅仅是开拓海外市场，还要坚守国内市场，因此，必须在政府、行业、企业内部多个层次上加大力度，以促进我国工程咨询业的稳步发展。

1）政府加大支持力度。

2）行业应增强服务意识和行业凝聚力。加强协会、学会等组织的管理能力，更好地发挥群体优势，统一协调业务、增强凝聚力。

3）企业自身应提高业务水平，加强国际合作。

我国工程咨询公司可以与拥有先进技术和管理经验的大公司开展广泛的合作，不断学习先进的管理技术和工程经验，在合作中迅速提高自身的能力；另外，由于许多发展中国家都有扶持本国咨询业发展的政策，而且几乎所有的国际金融组织采取鼓励当地咨询公司参与的方针，因此我国工程咨询公司在与这些国家和地区开发业务时，与项目所在地的公司以各种形式进行合作，不失为明智之举。

案例分析

"百花园"中花正开——"一带一路"海外工程项目

2017年5月，第一届"一带一路"国际合作高峰论坛在北京的成功举办标志着共建"一带一路"倡议已经进入从理念到行动、从规划到实施的新阶段。"一带一路"倡议提出几年来，中国企业陆续走向海外，拓展国际市场，主持或承建了一大批基础设施项目。肯尼亚蒙内铁路、希腊比雷埃夫斯港、中巴经济走廊"两大"公路等，这些项目都已有序推进或投入运营。

在"一带一路"沿线的"百花园"中，大批铁路、公路、港口、大桥和工业园区等基础设施项目都已破土动工，它们用中国智慧浇灌，绽放出鲜艳的花朵，焕发出勃勃生机，为改善沿线国家基础设施条件、带动当地经济社会发展发挥了积极作用。

例如，中马友谊大桥于2016年年初正式动工，是中马共建"一带一路"的重要合作项目。作为马尔代夫有史以来第一座大桥，同时也是印度洋上第一座跨海大桥，中马友谊大桥连通马尔代夫首都马累和机场岛，由桥梁、填海路堤及道路等组成，使用寿命100年。

距离约旦首都安曼120km的阿塔拉特油页岩电站项目由中国能源建设集团广东火电工程公司总承包，阿塔拉特油页岩电站于2019年3月前后开始油页岩开采，当年8月完成首批1万t开采计划。位于喀麦隆南部大区的曼维莱水电站，由中国水利水电建设股份有限公司承建，项目总投资6.37亿美元，水电站实现输电后，将极大缓解喀麦隆电力不足的问题。由中国港湾工程有限责任公司承揽、中国交建天津航道局有限公司承建的乌克兰南方港粮食码头疏浚工程，于2018年1月30日举行竣工签字仪式。此项目解决了该港口被淤泥阻塞多年的困扰，对乌克兰进一步扩大粮食出口具有战略意义。

"一带一路"海外项目日益增多，表明国际工程市场前景广阔。

（资料来源：中国日报网，http：//baijiahao.baidu.com/s? id =1600483567956968856&wfr = spider&for = pc，2018-05-15.）

第2章 国际工程管理模式

本章要点
- 国际工程项目参与方
- 常见的国际工程管理模式

◆ 引入案例

鲁布革水电站是我国第一个利用世界银行贷款的基本建设项目，工程由首部枢纽、发电引水系统和厂房枢纽三大部分组成，根据协议，工程三大部分之一的引水隧洞工程必须进行国际招标。这吸引到八个国家的承包商来竞标，结果日本大成公司中标。鲁布革的成功经验实际上就是大成公司的项目管理法，这是建立在深厚技术基础上的组织管理、施工工法、强力的计划执行等一整套项目管理方法；实质上是全球项目管理理念与标准在项目上的典型应用。

2.1 国际工程项目参与方

国际工程项目参与方包括项目建设的业主、业主代表、承包商与总承包商、工程师/建筑师、分包商、供应商、工料测量师、劳务供应商、资金提供方和政府等。一个项目的建设涉及众多参与方，项目的成功也取决于所有参与方的努力。

2.1.1 业主

业主（Owner/Client）是指建设单位，有时也称雇主，我国习惯叫发包方或甲方。

业主是工程项目的提出者、项目论证立项和投资等重要事项的决策者以及资金筹措和项目实施的组织者，也是项目的产权所有者，并负责项目的生产、经营和偿还贷款，一般也是项目的使用者，但在房地产等商业开发项目中例外。业主机构可以是政府部门、社会法人、国有企业、股份公司、私人公司以及个人。

通常业主并不一定要参与到项目的管理过程中，而是选择其代表或项目经理来参与。

2.1.2 业主代表

业主代表（Owner's Representative）是指由业主方正式授权的代表，代表业主行使在合同中明文规定的或隐含的权利和职责。业主代表可以由业主内部的专业人员担任，也可以是一家业主指定的独立的工程咨询公司。

业主代表无权修改合同，无权解除承包商的任何责任。在传统的项目管理模式中，对工程项目的具体管理均由监理工程师负责。

某些监督、检查和管理工作由业主代表承担。总之，业主代表的具体权力和职责范围均应明确体现在合同条款中。

2.1.3 承包商与总承包商

承包商（Contractor）受雇于业主，是工程项目的承包单位，我国习惯叫承包方或乙方。

在国际工程中，承包商通常是承担工程项目施工及设备采购、安装的公司或其联合体（或称联营体）。如果业主将一个工程分为若干个独立的合同，并分别与几个承包商签订合同，凡直接与业主签订承包合同的公司都是承包商。如果一家公司与业主签订合同将整个工程的全部实施过程或部分实施过程中的全部工作承包下来则是总承包商（General Contractor）。

在国外有一种工程公司（Engineering Company），是可以提供从投资前咨询、设计到设备采购、施工等贯穿项目建设全过程服务的承包公司。这种公司多半拥有自己的设计部门，规模较大，技术先进，在特殊项目中，这类大型公司有时可以提供融资服务。

2.1.4 工程师/建筑师

工程师/建筑师（Engineer/Architect）均是指不同领域和阶段负责咨询或设计的专业公司和专业人员。他们的专业领域不同，在不同国家和不同性质的工作中承担的职责可能不一致。在英国和美国大体相似，建筑师在概念设计阶段负责项目的总体规划、布置、综合性能要求和外观设计，而由结构工程师和设备工程师来完成设计以保证建筑物的安全。但是在工程项目管理中建筑师或工程师担任的角色和承担的责任是近似的。在各国不同的合同条件中称该角色为建筑师或工程师或咨询工程师。各国均有严格的建筑师/工程师的资格认证及注册制度，作为专业人员必须通过相应专业协会的资格认证，而相关公司或事务所必须在政府有关部门注册。

咨询工程师指的是为业主提供有偿技术服务的独立的专业工程师，服务内容可涉及各自专长的不同专业领域。建筑师/工程师提供的服务内容很广泛，一般包括项目的调查、规划与可行性研究、工程咨询、工程各阶段的设计、项目管理、监理、参与竣工验收、试运行和培训、项目后评价以及各类专题咨询。

国外对建筑师/工程师的职业道德和行为准则都有很高的要求，主要包括：努力提高专业水平，使用自己的才能为委托人提供高质量的服务；按照法律和合同处理问题；保持独立和公正；不得接受业主支付的酬金之外的任何报酬，特别是不得与承包商、制造商、供应商有业务合作和经济往来；禁止不正当竞争；为委托人保密等。

2.1.5 分包商

分包商（Sub-contractor）是指那些直接与承包商签订合同，分担一部分承包商与业主签订合同中的任务的公司。

业主和工程师不直接管理分包商，他们对分包商的工作有要求时，一般通过承包商处理。国外有许多专业承包商和小承包商，专业承包商在某些领域有特长，在成本、质量和工期控制等方面有优势。数量上占优势的是大批小承包商。如在英国，大多数小公司人数在 15 人以下，而占总数不足 1% 的大公司却承包了工程总量的 70%。宏观上看，大小并存和专业分工的局面有利于提高工程项目建设的效率。专业承包商和小承包商在工程中也可以是分包商。广义的分包商包括供应商和设计分包商。

指定分包商是业主方在招标文件中或在开工后指定的分包商或供应商，指定分包商仍应与总承包商签订分包合同。

2.1.6 供应商

供应商（Supplier）是指为工程实施提供工程设备和建筑机械的公司或个人。一般供应商不参与工程的施工，但是有些设备供应商由于设备安装要求比较高，往往既承担供货，又承担安装和调试工作。

供应商既可以与业主直接签订供货合同，也可以直接与承包商或分包商签订供货合同，视合同类型而定。

2.1.7 工料测量师

工料测量师（Quantity Surveyor）是英国、英联邦国家对工程造价管理人员的称谓。在美国叫造价工程师（Cost Engineer）或成本咨询工程师（Cost Consultant），在日本叫建筑测量师（Building Surveyor）。

工料测量师的主要任务是为委托人（Client）（一般是业主，也可以是承包商）进行工程造价管理，协助委托人将工程成本控制在预定目标之内。

工料测量师受雇于业主时，向业主建议采购合同的类型，协助业主编制工程的成本计划，在招标阶段编制工程量表及计算标底，也可在工程实施阶段协助进行支付控制，以至编制竣工决算报表等。工料测量师受雇于承包商时，可为承包商估算工程量，确定投标报价或在工程实施阶段协助进行造价管理。

2.1.8 劳务供应商

劳务供应商（Labour Supplier）是指为工程实施提供所需劳务的公司或个人。

劳务供应商通常按照提供的各类劳务人数和工作实践与总包商或分包商结算，也可以按照完成的工作量结算。国内通常称为"包清工"。

2.1.9 资金提供方

资金提供方（Project Financier）是指为工程项目提供所需资金的单位，通常是银行等金融机构。可以向业主，也可以向承包商提供资金。

国内通常以"买方信贷"和"卖方信贷"来区分两种融资模式。

通常情况下,业主的行为要受项目资金提供方的约束。例如,世界银行贷款项目要求遵循世界银行采购指南的规定,选择承包商的结果要经世界银行批准等。

2.1.10 政府

政府(Government)对工程项目的管理主要体现在注重工程项目的社会效益和环境效益上,其中既包括对可以促进地方经济繁荣和社会可持续发展,能够解决当地就业和其他社会委托,可以增加地方财力、改善地方形象的工程项目的扶持与帮助,也包括对高能耗、高污染等项目的限制。

政府不仅是经济运行的宏观调控者,还是国有资产的所有者、公共服务的提供者,以及一些商品和劳务的购买者。在工程项目中,当地的海关、税务和公安等部门也是实施国际工程项目过程中频繁交往的政府权力部门。

2.2 国际工程管理模式分类

在国际上,各个国家、各个国际组织、学会、协会以及专家学者对工程项目管理模式分类不尽相同,按照合同关系、组织管理关系和融资方式将这些模式进行分类,并重点分析每种模式的概念、特点、优缺点以及适用范围。

近年来,由于世界经济形势整体低迷的影响,项目资金短缺,普通劳务价格下跌,以及发包国国内建筑业的发展,国际工程市场竞争日趋激烈。同时在世界科技进步的影响下,建设项目也向高、精、尖方向发展,出现了大量专业技术强,对设计、施工、管理要求都很高的项目。这样,就使得资金、技术在竞争中处于越来越重要的地位,从而形成了承包模式多样化的新趋势,例如:带资承包、实物支付承包以及自营模式承包。

(1)带资承包

带资承包即承包商自带资金参加国际工程投标竞争。带资承包的资金来源是承包商所在国政府援助资金或商业银行贷款以及承包商的自有资金,所以政府和银行对承包商的支持是十分重要的。

(2)实物支付承包

由于国际承包市场投资紧缩,资金短缺,使得中东、北非、欧佩克等产油国以石油和天然气支付工程款。因此,这种承包模式已成为这些国家的重要政策和手段。俄罗斯和东欧国家的许多发包项目也以实物支付方式进行,这种承包模式在其他发展中国家也有所发展。

承包商在接受实物支付承包合同时,要先签订项目合同,再签订实物支付合同。要在项目合同中明确规定,只有在实物支付合同签字后,两个合同才能同时生效,以防止拖欠工程款和违约现象发生。实物的来源应为该国家较丰富的自然资源或在长期内有可靠供应渠道的产品,并选择可进行国际贸易、转口、进口的实物品种。

所接受实物的价值最高不应超过工程款中的外汇部分,业主必须向承包商提供由项目所在国国家银行出具的实物保函,并列入合同。凡是对方要求以实物抵付工程款或劳务项目费用时,则应首先核定对方给什么产品,再找产品销路,最后与业主谈产品价格。

(3)自营模式承包

自营模式即国际工程承包公司为发挥经营的主动性,兼营房地产业务。承包商自筹资金购买土地,自行组织设计与施工,销售或出租所建房屋以求获利。与招标承包相比,这种业务有更强的商业性。从房地产业行情分析与预测开始,直至销售或出租为止,都以经商为指导思想。

由于是自筹资金,承包商需要投入成倍于承包工程的资金(总包一项工程所投入的资金最多为合同额的15%~30%),因而具有较大的风险。在较长期的经营活动中,易受到所在国政治经济形势的影响,经营者应具有足够的胆识和完善的经营策略。

经营地产是自筹资金购入土地,在适当时机转手卖给房产经营者或其他土地经营者以求获利的活动。这种业务的风险大,投机性强,当预测某一阶段土地价格即将上涨时立即购入,时机适当时转手抛出。若经营顺利可获得高额利润,经营失败则导致资金的大量积压或亏损。

2.2.1 按照工程项目的合同关系分类

按照工程项目的合同关系,常见的管理模式有:设计-招标-建造(DBB)、设计-建造(DB)以及项目集成交付(IPD)三种。

1. 设计-招标-建造(DBB)模式

DBB模式由业主和设计单位签订专业服务合同,由业主或业主聘请的咨询顾问负责前期的各项工作,包括前期策划和可行性研究,待项目评估立项后,设计方才能进行设计工作。在设计工作完成后,进行施工招标准备工作,并在设计单位的协助下,选择报价最低或者最有资质的投标人作为施工总承包商,签订施工总承包合同。然后再由施工总承包商分别与材料供应商、设备供应商、工程分包商订立相应的分包合同并组织施工阶段的实施。工程咨询顾问通常承担协调和监督工作,是业主与承包商之间沟通的桥梁。

DBB是传统的项目管理模式之一,在国际上最为通用,世界银行、亚洲开发银行贷款项目和采用FIDIC的项目均采用这种模式。

DBB模式的组织结构图如图2-1所示。

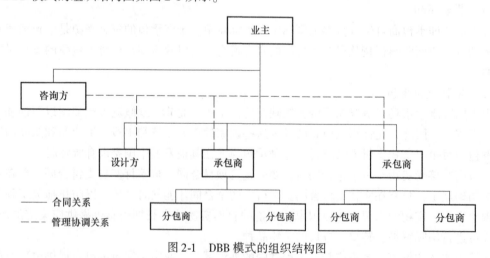

图2-1 DBB模式的组织结构图

(1) DBB模式的优缺点

1) 优点:

① 这种模式是传统的项目管理模式,在国际上被长期广泛地应用,因此管理方法、技术手段成熟。

② 工程建设各参与方对这种传统模式的相关程序都很了解，因此合同管理相对比较简单，有标准化的合同关系。

③ 业主对咨询设计人员选择比较自由，便于意图的贯彻。

④ 项目各参与方角色和责任明确，可以采用竞争性招标获得最低报价。

2) 缺点：

① 项目建设周期长，业主前期投入大，工程管理费用高。

② 施工效率不高，设计变更多，容易引起索赔。

③ 设计、施工管理协调工作复杂。

④ 由于设计和施工相分离，设计者不能很好地吸收承包商的施工经验和先进技术，设计的可施工性较差。

(2) DBB 模式的适用情况

DBB 模式在国际上应用非常广泛，世界银行、亚洲开发银行贷款项目，以及以 FIDIC 合同条件为依据的项目均采用这种模式。在我国，这种工程项目管理模式已经被大部分人所接受并实际应用，国内建筑市场上普遍采用的"招标投标制""项目法人制""合同管理制""建设监理制"等基本都是参照这种模式发展起来的。

2. 设计-建造（DB）模式

(1) 通用 DB 模式

1) 概念。DB 模式即业主首先聘请一家专业咨询公司为其研究拟建项目的基本要求，在招标文件中明确项目完整的工作范围，在项目原则确定后，业主只需选定一家公司对项目的设计/施工进行总承包。这种模式在投标时和签订合同时通常以总价合同为基础，但允许价格调整，也允许某些部分采用单价合同。总承包商可以利用本公司的设计和施工力量完成一部分工作，也可以招标选择设计或施工分包商。

DB 模式是一种简单的工程项目管理模式，业主只需说明项目的原则和要求，并在此基础上，选择唯一的实体作为设计-建造总承包商，负责项目的设计与施工安装全过程，并对工程项目的安全、适量、工期、造价全面负责。这种方式的投标和签订合同是以总价合同为基础的，其基本特点是在项目实施过程中保持单一的合同责任。总承包商需要对整个项目的承包负责，他首先选择一家专业的设计机构进行设计，然后用竞争性招标方式选择分包商，或者是使用本公司的专业人员自行完成一部分或全部工程的设计和施工。DB 模式的组织结构图如图 2-2 所示。

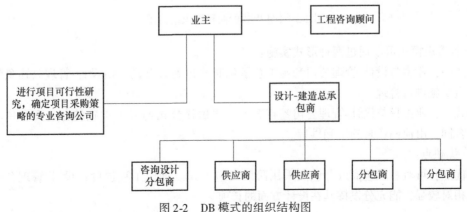

图 2-2 DB 模式的组织结构图

2）优缺点：

①优点：设计和施工只有一个合同，由一个承包商对整个项目负责，可以有效降低项目的总体成本，缩短项目的总工期；设计-建造方内部可以有效沟通，减少了由于设计错误、疏忽和解释争议引起的变更，对业主的索赔减少；在承包商的选定时，设计方案的优劣作为评标的主要因素。

②缺点：业主的工程项目费用较传统的DBB模式略高；对业主的报价在详细设计之前完成，项目进入实施后，业主担任监护人的角色，对最终设计和细节的控制能力低，可能出现质量和设计屈服于成本的现象。

3）适用情况。在通用的DB模式中，承包商对整个工程承担大部分责任和风险，这种模式可用于房屋建筑和大中型土木、机械、电力等项目。

一般而言，DB模式适用于规模和难度较大的工程项目。把建筑美学作为重点，而对工期和造价方面不太重视的纪念性建筑或新型建筑，不适宜采用DB模式；工程各方面不确定性因素多、风险大的项目，不适宜采用DB模式；技术简单、设计工作量少的项目，也不适宜采用DB模式。

(2) 设计-管理（DM）模式

1）概念。设计-管理模式通常是指由同一实体向业主提供设计，并进行施工管理服务的工程项目的管理模式。

业主只签订一份既包括设计又包括管理服务在内的合同，设计公司与管理机构为同一实体，此实体也可以是设计机构与施工管理企业的联合体。DM模式的两种组织结构图如图2-3所示。

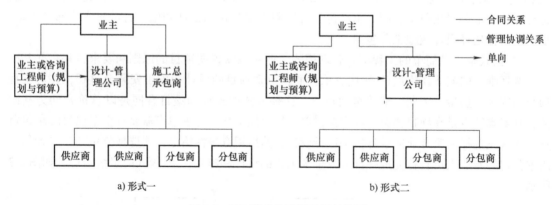

图2-3 DM模式的两种组织结构图

设计-管理模式可以通过两种形式实施：

形式一：业主与设计-管理公司和施工总承包商分包签订合同，由设计-管理公司负责设计并对项目实施进行管理。

形式二：业主只与设计-管理公司签订合同，再由该公司与各个单独的分包商和供应商签订分包合同，由他们负责施工和供货。

2）优缺点：

①优点：可对总承包商或分包商采用阶段发包方式以加快工程进度；设计-管理公司的设计能力相对较强，能充分发挥其在设计方面的长项。

② 缺点：由于设计-管理公司往往对工程项目管理能力较差，因此可能不善于管理施工承包商，特别是在形式二的情况下，要管理好众多的分包商和供应商，对设计-管理公司的项目管理能力提出了更高的要求。

（3）更替型合同（Novation Contract，NC）模式

1）概念。业主在项目实施初期委托某一咨询设计公司进行项目的初步设计（一般做到方案设计或更多），当这部分工作完成（根据不同类型的建筑物，可能达到全部设计要求的30%~80%）时，业主可开始招标选择承包商，承包商与业主签约时的内容，除施工外，还包括承担全部未完成的设计工作，并规定承包商必须与原咨询设计公司签订设计合同，完成剩下的一部分设计。此时，咨询设计公司成为设计分包商，对承包商负责，由承包商对设计进行支付。NC 模式的组织结构图如图 2-4 所示。

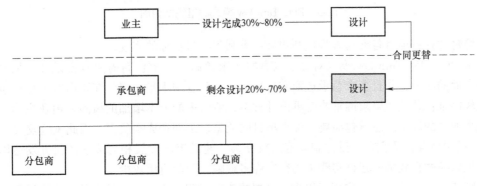

图 2-4　NC 模式的组织结构图

2）优缺点：

① 优点：既可以保证业主对项目总体要求，又可以保持设计工作的连贯性；可以在施工详图设计阶段吸收承包商的施工经验，提高设计的"可施工性"，并有利于加快工程进度、提高施工质量；可减少施工中设计的变更；由承包商更多地承担这一实施期的风险管理，为业主方减轻了风险；后一阶段由承包商承担了全部设计-建造责任，合同管理也较易操作。

② 缺点：业主方必须在前期对项目有一个周到的考虑，因为设计合同转移后，变更就比较困难；在签订新合同时，要仔细研究新旧设计合同更替过程中的责任和风险的重新分配，以尽量减少以后的纠纷。

（4）设计-采购-施工/交钥匙（EPC/Turn-key）模式

1）概念。EPC/Turn-key 模式即承包商向业主提供包括设计、施工、设备采购、安装和调试直至竣工移交的全套服务，有时还包括融资方案的建议。

EPC/Turn-key 模式在发达国家的发展和应用已经有近百年的历史，其最大的特点就是将"设计-采购-施工"一体化，把人力、物力、财力有效地组合到工程建设项目上来，以减少资源的浪费，真正实现责任与权力、风险与效益、过程与结果的有效统一。EPC/Turn-key 模式的组织结构图如图 2-5 所示。

这种模式与前面介绍的 DB 模式类似，但承包商往往承担了更大的责任和风险，由业主代表对项目进行直接的较宏观的管理，不再设置工程师。

2）优缺点：

① 优点：合同管理的工作量少；合同为固定总价合同；有利于承包商综合实力的提高；

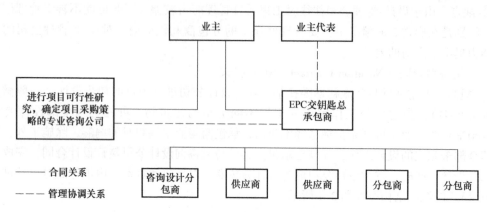

图 2-5　EPC/Turn-key 模式的组织结构图

信任与监督并存；项目各参与方责权利明确；有利于项目目标的实现。

② 缺点：EPC/Turn-key 模式对总承包商的要求较高，总承包商需要具备设计、采购、施工等多方面的实力，并且要求总承包商有较高的技术和管理水平，因此在国内对于总承包商的选择比较困难；若业主要求调整或变更设计方案，所带来的成本增加的风险将由业主承担，这样会加大业主的风险。总承包商要对整个项目的质量、工期和成本负责，因此风险较大。

3）适用情况：适宜在建设体制规范比较完善、建设市场发展相当成熟的西方发达国家中使用，但该模式在我国的建设实践中还存在许多缺陷，因此应用较少。

EPC/Turn-key 模式主要应用于以大型装置或工艺过程为主要核心技术的工业建设领域，如通常包括大量非标准设备的大型石化、化工、橡胶、冶金、制药、能源等项目，这些项目共同的特点即工艺设备的采购与安装和工艺设计紧密相关，成为投资建设的最重要、最关键的过程。

3. 项目集成交付（IPD）模式

2007 年美国加州委员会和建筑师学会联合发布了 IPD 指南，把 IPD 定义为："整合体系、人力、实践和企业结构为一个统一过程，通过协作平台，充分利用所有参与方的见解和才能，通过设计、建造以及运营各阶段的共同努力，使建设项目结果最佳化、效益最大化，增加业主的价值，减少浪费。"

在美国等发达国家，BIM 系列软件已经逐步普及并运用，IPD 模式实现高度协同的重要技术支撑便是依托 BIM 平台。IPD 是建设项目的一种交付模式，是现阶段建设项目交付模式新的发展方向。

在 IPD 模式中，包括项目的初期规划设计、施工建造再到最终的项目竣工交付，业主、设计院和总承包商、分包商等参与方通过实现高效协作，进而达到项目目标的整体实现。

2.2.2　按照工程项目的组织关系分类

按照工程项目的组织管理关系，常见的有建造管理（CM）模式、项目管理（PM）模式、项目管理承包（PMC）模式三种。

1. 建造管理模式（CM）

（1）概念

建造管理模式（Construction Management Approach）简称 CM 模式，是近年来国外广泛流行的一种工程承包模式，也称阶段发包模式或高速轨道模式。

CM模式采用的是"边设计、边发包、边施工"的阶段性发包方式。其基本思想是：由业主委托一个CM承包商，采用有条件的边设计、边施工，即快速跟进的生产组织方式进行施工管理，指挥施工活动，并通过各阶段设计、招标、施工的充分搭接，尽可能使施工早开始，以加快工程建设进度。

自20世纪90年代我国引进CM模式以来，从理论上阐述了CM采购模式在水利水电工程、城市轨道交通、公路工程、跨流域调水工程、铁路工程等方面的应用，但与实际工程相结合有限。

（2）优缺点

1）优点：①可以缩短工程从规划、设计到竣工的周期，整个工程可以提前投产，较早地取得收益；②CM经理早期介入设计管理，设计过程中预先考虑施工因素，改进设计的可施工性，减少设计变更。

2）缺点：①分项招标可能导致承包费用较高，需做好分析比较，充分发挥各个专业分包商的专长；②业主在项目完成前对项目的总造价心中无数。

根据合同关系的不同，CM模式分为代理型和风险型两种。

（3）代理型CM模式

代理型CM模式中CM单位只是业主的咨询单位，为业主提供CM服务，业主直接与多个分包商签订工程施工合同。

采用这种模式时，CM经理是业主的咨询和代理，替业主管理项目，按照项目规模、服务范围和时间长短收取服务费，一般采用固定酬金加管理费，业主在各施工阶段和承包商签订施工合同。

代理型CM模式的优点是：

1）业主可以自由选定设计方。

2）业主在招标前可以确定完整的工作范围和项目原则。

3）CM方提供完善的管理与技术支持。

代理型CM模式的缺点是：

1）在整个项目承包明确之前，投入较大。

2）可能出现较大的变更与索赔，业主方面临较大的投资风险。

3）由于分阶段招标，CM经理不能保证成本和进度。

（4）风险型CM模式

风险型CM模式是由CM单位与各分包商签订合同，业主一般不与分包商签订合同，CM单位在前期和设计阶段相当于业主的顾问，在施工阶段承担总承包商的角色，CM单位可以向业主保证最大工程费用（GMP），若实际工程费用超过GMP，则超出部分由CM单位负责；若低于GMP，节约的投资归业主。

这里的GMP包含工程的直接成本、间接成本和CM单位的酬金，但是不包括业主的管理费、设计费、不可预见费、土地费、拆迁费以及业主自行发包、采购等的费用。因此，风险型CM的服务费要比代理型高一些。

风险型CM模式的优点是：

1）业主对总投资可以做到心中有数。

2）业主的投资风险小，加大对投资的控制。

3）业主可以在项目初期就确定项目组的成员。

风险型 CM 模式的缺点是：

1) 能够担任风险型 CM 的单位比较少。

2) 确定 GMP 时，业主方和 CM 方意见容易不统一。

CM 模式更多地出现在美国体系中，而在英国体系和 FIDIC 合同体系中，更多地使用 PM 和 PMC 模式。可以认为代理型 CM 模式与 PM 模式类似，风险型 CM 与 PMC 模式类似。

2. 项目管理（PM）模式

（1）概念

PM 模式又称项目管理模式，是指工程项目管理企业（简称 PM 公司）受业主委托，按照合同约定，代表业主对项目的组织实施进行全过程或若干阶段的管理和服务。

当一个业主在同一时期内有多个工程处于不同阶段实施时，所需执行的多种职能超出了建筑师以往主要承担的设计、联络和检查的范围，这时，就需要项目经理。项目经理的主要任务是自始至终对一个项目负责，可能包括项目任务书的编制、预算控制、法律与行政障碍的排除、土地资金的筹集，同时使设计者、工料测量师、结构工程师、设备工程师和总承包商的工作协调、分阶段地进行。

PM 合同是委托合同，业主可以随时根据情况调整对 PM 公司的委托范围，PM 公司依照合同约定在职责范围内开展工作，并承担相应的管理责任。PM 模式的组织结构图如图 2-6 所示。

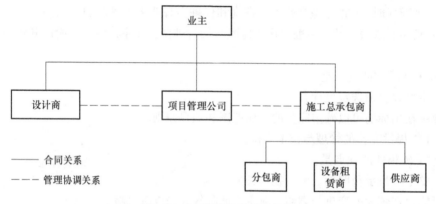

图 2-6 PM 模式的组织结构图

（2）优缺点

1) 优点：①PM 模式下，项目委托给 PM 公司管理，大幅减少了业主方的工作量；②由于 PM 公司具有大量的专业人才和较高的管理水平，有利于帮助业主更好地实现工程项目目标，从而提高投资效益；③在 PM 模式下，业主可以根据自身的情况和项目的特点来选择不同的项目管理模式，工作内容和范围比较灵活。

2) 缺点：PM 模式作为一种新型的管理模式在我国起步较晚，对 PM 公司的职业道德标准、执业标准和行为标准还未形成，因此对 PM 公司履行职责的评价比较困难，并且业主和 PM 公司双方对于职责的认识还不够全面、系统。

（3）适用情况

目前，PM 模式作为一种新型的工程管理模式正越来越多地被应用于我国的工程实际中。从国际上来看，PM 公司提供的项目管理服务贯穿于从项目前期到项目实施各阶段直至竣工验收全过程，但我国现阶段的项目管理还主要应用于项目实施阶段。

3. 项目管理承包（PMC）模式

（1）概念

PMC 模式是指业主通过招标的方式聘请一家有实力的项目管理承包商，对项目的全过程进行集成化的管理。PMC 在国外也常简称为管理承包。PMC 模式的组织结构图如图 2-7 所示。

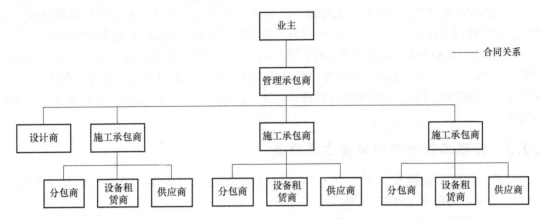

图 2-7　PMC 模式的组织结构图

项目管理公司先与业主签订 PMC 合同，然后与各分包商签订合同，在这种模式下，由项目管理公司负责对工程项目进行计划、管理、协调、控制，为业主提供工程管理服务，而工程项目的具体实施则由各分包商完成。管理承包商和施工承包商的合同可以采用单价合同、总价包干合同或成本补偿合同，但需得到业主的批准。在支付时，业主方要审查管理承包商对施工承包商的支付申请，业主要求管理承包商在管理施工项目时控制成本，如果成本超出双方约定的百分比，则适当减扣管理酬金以促进管理承包商控制成本。

（2）优缺点

1）优点：①由专业的项目管理公司对整个项目进行科学化的管理，有利于提高项目管理水平，节约项目投资；②有利于进行设计优化，使项目的生命周期成本最低；③有利于业主取得高额的非公司负债型融资；④业主的管理工作简单。

2）缺点：①PMC 模式的适用范围较小，只适合于大公司业主联合的大型工程项目管理；②PMC 项目一般比较复杂且难度很大。

（3）适用情况

1）业主由多个公司组成甚至有政府部门参与的项目。

2）由于内部资源短缺而难以实现的项目。

3）技术复杂且投资超过 10 亿美元的大型工程项目。

4）业主不以原有资产进行担保的项目。

5）需要得到出口信贷机构或商业银行国际信贷的项目。

英国土木工程师学会认为：对于复杂的设备安装或包含大型设备制造安装的综合性工程项目，如工业生产制造基地、核电站、大型综合性商业楼群等，涉及跨行业的多个技术领域，必须由不同专业的很多承包商分别提供制造供货、安装施工、调试运行等专业服务。当业主缺乏足够的技术资源和能力协调管理这样数量很多的跨专业合同时，可以委托一个"管理承包商"，组织各个专业合同的招标，并全面组织管理工程。但在道路、桥梁、房屋建筑等以土建工程为主的基建项目上则很少采用。

(4) PMC 模式与 PM 模式的区别

1) PMC 模式下分包商的选择和合同的签订由项目管理承包商完成，在 PM 模式下则由业主自行选择设计、施工、供货单位并签订合同，然后与 PM 公司签订合同。

2) 在 PMC 模式下，项目管理承包商代表业主对整个项目的全过程实施管理和服务，而 PM 公司是根据合同约定对建设项目的全过程，或者是项目的若干阶段实施管理和服务。

3) PMC 公司和 PM 公司的职责范围不同。PMC 公司作为业主的代表全权行使业主的各项职能，而 PM 公司却是根据合同规定对项目的某个或几个阶段实施质量、进度、合同、费用、安全等管理和控制。因此，PM 模式一般被称为项目管理服务，而 PMC 模式被称为项目管理承包模式。

2.2.3 按照工程项目的融资方式分类

按照工程项目的融资方式，常见的有建设-经营-移交（BOT）模式、私人主导融资（PFI）、公私合营模式（PPP）三种。

1. 建设-经营-移交（BOT）模式

(1) 概念

BOT 模式即建设-经营-移交模式，兴起于 20 世纪 80 年代，是政府吸引私营机构来承建国家公共基础设施项目的一种融资方式。BOT 模式是政府与私营机构形成一种"伙伴"关系，通过提供一定期限的特许权协议，将本应由政府承办的公共基础设施建设交给私营机构负责，由私营机构负责项目的融资、建设、经营和维护，并根据特许权协议在规定期限内经营项目获取利润，特许期结束后，将项目完整地、无偿地交还给政府。

特许权协议在 BOT 模式中占有关键性的地位，因此 BOT 模式也称为"特许权融资"模式。BOT 模式的典型组织结构图如图 2-8 所示。

根据世界银行 1994 年的定义，BOT 在推广应用中至少衍生出以下几种建设方式：

1) 标准的 BOT 模式。

2) BOOT 模式，即"建设-拥有-经营-移交"方式，是指私营企业在项目特许期内既拥有项目的经营权，又拥有项目的所有权。

3) BOO 模式，即"建设-拥有-经营"方式，是指项目开发商负责建设并经营某项基础设施项目，并且不将项目移交给政府。

4) BLT 模式，即"建设-租赁-移交"方式，是指政府将某项基础设施项目交给私营机构建设，在项目运营期内，政府成为该项目的租赁人，私营机构获取租赁收益，并在租赁期结束后，将项目全部移交给政府。

5) 此外，还有 BOOST、ROT、BT、BTO、ROO 等模式。

(2) 优缺点

1) 优点：①可以利用私营机构投资，缓解政府的财政负担，减少或避免由于政府投资可能带来的各种风险；②有利于提高项目的运营效益；③对于一些急需建设而政府目前又无力投资建设的公共基础设施项目，采用 BOT 融资，可以利用私营企业的资金，提前建成项目并使其发挥作用，从而提前满足社会与公众的需求；④BOT 模式给一些大型承包公司提供了更多的发展机会，有利于刺激经济的发展，提高就业率；⑤BOT 模式可以带来技术转让、培养专业人

第 2 章 国际工程管理模式

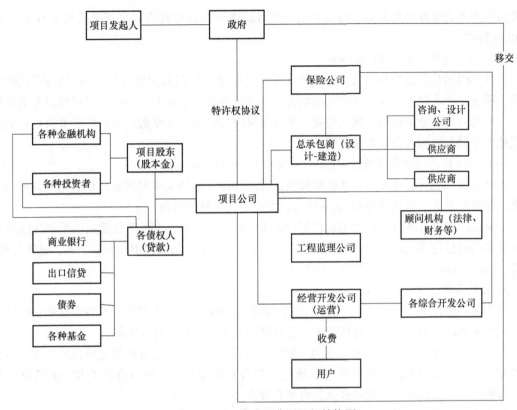

图 2-8 BOT 模式的典型组织结构图

才、发展资本市场等利益,其整个运作过程都与东道国的法律法规相关,因此,有利于促进东道国法律制度的健全与完善。

2）缺点：①BOT 模式前期投资大,融资成本高,且前期时间过长；②项目参与方众多,各方关系错综复杂,且建设周期长,因此项目存在较大的风险；③在合同规定的特许期内,政府失去对项目的控制权。

（3）适用条件

BOT 模式是政府职能与私人机构功能互补的历史产物,特别适应于国家近期急需建设的大型基础设施项目,这些项目要求投入大量的资金,且技术要求高,完工期限紧,往往要求在设计和概念上提出新的构思。因此,BOT 模式的融资对象一般是资信可靠、实力雄厚的国际公司或财团。

2. 私人主导融资（PFI）

1992 年,英国提出了私人主导融资（Private Finance Initiative，PFI），目前,它在很大程度上已成为英国政府治国的理念,并越来越广泛地被用来为政府的非资本性投资项目融资。它多被用于基础设施领域的建设项目。在英国,关于 PFI 项目,政府不再是公共设施的长期所有者,而主要是使用者。通常政府部门提出拟建公共设施和拟获得服务的明确标准,由私营部门负责项目的融资、建造和运营。

根据英国的实践,PFI 大体上可以分为以下三类：

（1）私营部门经济上自立的项目（Free-Standing Project）

公共部门从规划的角度确定对项目的要求,并向私营部门授予特许经营权。私营部门完依赖向使用者的收费回收投资、赚取利润，项目最终是否移交政府取决于是采用 BOT 模式还是 BOO 模式。

(2) 合资经营（Joint Ventures）

公共部门和私营部门共同出资，分担成本，其中公共部门的出资可以包括提供特许贷款、参股、固定资产入股等，或上述方式的结合。私方伙伴通过竞争方式产生，对项目拥有主导控制权。双方的风险分担机制应提前明确，并遵守风险与收益对等原则。项目的成本回收和利润创造依然依赖向使用者的收费来实现。

(3) 向公共部门出售服务（Services Sold to the Public Sector）

由私营部门融资、建成项目并提供服务，费用补偿（包括成本和利润）依靠向公共部门的收费。此处公共部门是指政府和/或使用单位按一定比例缴纳费用。

公共部门可以直接购买或租用私营部门提供的产品和服务，也可以联营或授予特许经营权使私营部门通过特许期的现金收入收回投资。PFI 模式已经被拓展应用到许多领域，包括交通、教育、能源、医疗、卫生、公检法、国防工程等。

3. 公私合营（PPP）模式

欧盟委员会将 PPP 定义为公共部门和私营部门之间的一种合作关系，双方根据各自的优劣势共同承担风险和责任，以提供传统上由公共部门负责的公共项目或服务。

我国香港效率促进组将 PPP 定义为一种由双方共同提供公共服务或实施项目的安排。在这种安排下，双方通过不同程度的参与和承担，各自发挥专长，包括特许经营权、私营部门投资、合伙投资、合伙经营、组成合伙公司等几种方式。

加拿大 PPP 委员会将 PPP 定义为公共部门和私营部门基于各自经验建立的一种合作经营关系，通过适当的资源分配、风险分担和利益分享，以满足公共需求。

BOT、PFI、PPP 三种模式本质上都是狭义的项目融资，而 PPP 概念更为广泛，反映更为广义的公司合营长期关系（如共享收益、公担风险和社会责任），特别是在基础设施和公共服务（如医院、学校等）；PFI 更强调的是私营企业在融资中的主动性和主导性。相对而言，BOT、PFI 更强调政府发包项目的方式，而 PPP 更强调政府在项目公司中的所有权。

案例分析

波兰波兹南市政垃圾热处理厂项目

1. 项目概述

(1) 项目背景

波兰波兹南市修建垃圾热处理厂（又称"垃圾能源化设施"）的历史可追溯到 2004 年，当时波兹南市根据欧盟标准调整了垃圾管理系统并开始申请欧盟资助（团结基金）。自 2004 年起，波兹南市就开始起草申请文件及可行性研究报告和环境影响评价决策等配套材料。2009 年 8—10 月，波兹南市政府与市民举行了公众咨询活动，就垃圾能源化设施的建设选址向波兹南市和 Czerwonak 市（距离垃圾能源化设施很近）的市民公开征求意见。2010 年波兹南市成功通过了环境影响评价决策并确定了垃圾能源化设施建设选址，同时也申请到了团结基金的资助。2011 年又签订了一份 3.52 亿兹罗提的有条件融资协议。

(2) 项目地点

因为政府计划将垃圾能源化设施主要建在仓库与工业建筑集中的地区，所以该项目的垃圾能源化设施建于波兹南市北部，靠近 Czerwonak 市政管辖边界，在波兹南市主要的热力与电力工厂附近，以便垃圾能源化设施为热力与电力工厂提供热能与电能。

(3) 关键时间点

项目的完工日期为项目周期（2007—2013 年开始，最晚至 2015 年年底结束）内最后一次合规投资支出的日期。利益相关方在招标时添加了一条附加条款，要求在 PPP 协议签订后 43 个月内完成投资。2013 年 4 月 8 日签订 PPP 协议，因此社会资本方需在 2015 年年底前完成垃圾能源化设施的净支出额约为 7.25 亿兹罗提的投资支出，但项目建设和调试工作计划于 2016 年 11 月 8 日才能完成。

(4) 主要参与方

由 SITA Polska 公司（持股 50%）和 Marguerite Waste Polska（持股 50%）共同组成了项目公司 Sita Zielona Energia。SITA Polska 公司是苏伊士环境公司的一家子公司，在欧洲管理着 48 家垃圾热处理工厂，每年处理市政垃圾约 7300 万 t，是全球环保领域的领导者；Marguerite Waste Polska 公司隶属于投资基金 Marguerite Fund。

2. 项目内容

(1) 招标过程

2010 年年初，波兹南市政府决定通过 PPP 模式在波兰开展垃圾能源化项目。通过 PPP 模式建设垃圾能源化设施的主要原因是市政府缺少垃圾能源化的经验（在整个波兰亦是如此）。社会资本方参照政府和社会资本合作法案《PPP 法案》第四条第二款（即政府采购法），以竞争性对话方式筛选。市政府选择竞争性对话方式来选取合作方，是因为这一方式能充分利用政府采购法规范复杂的投资结构，实现公众利益最大化。筛选负责垃圾能源化设施的设计、建造、融资、管理和维护的社会资本方的工作于 2011 年 4 月 4 日启动，2013 年 8 月 8 日结束，期间包括签订 PPP 协议和从 2011 年 11 月到 2012 年 7 月的竞争性对话。PPP 协议将项目周期分为两个部分：建设周期，PPP 协议签订后的 43 个月内；经营周期，自建设周期结束后 25 年。

波兹南市政府采购公告中规定，进入竞争性对话阶段的投标人必须拥有丰富的建设和运营垃圾热处理设施的经验以及保证项目完成的财力。公告称，根据政府采购法，仅有 5 家公司可以参与竞争性对话。如果符合标准的社会资本方超过 5 家，市政府将根据经验选取得分最高的 5 家。对话将按照"与社会资本方进行竞争性对话指导原则"，以确保过程的竞争性。市政府最终确定了一套确定评标标准的参考条款，明确评标标准由裁定委员会通过 AHP 多重标准分析法来决定，并确保价格标准优于其他（非价格）标准。市政府收到大量具有竞争性、目标明确的标书，也较易确定欧盟联合融资支持的固定资本投入的价值。除了酬劳外，以下一些标准也被纳入了考虑范围：政府与社会资本方之间的相关责任和风险的分配，以及市政府预期支付剩余款项的金额和日期。

(2) 技术指南

项目采用的基本技术包括层燃炉、与层燃炉一体化的废热回收锅炉（保证垃圾的能量能够最大限度地得到回收利用），并配备了抽气冷凝式汽轮机装置向城市供应热水以及向市政电网供应电力。工厂的工作容量每年达到 21 万 t，生产线额定运营时间为每年 7800h。工厂还会配备两条热处理线，每条线的处理容量为每小时 13.5t。

(3) 项目融资

为了接手该项目，Sita Zielona Energia 从 BCK 财团、波兰储蓄银行以及 Pekao S. A. 银行组成的联合体中获得了超过 9 亿兹罗提的贷款，偿还期为 22 年。

(4) 风险分配

波兹南市政府从市场测试的结果中发现，需求风险（即垃圾数量和热值风险）不能转嫁给社会资本方。因此，该项目的建设和可用性风险由社会资本方承担，而需求风险由波兹南市政府承担。此外，社会资本方还要负责整个项目周期内垃圾能源化设施的运营和维护。

(5) 支付原则

社会资本方报酬是根据垃圾能源化设施估计运营成本（分为固定和可变成本）、债务还本付息额以及社会资本方的计划利润份额来计算的。还将扣减销售电能和热能的收入以及由许可证带来的相关收入。

将由市政预算支付社会资本方的报酬。波兹南市政府将与欧盟资金共同为社会资本方提供《PPP 法案》下所谓的"自我投入"部分，"自我投入"仅覆盖设施的建设成本。报酬将根据支付机制（支付机制说明了计算报酬组成部分的具体原则）在既定的月份结算。报酬各个部分的计算将依据社会资本方向市政府提供的详细结算账户数据确定。市政府通过这种方法能够全面保证提交的计算结果的准确性。

3. 经验教训

项目面临的主要问题在于公众对项目的排斥以及项目的创新性导致标准解决方法不适用，以及合作方缺少在波兰建设垃圾焚烧厂的相关经验。还有一些困难则出现在商定项目结构的过程中（与社会资本方长达 25 年的合作原则是在不确定的外部法律环境下确定的，因为 2012 年波兰修改《垃圾管理条例》造成了法律环境的一次重大变化）。此外，一些政府机构在与社会资本方的合作中未能保守商业秘密也在一定程度上阻碍了项目的开展。

项目的创新性主要体现在混合融资的方式上，即欧盟基金、社会资本方与市政府共同融资。

在与社会资本方签订协议之后，为了统计团结基金的资助金额（依据社会资本方递交的投标书），更新了可行性研究。团结基金的资助将帮助市政府减少对垃圾能源化设施处理市政垃圾的支出，并减少居民为垃圾管理支付的费用。

（资料来源：中国环卫科技网，http://www.cn-hw.net/html/sort054/201408/46799.html，2014-08-26.）

第 3 章

国际工程咨询与工程承包

本章要点
- 国际工程咨询的相关概念、从事国际工程咨询职业的工程师的素质
- 国际工程咨询公司的服务对象和内容
- 国际工程咨询服务的招标投标
- 国际工程承包的相关内容及其招标投标

◆ 引入案例

我国某央企集团公司在某中亚国家以交钥匙总承包方式承建的地铁机电系统项目于1995年3月正式签署技术合同,于1996年11月合同生效时开始实施该地铁机电项目。该地铁机电系统交钥匙工程是我国当时最大的综合性民用机电出口项目之一。该项目组织结构科学、管理水平高效,主要设计指标达到了国际水平,工艺、技术和设备的国产化程度达到了85%,为我国机电行业的发展提供了新的舞台。

3.1 国际工程咨询

3.1.1 国际工程咨询概述

咨询(Consulting)是以信息为基础,依靠专家的知识和经营,对客户(Clients)委托的任务进行分析、研究,提出建议、方案和措施,并在需要时协助实施的一种知识密集型的智力服务。

咨询工程师(Consulting Engineer)是从事工程咨询服务的工程技术人员和其他专业人员的统称。

1. 对工程师和公司的要求

现代工程咨询是综合运用现代科学、技术、信息的智力服务活动，咨询工程师所具有的专业知识、实际经验和信息水平决定了咨询质量，因此这就要求咨询工程师有很高的素质：

1）要具有扎实的专业知识和技能。咨询工程师是专业领域内的专家，能有效从事项目的规划、设计和施工管理等方面的工作，熟悉计算机的应用，能够运用英语或项目所在国通用语言进行交流。

2）系统的知识结构。除了掌握专业技术之外，咨询工程师对于各类工程项目建设过程和特点均应有较深的了解，还应具备一定的经济、管理、金融和法律等方面的知识。

3）丰富的工程实践经验。

4）较强的组织协调和管理能力。工作性质决定了他们除了与本公司各方面人员协同工作，还要经常与客户、合同各方、政府部门、金融机构及物资供应商等发生联系，处理面临的各种问题。这就要求咨询工程师具有一定的组织协调能力和管理水平。

5）勇于开拓进取的精神。随着科学技术的迅速发展，新产品、新工艺不断涌现，咨询工程师必须与时俱进，积极进取，及时更新知识并勇于开拓新领域，与先进科技发展及管理技术保持同步，在工程项目的实施中起到引领作用。

由于工程咨询行业的特点，如独立性、公正性、综合性、系统性，因此除了业务素质，咨询工程师还必须具备良好的职业道德：有社会责任感、用客观公正的态度对待同行，不损害他人名誉和利益，正直忠诚，实事求是，等等。

国际咨询公司是具有独立法人地位的经营实体。世界银行要求承担其贷款项目咨询服务的公司应具备：与所承担的工作相适应的经验和资历；与业主签订受法律约束的协议的法人资格。

2. 国际工程咨询业务的特点

1）国际业务一般都采用国际竞争性方式采购咨询服务。因此竞争相对激烈，并且国外项目必须采用国际标准或所在国标准进行设计。

2）国际业务必须适应客户所在国建设程序的规定和有关政策法规等要求。例如，发展中国家注重技术转让，通常要求外国咨询公司雇用当地专业人员；对于本国的工程咨询业有能力承担的项目，对国外咨询机构参与竞标会有一定限制。

3）外国客户在语言、文化、地理条件和习俗等方面与国内不同，因此在执行项目过程中与客户的关系和国内有很大的区别。此外，相对于国内市场而言，国际工程咨询的突出特点是高风险性。国际工程项目总要涉及不同的政治、法律、社会文化环境，不同的金融政策和税收制度，不同的地理条件及不同国家的技术标准等，所有这些都使得咨询工作变得更加复杂，从而增加了咨询业的风险，使得国际工程咨询除了具有国内市场的一般风险外，还具有更高的政治风险和经济风险等。

3. 国际工程咨询公司的服务对象

国际工程咨询公司的服务范围非常广泛，政府部门、工业企业、财政金融机构、公用事业，以及其他公共和私人机构都可能成为其客户，需要咨询专家为其提供服务，以保证工程建设的顺利进行，提高项目建设速度、质量和经济效益。就建设项目的主要参与方而言，咨询服务的对象可以是业主、承包人和贷款方（或出资人）。

（1）为业主服务

为项目业主服务是咨询公司服务的最基本、最广泛的形式之一。

咨询工程师的基本职能是提供工程所需的技术咨询服务，或者代表业主对设计及施工中的质量、进度、成本等方面的工作进行监督和管理。一般来讲，项目业主本身没有工程能力或缺乏所需的工程专业知识，需要咨询工程师为其提供服务以完成项目。例如，电力公司不具备建设电站电厂的能力，石油、化工企业也不确切掌握如何建设工艺精湛、效率先进的炼油厂和化工厂。即使它们拥有自己的工程部门，但专业化水平并不一定能胜任所需要面对的咨询任务。对于规划、系统设计、市场调查和可行性研究等工作，项目业主不一定需要拥有从事这些工作的固定机构，特别对许多中小企业来讲更是如此，从经济、效率、水平等方面来说，聘请外部的咨询专家都是更好的选择。咨询工程师所承担的业务范围可以是项目全过程咨询，也可以是阶段性咨询。

全过程咨询服务包括：

投资机会研究→初步可行性分析→可行性研究→概念设计→基本设计→详细设计→编制招标文件并评标→合同谈判→合同管理→施工管理（监理）→生产准备（人员培训）→调试验收→后评价。

阶段性咨询服务是指为工程项目的某一阶段或某项具体工作提供咨询服务。

（2）为承包商服务

为工程项目提供设备的制造商和负责土建与设备安装工程的施工公司，业主多采用招标的方式选择。对于大型与特大型的技术复杂项目，设备制造厂和施工公司由于自身知识范围和技术能力所限，往往要和工程咨询公司合作参与公司投标。

工程咨询公司是作为投标者的设计分包商为之提供技术服务。工程咨询公司分包工程系统设计、生产流程设计，以及不属于承包商制造的设备选型与成套任务，编制设备材料清册、工程进度计划等。

此外，国际上许多大型项目的承包商，常雇用知名咨询公司为其提供项目全过程的管理服务，或聘请它们进行项目的合同管理、成本管理或索赔管理等。

（3）为贷款方服务

工程咨询公司常作为贷款银行的顾问，对申请贷款的项目进行评估，以对贷款项目做出决策。由于被聘请的咨询公司必须满足与该项目有关各方没有任何商业利益或隶属关系的条件，因此咨询公司被聘请的工程师有时又称作"独立工程师"。咨询公司评估侧重于项目的工艺方案、系统设计的可靠性和投资估算的准确性，并对项目的财务指标再次核算或进行敏感性分析。银行要求独立工程师不受业主和项目相关利益方的影响提出客观、公正的建议并提交全面的报告。独立工程师的项目评估报告是银行贷款决策的重要参考依据。

特别是国际组织的贷款项目，更需要工程咨询公司提供咨询服务。这里的国际组织是指跨国的金融、援助机构，包括世界银行和联合国开发计划署、粮农组织及其他地区性开发机构，如亚洲基础设施投资银行、亚洲开发银行、美洲开发银行、非洲开发银行等，这类机构的贷款都具有援助性质。为了保证贷款充分实现其目的，国际金融组织一般要求其借款人（业主）聘请咨询公司。

3.1.2 国际工程咨询服务的内容

1. 项目决策阶段的咨询内容

决策阶段咨询也称投资前咨询，这个阶段的工作包括规划研究、机会研究、预可行性研究、可行性研究、项目评估和决策等内容。该阶段研究工作的深度和质量直接影响项目的成败。

工程咨询公司受客户委托运用各种理论，通过深入调查研究，采用先进的信息处理技术，帮助客户鉴别项目，从社会、经济、技术、财务、组织管理等方面进行分析论证，设计选择项目优化方案，减少投资风险，以达到实现最佳效益的目标。

项目决策阶段的咨询内容包括规划咨询、项目选定咨询、项目决策咨询三个层次，见表3-1。

表3-1 项目决策阶段的咨询内容

层　　次	研 究 类 型	研　究　目　的
规划咨询	区域发展规划	提出区域的中长期总体发展规划
	部门发展规划	提出部门（行业）的总体发展计划
项目选定咨询	机会研究	发掘投资机会，确定预可行性研究的重点和范围
	预可行性研究	初步分析项目是否有生命力，确定是否进行可行性研究
	辅助研究	弄清某些关键问题
项目决策咨询	可行性研究	对项目方案进行最终选择，确定项目是否可行
	项目评估	校验和完善项目，为最终投资提出决策

（1）规划咨询

规划咨询包括区域发展规划和部门发展规划。区域发展规划是根据宏观整体的发展要求和本地区的实际情况，制定本地区发展的总体战略目标；部门发展规划是制定本部门（行业）发展战略目标和产业政策，合理安排本部门的地区布局和重点建设项目等可持续发展战略部署。

（2）项目选定咨询

项目选定咨询包括机会研究、预可行性研究、辅助研究。

1）投资机会研究：是为寻求有利投资方向的预备性调查研究，即在一个确定的地区或部门，通过对项目的背景、发展趋势、资源条件、市场需求等方面的基础条件的分析，进行初步的调查研究和预测，以发现有利的投资机会。

2）预可行性研究是对项目方案进行初步的技术和经济分析，对投资建议进行鉴别和估价。

3）辅助研究是对一个项目的预可行性研究中某些模糊不清而又关系重大的特定问题进行的研究。

（3）项目决策咨询

项目决策咨询包括可行性研究和项目评估。可行性研究是对项目方案的最终选择，确定项目是否可行；项目评估则对项目进行校验和完善，为最终投资提出决策。

2. 建设准备阶段的咨询内容

建设准备阶段是在项目确定之后、指导施工开始之前这个阶段。

建设准备阶段的咨询内容主要包括工程设计、工程招标等。其中，工程设计可分为概念设计、基本设计和详细设计。

1）概念设计是投资决策之后，由咨询单位将可行性研究提出的意见和问题，经与业主协商认可后提出的具体开展建设的设计文件。概念设计的深度要求取决于可行性研究的结果和业主对项目任务的要求。

2）基本设计相当于国内的初步设计，是下一阶段详细设计的基础，由总包设计单位编制，有些国家可以将其作为招标文件用。基本设计的内容依项目的类型不同而有所变化，一般来讲,它是项目的宏观设计,包括项目的总体设计、布局设计、主要的工艺流程、设备的选型和安装设计,土建工程量及费用的估算等。基本设计的深度应满足以下要求:设计方案的选择和确定;主要设备、材料订货;土地征用;基本建设投资控制;详细设计编制的要求;施工组织设计的编制;施工准备和生产准备等。

3) 详细设计相当于我国的施工图设计。其主要内容是根据批准的基本设计,绘制出正确、完整和尽可能详细的建筑、安装图,包括建设项目各部分工程的详图和零部件结构明细表以及验收标准、方法、施工图预算等。项目在详细设计阶段的主要工作为补充修正基本设计采购用的设备及部件技术规格书和数据表。详细设计的深度应满足以下要求:设备材料的安排;非标准设备的制作;施工预算的编制;土建施工的设备安装要求。

咨询公司通过设计任务的完成为项目建设制定一个完整的方案,编制一整套设计图及施工方法和规划。

3. 项目实施阶段的咨询内容

项目实施阶段的咨询是在项目从开工到竣工投产这一阶段,为项目实施建设所提供的咨询服务。总的任务是保证项目按设计、计划的进度、质量和投资预算顺利实施建设,最后达到预期的目标和要求。

在此阶段,咨询公司受不同对象的委托,承担不同的咨询任务。在项目实施阶段,管理的核心是合同管理。项目实施阶段合同管理主要包括设备采购合同管理和工程施工承包合同管理。

4. 项目总结阶段的咨询内容

项目总结阶段的咨询内容也称项目的后评价,是指工程项目完成后所做的总结性评价,以区别于项目前期的评估。

后评价是项目管理周期中的最后一个重要阶段,咨询公司(工程师)根据客户委托,对已完成的项目或规划目标、执行过程、效益、作用和影响进行系统、客观的分析,通过检查总结,确定目标是否达到,项目或规划是否合理有效,并通过可靠的信息反馈,为未来决策提供经验教训。

后评价的基本目的有两个:一是检查投资项目或活动实现目标的程度;二是为新的宏观导向、政策和管理程序反馈信息。

基本内容一般包括过程评价、效益评价、影响评价、持续性评价和综合评价五个方面。

1) 过程评价。一般要分析以下几个方面:项目的立项、准备和评估;项目内容和建设规模;工程进度和实施情况;配套设施和服务条件;受益者范围及其反映;项目的管理和财务执行情况。

2) 效益评价。即财务评价和经济评价,主要分析指标有内部收益率、净现值、贷款偿还期和敏感性分析等。

3) 影响评价。其内容包括经济影响、环境影响和社会影响等。

4) 持续性评价。持续性评价是指在项目的建设资金投入完成之后,项目的既定目标是否还能继续,项目是可以持续地发展下去;项目是否有可重复性。

5) 综合评价。综合评价是产生评价结论、经验教训和建议的依据和基础。

3.1.3 国际工程咨询的招标投标与费用估算

1. 招标方式

国际上通行的咨询公司(咨询专家)的选聘方式有三种:指定招标、国际竞争性招标、有限竞争性招标。

(1) 指定招标

指定招标也称谈判招标，是由客户直接选定一家公司通过谈判达成协议，为其提供咨询服务。指定招标的方式一般只在一些特定情况下采用：

1) 咨询服务内容有严格保密的要求，如军事工程的咨询任务，一般直接聘用有资质的相关公司。

2) 客户需要某些咨询公司的专利技术，直接聘用这家公司。

3) 某咨询公司曾为客户进行过项目立项决策阶段的研究工作，并建立了良好的信誉，客户认为这个公司具有从事之后阶段的设计咨询任务的技术水平和能力，考虑到工作的连续性，节约再次选聘的时间和费用，仍然继续聘用该公司承担后续的工作任务。

(2) 国际竞争性招标

国际竞争性招标是指在世界范围内公开招标选择工程咨询公司。采用这种方式可以为有能力的咨询公司提供一个平等的竞争机会，客户也可以从众多的咨询公司中挑选一个比较理想的公司为其提高质量和高效益的咨询服务。

目前，国际工程咨询项目，特别是世界银行、亚洲开发银行等国际金融组织的资助或贷款项目大都要求国际竞争性招标，并为此专门制定了选择咨询公司的规章、制度、办法和程序，如世界银行制定的《世界银行借款人以及世界银行作为执行机构选用咨询人员指南》。

(3) 有限竞争性招标

有限竞争性招标在国内工程中常被称为邀请招标，是客户利用自己的经验和调查研究获得的资料，根据咨询公司的技术力量、仪器设备、管理水平、过去承担类似项目的经历和信誉等选择数量有限的几家咨询公司发出投标邀请函，进行项目竞争。

被邀请的公司数量通常为3~4家。采用这种招标方式，参与竞争的公司数少，招标工作量小，可以节约时间和费用，比较适合于工作内容相对不太复杂、金额不大的咨询项目。

2. 招标程序

世界银行资助的项目选择咨询服务的五个主要考量因素是：高质量的服务、经济性和效率性、公平的选择过程、国内咨询公司、透明度。为了达到这些要求，世界银行认为，应基于短名单对列举的企业进行竞争性招标，在招标过程中，优选服务质量合格的咨询单位，如有必要，也可考虑咨询服务的价格。因此，基于质量-成本的优选是工程咨询最常见的招标方式。我们针对世界银行制定的《世界银行借款人以及世界银行作为执行机构选用咨询人员指南》当中推荐的国际工程咨询招标投标规定及程序进行说明。

(1) 编制工作大纲

工作大纲（Terms of Reference，TOR）是客户详细说明将要求被聘请的咨询专家完成的咨询任务的具体说明书。应明确定义咨询任务的目标、成果和范围，并提供相应的背景资料，帮助咨询服务的投标人准备建议书。如果咨询服务包括业务培训，工作大纲还必须指明参与培训的员工数量，帮助咨询单位估计所需资源。工作大纲应列明完成咨询任务需要的服务和必要的调查，以及期望的成果展现形式（例如，报告、数据、地图和调查任务等）。当然，工作大纲也无须展现过多细节，以便咨询单位提出自己的工作计划和方法。同时，工作大纲应鼓励投标人在建议书中对其进行评论，也须列明双方的权利义务。

工作大纲一方面为咨询公司编制建议书参加投标提供了依据；另一方面工作大纲大部分内

容要纳入合同作为确定合同中关于"服务"的定义和内容的组成部分。因此,工作大纲将贯穿于咨询服务的全过程。工作大纲须由业主具有该项能力的专家或委托的专业公司编写,并符合业主方在招标前应准备好的咨询工作预算。编制预算时需要对以下资源进行合理的估计:专家服务的时间、后勤保障、实物投入(如实验室、车辆等)。预算一般包括咨询服务费和可报销项目两部分,并进一步区分国内和海外部分的费用。对专家服务时间的估计应包括国内和国外专家的合理估计,并在征求建议书(RFP)中表明预估的专家服务时间或总成本,但不需要表明细节内容,如咨询服务费的标准。

(2) 估计咨询费用

费用的估计以工作大纲为基础,依据拟定的任务范围和目标,估算所需的人力、时间和费用。

咨询服务费用的估算有时可按经验进行粗略的估算。而编制咨询服务费用估算明细,必须根据咨询专家的工作期限和派遣人次等数据计算。其中,外币费用主要包括外国专业人员按人/月计算费用、咨询公司的本部人员按人/日计算的费用、国际旅费、办公设备费、通信费等。当地货币费用主要包括国内旅费、通信费、生活津贴、租金和办公费等。

(3) 招标公告

招标公告中一般包括咨询服务的范围和内容、咨询公司的资质要求和经验要求(不需要专家的个人信息)、入选短名单的标准、利益冲突的规定等。招标公告的目的是获得咨询公司的回应,使其表达愿意投标的兴趣(Expression of Interests, EOI)。

对于世界银行项目,业主必须向世界银行提交招标公告,世界银行将安排在其官网和其他外部网站上予以发布。另外,业主还应在其他渠道发布招标公告,如工程所在国广泛流通的报纸、技术或经济杂志,或国内和国际上广泛使用的免费网络渠道。在世界银行经济发展网页上发布消息后,应给予投标人14天以上的时间准备回复,之后才能拟订短名单。除非业主已准备好合适的短名单,否则迟到的EOI并不能作为拒绝投标人的理由。

(4) 准备短名单

世界银行规定短名单一般为3~6家公司;亚洲开发银行规定为5~7家公司,其中来自同一个国家的公司不得多于2家。而且如果1家公司在一年之内已中标两个项目,就不再列入短名单。但允许以非牵头公司的角色同短名单中的其他公司联合投标。

业主在准备短名单时,应首先考虑具有相应资格并提交了EOI的咨询公司。以世界银行的要求为例,短名单一般包括来自不同国家和地区的6家公司,在这6家公司中,除非没有其他符合资格标准的咨询公司,否则:一是不应包括2家来自同一国家或地区的咨询公司;二是应包括至少1家来自发展中国家的公司。如果提交了EOI的公司中没有符合要求的,业主可直接与其熟悉的符合要求的咨询公司联系,或寻求世界银行的帮助选用合适的公司。当符合条件并提交了EOI的咨询公司不够6家,或咨询服务的规模或特点并不需要更大范围内的竞争时,世界银行可以同意业主选择少于6家咨询公司列入短名单。

若项目预算达不到世界银行采购计划中规定的额度(各个项目的额度不同),则短名单可以只包含项目所在国的公司。当然,如果有国外公司提交了EOI,应予以考虑。同一个短名单中所列的公司应具有相似的业务目标、业务能力、专家经验,承担过类似的项目。国有企业、非政府组织或机构一般不与私营公司列在同一个短名单中。如果短名单中所列咨询机构组成较为复杂,则一般应采用基于服务质量或投标人资质的招标标准。同样,短名单中一般不包括个人咨询师。若同一家咨询机构在多个并行项目的短名单中，招标人应确保其能力可以满足多个咨询任务同时进行的需求。短名单准备好以后，一般还要经过项目主管部门的批准。

（5）确定评选方法和标准

选择咨询公司的过程，实际上就是按照一定的程序和方法，依据评选标准对整个短名单上的公司提交的建议书进行比较、评价。

评选的方法和标准必须在邀请咨询公司提交建议书之前确定。

常用的评选方法主要有：基于质量和费用的评选方法、基于质量的选择方法、最低费用选择方法等。

（6）给短名单上的咨询公司发征求建议书（RFP）

征求建议书中包括的内容有：投标邀请函（Letter of Invitation，LOI）、投标人说明、招标资料表、工作大纲以及咨询合同类型说明。可以使用世界银行提供的标准制式文本，而对标准文本的改动应通过招标资料表予以明示。

邀请函内容一般包括对资金来源的说明、业主方的介绍以及提交建议书的日期、时间和地点。邀请函中要求被邀请的公司以电传的方式确认已收到邀请函，并答复是否愿意提交建议书。

RFP 的内容见表 3-2。

表 3-2　RFP 的内容

序号	内容	序号	内容
1	咨询任务简介	9	被邀请投标的咨询公司的名单
2	附件，包括工作大纲、合同草案、背景资料等	10	建议书编制使用的语言、提交的份数、递交地点和截止日期
3	咨询公司评选方法与程序	11	合同谈判与工作开始日期
4	关于预期工作量按人月数表示的说明	12	建议书的有效期
5	有关该任务外部资助的细节和状况	13	要求被邀请公司以电传方式确认已收到邀请函，明确是否愿意提交建议书
6	要求咨询公司提供费用估算的资料	14	关闭于咨询公司访问业主的执行机构、进行实地考察的说明
7	要求中标的公司在项目中仅限于咨询工程师的角色	15	业主提供的协助与支持，如生活设施和服务等
8	有关当地的相关法律资料		

投标人说明及招标资料表中明确了与咨询投标与业务相关的具体情况。例如关于预期工作量按人月数表示的说明、咨询公司评选方法与程序、有关当地的法律资料、被邀请投标的咨询公司的名单、建议书编制使用的语言及提交的份数和截止日期、合同谈判开始的日期以及建议书的有效期等。

（7）评价建议书，选择咨询公司

对于业主来说，在征求建议书发出并收到回应之后，就要等待开标了。

通常来说，咨询公司准备投标的时间不少于 4 周，对于特别复杂、需要跨专业合作的大型项目，准备时间可能多于 3 个月。期间若投标人提出澄清要求，招标人应准备书面澄清材料，并回复所有短名单中的咨询公司。如有必要，招标人可以延迟提交建议书的截止时间。

评价建议书是选择咨询公司的关键步骤。为保证聘请到高水平和真正符合咨询任务需要的咨询公司，业主一般都要采用比较严密的程序和科学的评价方法，对建议书进行评价并根据评价结果选择将聘用的咨询公司。

建议书的评价原则和标准比确定短名单的选择标准要详细得多。

建议书包括技术建议书和财务建议书两部分，应同时提交。超过截止时间之后，对于技术建议书或财务建议书的修改将不被接受。同时，技术建议书和财务建议书应分别密封。

评标委员会一般由业主选择的技术、财务和法律等方面的相关专家组成。委员会先对所有有效的技术建议书进行评价，之后，若世界银行对评价结果无异议，才可对财务建议书进行评价。评价时应严格采用征求建议书中提出的评价标准。

对服务质量评价时，评标委员会通常由不少于3人、不多于7人的相应领域专家组成。若世界银行认为评价过程与征求建议书中的描述有所出入，或无法衡量技术建议书的强弱，或不能及时做出评价，世界银行可要求招标人另外组建评标委员会。

在征求建议书中，应对每一项指标及其具体构成进行描述，并指明通过评价的最低分值标准。一般而言，百分制条件下，投标人应获得至少70分，才能通过技术评价。常见的评价指标和分值分布如下：

咨询工程师的相应工程经验：0~10分

技术方案：20~50分

关键专家：30~60分

培训方案和安排：0~10分

本国专家参与：0~10分

总分100分

招标人一般还会将以上指标进行分解，如技术方案还可分解为技术创新性和详细程度等多个方面。当然世界银行不建议将指标分得太细，使得评标过程沦为机械地打分。在复杂的项目中，应着重考虑项目的技术方案。

关键专家在很大程度上决定了项目完成的质量，因此在评价技术建议书时，也应着重考虑关键专家。招标人应从关键专家的简历中判断其资质和经验，而这一项评价指标需要从一般工作经验和经历、在本类项目中的工作经验以及在本地区承接工程的经验和经历三个方面予以考虑。

评标专家还应考虑技术建议书对工作大纲的响应程度。如果不能响应征求建议书中提出的重要内容，技术建议书就是不合适的，而且应该在技术评标中被拒绝。

在技术评标结束后，招标人应按照世界银行的标准格式准备技术评标报告，向银行陈述评价的结果，并说明每份标书的优缺点。若不同专家对同一份标书在相同指标中给出的分数差距太大，招标人也应在报告中进行说明。评标表需要附在附件中，交由世界银行进行审核。

在世界银行审阅并批准技术评标报告后，招标人应通知所有未达到技术标最低分要求的投标人，或未能响应征求建议书和工作大纲的投标人投标失败，并在咨询合同签订之后将未开封的商务标返还给失败的投标人。另外，招标人也应告知失败的投标人其技术标的得分以及各分项得分。

同时，招标人将告知所有通过技术评标的投标人开商务标的时间和地点。开标时，应有愿意参加的投标人代表到场。开标人将唱出每位投标人的名字、技术标总得分及分项得分、商务标报价。招标人应对开标过程进行记录，并发给所有投标人。然后，招标人将评价和比较商务标。

首先，按照征求建议书中的规定将投标价格折算成统一货币（当地货币或通用货币）。

若投标人采用基于工期的合同，则还应纠正所有数据统计的错误；若采用总价合同，投标人应在财务建议书中写明总价，且不能纠正算数错误，财务建议书的总价即被视为最终报价。

为了便于评价，最终报价中不考虑当地可识别的间接税和所得税。

最终报价应当包括投标人的差旅、打印、翻译、文秘等费用。

最低报价的建议书获得满分，其他建议书按比例折为其他分数；也可采用征求建议书中明示的其他记分方式。

将技术建议书得分和商务建议书得分按权重加总，即可获得每个投标人的最终得分。一般来说，商务建议书的权重为20%居多，但以征求建议书中的规定为准。得分最高的投标人可获得合同谈判的邀请。

（8）合同谈判和签约

谈判通知通常用电传或电报发出，确认谈判的时间，规定谈判的地点。参加谈判的咨询公司代表必须具有公司的书面授权书，证明他代表该公司进行谈判以达成具有法律效力的协议。合同谈判依据的材料是技术建议书和财务建议书。谈判前应准备好合同草本，并可以在此基础上加以补充和修改制定。

谈判的内容一般包括对工作大纲、技术方案、招标人义务和合同特别条款的讨论。这些讨论不应在本质上改变工作大纲中包含的咨询业务范围以及最终产品的质量和价格。一旦选定了咨询公司，则不能更改关键专家的人选，除非咨询招标投标过程因故延迟使得更换人选不可避免，且更换的人选应具有相同或更好的资历和经验。若因中标人在投标时未确定关键专家是否能够参与项目而导致需要更换人选，则中标人失去中标资格，招标人应转为与下一顺位投标人进行谈判。

在与得分排名第一的咨询公司谈判失败后，招标人应将谈判的分歧所在以书面形式告知对方，提供书面回应的最后机会。预算考虑不应成为谈判破裂的唯一原因。若无法达成一致，招标人应以书面形式告知对方终止谈判的意向，在获得世界银行的同意后，招标人与第一顺位投标人的谈判可以宣告失败，并开启与第二顺位投标人的谈判。同时，招标人应提供谈判记录和谈判失败的原因，以供世界银行进行审核。一旦与第二顺位投标人的谈判开始，招标人不能再与第一顺位投标人进行谈判。谈判成功后，招标人应通知短名单上的其他公司投标失败。

3. 投标

（1）投标准备

如果工程咨询公司准备参加一项咨询项目的投标，就应该做好投标前的准备工作，主要是组织咨询投标班子和编写公司能力声明文件，争取被列入短名单中。这项工作相当重要，因为一方面只有被列入短名单才有参与竞争的可能；另一方面一旦进入了短名单，很快就会接到客户的邀请，在规定的期限内提交建议书。

组织一个好的投标班子是争取获得咨询项目的基本保证，在一定程度上，咨询公司要通过投标班子编写一系列的文件，表现本公司的实力和水平，以赢得客户的信任。投标班子应由相应的技术人员、经济人员和法律人员组成，必要时也应有商务人员参加。这个班子的负责人应具备比一般人员更全面的知识和更丰富的工作经验，善于管理，能使全体成员充分发挥自己的积极性，同时，还应具备勇于开拓与不断进取的精神。投标班子在项目咨询招标初期应做好以

下工作:

1) 编制并主动向客户提交本公司能力声明文件和有关宣传资料,让客户了解公司,积极争取被列入短名单中。

2) 通过与客户加强联系以及其他渠道收集项目信息资料。

3) 深入调查了解项目所在国家和地区的政治、经济、文化、法律和自然条件等情况。

4) 研究确定是否需要与当地公司或其他公司联合投标,如果需要应积极联系,促成合作。

(2) 建议书的编制

咨询公司提交的建议书一般有两类:一类是接到客户要求提交建议书的邀请函和工作大纲后,根据其任务内容编写的建议书;另一类则是在有关政府部门或潜在的投资者尚未确定投资项目,或虽已确定了项目但无工作大纲的情况下,咨询公司主动向他们提交的建议书,这类建议书无固定格式。

技术建议书一般包括:

1) 概述。介绍本公司名称、注册地址等,说明建议书的结构与主要内容,简述本公司的优势和所建议的技术方案的先进性。

2) 公司概况。公司概况简要叙述本公司的情况,相当于公司能力声明文件的摘要。如果与其他公司联合投标,则还应介绍其他公司的情况,说明联合体结构和每个成员之间的分工协作方式。

3) 咨询公司的经验。介绍本公司工作资历和工作经验,重点介绍在类似项目、类似国家和地区完成咨询任务的情况,表明本公司的水平、经验和承担该咨询项目的优势。

4) 对本项目的理解。阐述项目的背景及其对所在地区和行业发展的影响,项目的特征、技术指标与环境条件,影响本项目的关键因素和敏感性因素等。

5) 对工作大纲的理解和建议。阐述对工作大纲每项工作的范围与深度的理解,澄清不确切之处,提出改进意见和合理化建议。

6) 完成任务的方法与途径。详细描述完成各项任务拟采取的方法和步骤,其中包括完成咨询任务的总体方案与计划、各子项任务的划分、工作标准、技术措施、质量保证体系、提交成果的方式、内容和时间。

7) 工作进度计划。在充分考虑项目所在国家和地区的自然条件、法律法规、宗教信仰、风俗习惯等因素的基础上,编制切实可行的工作进度计划,以文字、图表等形式表明项目的总体进度安排、各子项任务开始与结束的时间及相互衔接。

8) 咨询人员工作安排。介绍项目组组长和成员的配备,主要咨询人员资历和经验简述,公司对项目的支持,项目各成员的分工及工作时间安排计划,可用横道图表示。它可以作为财务建议书中费用估算的依据。

9) 需要客户提供的支持。为了完成咨询任务,需要客户提供的支持包括:免费提供有关文件、资料,协助提供仪器、设备、人员配合,帮助办理咨询专家的出入境手续以及有关仪器设备进出关手续等。

10) 附件。包括邀请函和工作大纲;公司从事类似咨询项目的实力;项目组咨询人员和公司支持人员简历;公司能力声明文件,公司其他材料。

财务建议书一般包括:

1) 咨询费用估算方法及财务建议书的编制说明。

2）咨询服务费用总金额，包括咨询人员的酬金、可报销费用和不可预见费。
3）咨询人员酬金的估算明细。
4）可报销费用估算明细。
5）不可预见费估算，通常按照第3）、4）两项费用之和的5%～10%估算。
6）由注册会计师审计的公司资产负债表和损益表。

（3）建议书的递交和合同谈判

建议书编制好后，应按照邀请函中关于递交建议书的安排，按时将其递交给客户。送交建议书时，应有一份正式的"建议书递交函"。至此，咨询投标工作基本完成，接下来就是准备答疑和等待评标结果。

在接到客户的谈判邀请通知后，应按时派出谈判小组前往指定地点参加合同谈判。谈判小组一般应由编写建议书负责人、财务与法律人员、项目组长等人组成。谈判小组组长应持有公司最高负责人签署的授权书。

从咨询公司角度，为了保护其合法权益，在谈判中应特别注意下列问题：

1）区分合同生效期和咨询服务开始日期，明确"不可抗力"的具体含义，以及在不可抗力出现时咨询公司应采用的对策和应得到的合理补偿。
2）咨询公司需要客户提供的帮助应详细开列。
3）明确支付的细节，如支付方式、时间、外汇支付方式和比例、延期支付的补偿等。
4）明确在税务、保险等方面双方的责任和义务。
5）明确仲裁规则，争取写明一旦出现争端并需要仲裁解决时，仲裁地点为国际仲裁机构或认可的第三国。

双方通过谈判达成一致并签署协议之后，咨询工作就进入准备实施阶段。

4. 咨询费用的估算

（1）咨询服务费计算方法

对于不同性质和内容的咨询项目，其服务费可采用不同的计费方法，常见的计费方法有以下六种：

1）人月费单价法。这种方法广泛应用于工程项目的一般性计划、可行性研究、工程设计、建设监理和项目管理等咨询任务，是国际竞争性咨询投标中常用的费用计算方法。具体计算下文将详细介绍。

2）按日计费法。这种方法实际可以视为按小时计费的方法，是用咨询人员的工作日数计算所需费用的计费方法，即以每日费率乘以相应的工作日数，其他非工资性工作支出由客户补偿。计算工作日时，按照每天8h计算，并应包括咨询人员为执行任务所付出的全部时间，如旅途时间等。对于加班工作时间应相应地提高费率。

3）成本加固定酬金法。这是在双方讨论同意的估算成本的基础上，再加一笔固定数目的报酬金额的计费方法。这里所说的成本包括咨询人员的工资与各种社会福利、公司管理费和可报销费用，而固定酬金是用于不可预见费、投资利息、奖金和利润。酬金因素需要单列出来并依照日程表或根据进度目标支付。如果咨询人员与客户双方商定需要增加人员以便按原定期限完成任务，则通常应增付给他们的只是成本费用，而不增加酬金或利润。

4）总价法。总价法可分为固定总价和调值总价等形式。如果原计划咨询任务有较大变更或增加新的内容，工作量增加的部分应另外协商计算费用。调值总价常用于服务时间较长（如一年以上）的咨询任务，在合同条款中通常双方商定：如果在合同执行过程中出现通货膨胀，合同总价做相应调整。

5）工程造价百分比法。这种方法是按工程项目建设总投资的某个百分比计算咨询费用。一般情况下，工程造价低的项目取费百分比高一些，工程造价高的项目取费百分比低一些；工程难度大、技术复杂的项目取费标准高于工程难度小、技术不复杂的项目。这种计费方法在工程设计中应用较多。世界银行不赞成这种方法，认为不利于在设计中革新和降低工程项目的造价。

6）顾问费法。这种方法适合于持续时间较长又随时可能需要咨询专家提供咨询的项目。由于国际工程咨询工作具有多样性，有时需要咨询专家以个人身份承担咨询任务。例如审查、补充、修改可行性研究报告；协助某部门制定发展规划；协助贷款银行执行某项具体任务等。

人月费单价法、按日计费法和顾问费法这三种方法是根据咨询专家提供服务发生的费用来确定收费的，不需要精确规定项目的范围，所以当项目范围不太明确时可以采用这三种方法。

成本加固定酬金法要求项目内容明确，但比总价法或工程造价百分比法更加灵活，以适应变化。因此只有在项目范围比较明确的情况下才采用成本加固定酬金法、工程造价百分比法和总价法三种方法。

总价法或工程造价百分比法完全以项目的大小为计算依据，而不考虑咨询专家工作发生的费用，比较适合于工作内容明确，且咨询专家便于控制其费用的项目。某些调研和设计咨询服务适用这些方法计算费用。

(2) 人月费单价法的具体计算

估算费用由酬金、可报销费用和不可预见费三部分组成。

1）酬金。因为酬金等于人月费率乘以人月数，所以估算酬金的问题便成为估算人月费率和专业人员工作时间（人月数）的问题。

人月费率由以下几项费用构成：基本工资、社会福利、公司管理费、利润、海外津贴。各项费用的取值范围是有规定的，见表3-3。

表3-3 各项费用的取值范围

费用	取值范围
基本工资	咨询公司付给咨询人员的月工资，不包括其他额外收入
社会福利	一般为基本工资的20%～60%，具体采用什么比例各个国家各不相同
公司管理费	一般是基本工资的65%～150%，以公司年度费用为支出依据
利润	即税前利润，它通常用基本工资、社会福利、公司管理费三项费用总和的百分比来计算，一般为10%～17%
海外津贴	一般为基本工资的20%～60%

将上述五项费用总计求和即得出人月费率。

根据工作大纲拟出咨询任务详细的作业计划和相应的咨询人员安排进度计划，从而估算出完成规定的咨询专家人月数，具体做法如下：①考虑咨询任务所涉及的活动，以及这些活动的顺序和时间长短，对咨询工作列出详细的作业计划，说明整个咨询工作的期限，要做哪些工作等；②有了作业计划，就可以进而做出"人员安排计划"；③将工作大纲、作业计划和人员安排计划三个主要草案协调一致以后，便可从人员安排计划得出具体的专业人员工作时间，从而很容易求出人月数。

2）可报销费用。可报销费用是指下列一些在执行项目期间发生的、可以据实报销的费用，它们是未包括在公司正常管理费中的直接成本。

3）不可预见费。不可预见费是为了解决不可预见的工作量增加和由于价格调整而发生的费用上涨问题。国际金融组织贷款项目的不可预见费只能根据借款人的意见并在征得贷款人同意之后，咨询公司才能提款。

不可预见费也应包括为执行价格调整而追加的费用。该项费用通常取酬金和可报销费用之和的5%～15%。如果工作量和价格都无调整，那么，咨询公司就不能提取这笔款项。

对于服务期限不超过一年的咨询公司，可不考虑价格调整因素。对于期限较长的咨询合同，人月费率和可报销费用应规定每年做一定幅度的价格调整。

分别估算出咨询专家酬金、可报销费用和不可预见费以后，将三项费用相加即得到总的咨询服务费用估算值。

3.2 国际工程承包

3.2.1 国际工程承包概述

1. 概念

国际工程承包是一项以工程建设为对象，具有跨国经济技术特征的综合性技术经济交往和商务活动。

它是通过国际的招标、投标、议标或其他协商活动，由具有法人地位的承包商与业主按一定的价格和其他条件签订承包合同，规定各自的权利和义务，承包商按合同规定的要求提供技术、资本、劳务、管理、设备材料等，组织项目的实施，从事其他相关的经济技术活动，在承包商按质、按量、按期完成工程项目后，经业主验收合格，根据合同规定价格和支付方式收取费用的国际经济合作的方式。

2. 特点

1）合同主体来自多个国家和地区。
2）货币和支付方式多样。
3）国际政治、经济影响明显增大。
4）规范庞杂，差异性大。
5）风险大，可变因素多。
6）建设周期长，环境错综复杂。

以上这些都反映了国际工程承包业务的综合性强的特点。国际工程承包是一项综合性输出，是商品、技术、劳务和资金的一起输出，每一个具体的工程内容也很多，有工程设计、技术转让、人员培训、物资供应、资金融通；国际工程承包涉及的学科范围也很广泛，需要工程技术、管理、法律、合同、金融、外贸、保险和外语等学科知识。

国际工程承包充满风险。每年国际上都有一批承包公司倒闭，但国际工程承包市场上也有相当高的利润可赚。据估计，即使是处于低谷时期，国际工程承包市场每年也有七八百亿美元的合同额。特别是那些技术含量高、工程规模大的项目，其经济效益非常可观。

工程期限通常需要两三年，多的长达十几年。这一特点要求有关当事人要充分考虑到工程期间可能产生的各种情况和遇到的各种问题。

3. 分类

国际承包工程的业务范围相当广泛,几乎涉及国民经济的所有部门,在社会生产和社会生活的领域都有承包业务。一般地讲,各国承包公司的能力代表一个国家的经济实力、工业技术水平和经营管理水平。

承包工程按生产要素的集中程度可分为两大类:一是"劳动力密集型"的工程;二是"资金技术密集型"的工程。

发展中国家的承包公司主要承接"劳动力密集型"的工程,如公路、桥梁、民用住宅等,承建时需要大量的劳务。承包工程的内容根据工程的性质、规模、范围、技术要求、资金需求等有很大差异,但也存在着共同的部分。

发达国家的承包公司主要承接"资金技术密集型"工程或大型工程中的核心部位,如核电站、海底隧道、光纤通信、航天、航空、电子、海水淡化及综合性的石化项目等工程,承建时需要较高的科技水平、经营管理水平和资金实力。

3.2.2 国际工程承包的方式

1. 独立承包或总承包

独立承包或总承包(Main Contract),即业主将工程项目全部发包给一个承包商完成。总承包商可利用自己的力量组织施工,也可以将若干或大部分工程分包出去,尤其是专业性较强的工作。

2. 分包

分包(Sub-contract)是业主把一个工程项目分成若干子项或几个部分,分别发包给几个承包商,各分包商都对业主负责。分包有两种形式:一种是业主选定承包商;另一种是总承包商自定分包商。

3. 联合承包

联合承包是(Joint-venture Contract)指由几个承包商共同承揽某一个工程项目,各承包商分别负责工程项目的某一部分,他们共同对业主负责。联合承包有三种形式:与当地承包公司联合、与本国专业公司联合、与其他国家承包公司联合。

3.2.3 国际工程承包的合同类型

招标文件中必须明确说明国际工程承包合同的类型。常见的合同类型包括总价合同、单价合同和成本加酬金合同三大类。对世界银行来说,成本加酬金合同仅在高风险条件下或事前无法准确估算成本的情况下才能采用,且对于最高成本也应有所限制。

业主在选择合同类型时,需要从以下四个方面进行决策,找到业主满意、承包商可以接受的合同类型:

1) 对整体投资控制是否有利。
2) 招标投标过程是否复杂。
3) 项目实施过程中双方风险的分担是否可以接受。
4) 现有的项目信息是否完备。

1. 总价合同

总价合同(Lump Sum Contract)是指根据合同规定的工程施工内容和有关条件,业主应付给承包商的款额是一个规定的金额，即明确的总价。总价合同也称作总价包干合同，即根据施工招标时的要求和条件，当施工内容和有关条件不发生变化时，业主付给承包商的价款总额就不发生变化。

总价合同适用于以下情况：

1）工程量小、工期短，估计在施工过程中环境因素变化小，工程条件稳定并合理。
2）工程设计详细，设计图完整、清楚，工程任务和范围明确。
3）工程结构和技术简单，风险小。
4）投标期相对宽裕，承包商可以有充足的时间详细考察现场、复核工程量，分析招标文件，拟订施工计划。

总价合同的优点如下：

1）由于承包商投入的资金存在风险，承包商会努力降低成本。
2）选择承包商的程序比较简单。
3）选定承包商的原则比较客观，通常采用最低标价法。
4）投标时可确定最终价格。
5）会计与审计的费用较低。

采用总价合同，业主应能够提供详细的规划、设计图和技术规范，提供足够的有施工专场经验的监督人员，拥有从事规划、预算、施工方案研究的雇员或咨询人员，具有良好的财务能力及对该项目支付的能力。

总价合同常见的有固定总价合同和可调值（调价）总价合同两种。

固定总价合同是指业主和承包商以有关资料为基础，就工程项目协商一个固定的总价，这个总价一般情况下不能变化，只有当设计或工程范围发生变化时，才能更改合同总价。对于这类合同，承包商要承担设计或工程范围内的工程量变化和一切超支的风险。

可调值总价合同中的可调值是指在合同执行过程中，由于通货膨胀等原因造成的费用增加，可以对合同总价进行相应的调值。业主分担了一定风险。

可调值总价合同与固定总价合同的不同在于：固定总价合同要求承包商承担设计或工程范围内的一切风险，而可调值总价合同则对合同实施过程中出现的风险进行了分摊，即由业主承担通货膨胀带来的费用增加，承包商一般只承担设计或工程范围内的工程量变化带来的费用增加。

2. 单价合同

单价合同是承包人在投标时，按招标投标文件就分部分项工程所列出的工程量表确定各分部分项工程费用的合同类型。这类合同的适用范围比较宽，其风险可以得到合理的分摊，并且能鼓励承包商通过提高工效等手段节约成本，提高利润。这类合同能够成立的关键在于双方对单价和工程量技术方法的确认。在合同履行中需要注意的问题则是双方对实际工程量计量的确认。

单价合同是国际工程承包中最常用的一种计价方式。它的优点是：

1）可减少招标准备工作，缩短招标准备时间。
2）能鼓励承包商通过提高工效等手段节约成本。
3）业主只按工程量表项目支付费用，可减少意外开支。
4）结算时程序简单，只需对少量遗漏单项在执行合同过程中再报价。

对于一些不易计算工程量的项目，采用单价合同会有一些困难。

单价合同可分为估计工程量单价合同和纯单价合同。

1）估计工程量单价合同。采用这种合同，由业主委托咨询公司按分部分项工程列出工程量表及估算的工程量，适用于可以根据设计图估算出大致工程量的项目。

2）纯单价合同。在设计单位还来不及提供设计图，或出于某种原因，虽有设计图，但不能计算工程量时，可采用这种合同。采用这种合同时，招标文件只向投标人提供各分部分项工程的工作项目、工程范围和说明，不提供工程量。

3. 成本加酬金合同

成本加酬金合同也称为成本补偿合同，这是与固定总价合同正好相反的合同，工程施工的最终合同价格按照工程的实际成本再加上一定的酬金计算。在合同签订时，工程实际成本往往不能确定，只能确定酬金的取值比例或者计算原则。

采用这种合同，承包商不承担任何价格变化或工程量变化的风险，这些风险主要由业主承担，对业主的投资控制很不利。而承包商则往往缺乏控制成本的积极性，常常不仅不愿意控制成本，甚至还会期望提高成本以提高自己的经济效益，因此这种合同容易被那些不道德、不称职的承包商滥用，从而损害工程的整体效益。所以，应该尽量避免采用这种合同。

成本加酬金合同通常用于如下情况：工程特别复杂，工程技术、结构方案不能预先确定，或者尽管可以确定工程技术和结构方案但是不可能进行竞争性的招标活动以总价合同形式确定承包商。例如，研究开发性质的工程项目时间特别紧迫；如抢险、救灾工程，来不及进行详细的计划和商谈。

项目开始施工时，最终成本不能确定，需要业主的雇员、工程师进行较多的成本控制、记账及审计工作。业主与工程师应挑选一个熟悉这种合同类型的总承包商，要求其有作为项目组成员进行管理工作的经验，并有良好的会计工作水平。而且需要注意，如果设计发生大的变化，过早开工会导致延误和额外的开支。

成本加酬金合同可以分为成本加固定费用合同、成本加固定比例费用合同、成本加奖金合同、最大成本加费用合同、操作工时及材料补偿合同。

1）成本加固定比例费用合同是指承包商除收回工程实际成本外，还可得到以实际程度百分比计取的酬金；这个百分比是双方在签订合同时共同商定的。

2）成本加固定费用合同是指按照工程实际成本加上一个双方事先商定的不变的数额作为酬金的计价方法。与前一种不同的是，采用这种方式时，酬金不随成本增减变动。

3）成本加奖金合同是按一定条件计算浮动酬金，即双方事先商定预期酬金比例：当实际成本等于预期成本时，按预期酬金比例支付；当实际成本低于预期成本时，增加酬金比例；当实际成本高于预期成本时，减少酬金比例。

4）最大成本加费用合同是指在工程成本总价合同基础上加固定酬金费用的方式，而固定酬金包括管理费、风险费和利润。

5）操作工时及材料补偿合同是指工作人员在工作中所完成的工时用一个综合的工时费率来计算，并据此予以支付。这个综合的费率包括基本工资、保险、纳税、工具、监督管理、现场及办公室的各项开支以及利润等。

无论何种方式，成本加酬金合同方式的竞争性差，而且业主很难控制投资，因此，在国际工程承包中较少被采用。

3.2.4 国际工程承包的招标投标

1. 国际工程承包招标投标的概念和特点

（1）概念

招标投标是由交易活动的发起方在一定范围内公布标的特征和部分交易条件，按照招标文件确定的规则和程序，对多个响应方提交的报价及方案进行评审，择优选择交易主体并确定全部交易条件的一种交易方式。

招标是业主对将实施的工程建设项目某一阶段特定任务的实施者，采用市场采购的方式进行选择的方法和过程，也可以说是业主对自愿参加某一特定任务的承包商或供货商的审查、评比选用的过程。

投标也叫报价，即承包商作为卖方，根据业主的招标条件，以报价的形式参与国际工程市场竞争争取拿到承包项目的过程。

招标投标是进行工程项目采购时采取的一种国际惯例，是商品经济高度发展的产物，是在应用技术、经济的方法和市场经济竞争机制的作用下，有组织地开展的一种择优成交的方式。这种方式是在货物、工程和服务的采购行为中，招标人通过事先公布的采购项目及其要求，吸引众多的国际投标人按照同等条件进行平等竞争，并组织技术、经济和法律等方面专家，按照规定程序对众多的投标人进行综合评审，从中择优选定项目的中标人的行为过程。其实质是以较低的价格获得最优的货物、工程和服务。

招标投标最早起源于英国，自第二次世界大战以来，招标投标的影响力不断扩大，先是在西方发达国家，接着世界银行在货物采购、工程承包中大量推行招标投标方式。近几十年来，发展中国家也日益重视和采用招标投标方式进行货物采购和工程建设。招标投标作为一种成熟的交易方式，其重要性和优越性在经济活动中日益被各国和各种国际经济组织广泛认可，进而在相当多的国家和国际组织中得到立法推行。

从新中国成立初期到十一届三中全会期间，我国实行的是高度集中的计划经济体制。这一时期，受国际环境及我国自身体制和政策的制约，工程建设行业几乎没有参与国际工程市场竞争的机会，因此没有必要也根本不可能采用招标投标方式。十一届三中全会以后，国家实行改革开放政策，我国的建筑工程行业逐步开始走出国门，参与国际工程市场竞争，开始接触到工程项目的招标投标，通过学习和国际工程项目的实践，逐步熟悉和适应了这一国际工程项目管理的通行规则，并将其引入国内工程项目管理中来，实现了工程建设领域交易方式的根本性变革。

事实上，招投投标不仅在工程建设领域得到广泛应用，而且已经被推广到国际国内与技术、经济、贸易相关的众多其他领域，成为一种被普遍接受的交易方式。

（2）招标投标的意义

在工程项目采购中实行招标与投标，无论是对整个社会和行业的发展，还是对参与项目的相关方来说，在经济效益和社会效益方面都具有重要的意义。

招标投标通过采用市场定价的价格机制，使工程价格更加趋于合理。它不仅能够不断降低社会平均劳动消耗水平，使工程价格得到有效控制；而且便于供求双方更好地相互选择，使工程价格更加符合价值基础，进而更好地控制工程造价；同时还能够减少交易费用，节省人力、物力、财力，进而使工程造价有所降低。大量的国际工程实践经验表明，实施招标投标的工程项目，其造价普遍有效合理下降，因此有效提高了项目的经济效益。

另外，实行招标投标还有利于规范价格行为，使公开、公平、公正的原则得以贯彻，有效防止不正当竞争和工程腐败现象。在交易的过程中，由于发包方和承包方各自的责任权利和义务通过合同的法律形式得以明确，可以保障双方的权利，减少项目实施过程中的扯皮现象，密切了承发包双方的协作关系。而承包方为了在向发包方提供优质工程产品和服务的同时，实现自身的项目经营目标，就必须加强项目管理，千方百计缩短工期、提高工程质量、节省工程成本。这样，承包方企业的项目管理水平、竞争力及社会形象得以显著提高。因此，工程项目实施招标投标采购具有显著的社会效益。

(3) 特点

1) 招标的特点：

① 公平竞争。招标人公布项目需求和条件，通过投标人公平竞争，择优选择交易对象和客体。

② 规范交易。招标投标双方通过规范邀约和承诺，确立双方权利、义务和责任，规范了合同的交易方式。

③ 一次机会。招标投标双方不得在招标投标过程中协商谈判和随意修改招标项目需求、交易规则以及合同价格、质量标准、进度等实质内容。招标要约邀请、投标要约和中标承诺只有一次机会，这是保证招标投标双方公平和投标人之间公平竞争的基本要求。

④ 定制方案。招标项目大多数具有不同程度的单一复杂的需求目标，其项目需求目标、投标资格能力、需求解决方案与报价、投标文件评价、合同权利义务配置等方案均具有单一性和复杂性的特点。因此，必须采用书面定制描述，并通过对投标人竞争能力、技术、报价、财务方案等进行书面综合评价比较，才能科学判断和正确选择有能力满足项目需求的中标人。仅仅通过简单价格比较无法判断交易主体及客体是否能够符合项目需求。这也是大多数招标项目无法采用拍卖、竞价方式选择交易对象的主要限制条件。

⑤ 复合职业。招标投标是按照法律程序，经过技术、管理、经济等要素的竞争和评价实现项目需求目标的交易活动，因此招标采购职业是一个包含法律、政策、技术、经济和管理专业知识能力的复合性职业。

2) 投标的特点：

① 投标报价的竞争性。其目的是通过竞争中标来实施工程获得经济效益。

② 严格的约束力。受招标文件的严格约束，报价项目名称是在招标文件的工程量表中规定的，投标人不随意增删，如果投标人认为招标文件中项目不全，只能把由此而发生的费用摊入其他项目中去。

③ 项目划分的特殊性。国际工程投标报价的计价项目按照工程单项内容进行划分，主要目的是便于价款的结算。

④ 投标报价的复杂性。国际工程的项目划分与国内有很大差别，其本身就反映了投标报价的复杂性。另外承包商在参与工程投标时，还应熟悉国外税收、银行、信贷、利率以及有关法规和法律的规定，还应了解运输方式、运输费用，以及订立运输和采购合同等相关事项，从而增加了报价编制的复杂性。

(4) 国际工程承包招标投标与国际工程咨询招标投标的区别

1) 咨询工作委托人在邀请之初提出的任务范围不同于已确定的合同条件，只是咨询公司据以提出建议书和进行合同谈判的基础。而承包招标时提出的采购条件则是正式的合同条件，招标投标双方均无权随意更改，只能在必要时按规定予以更改。

2) 咨询工作委托人可开列短名单，并且只向短名单内的咨询公司直接发邀请，而国际工程承包一般都必须采用竞争性招标投标。

3) 咨询公司（或专家）的选聘以技术方面的评审为主，不以价格最低为主要标准；而国际工程承包则以技术上达到标准为前提，一般将合同授予投标价最低的竞争者。

4) 咨询公司可以对委托人的任务大纲提出修改意见，而参加承包投标的标书，必须以招标书规定的采购内容和技术要求为标准，达不到标准的为废标。

5) 咨询公司的选聘不进行公开开标，不宣布应聘者的报价，对于晚于规定期限送到的建议书，也不一定宣布为无效而退回；承包招标投标则要求公开开标，宣布所有投标人的报价，迟到的投标书作为废标。

(5) 国际工程招标投标与国内工程招标投标的比较

国内工程项目招标制度是在引进吸收国际工程项目招标通行惯例的基础上建立和发展起来的，二者已经没有本质的区别。但是，国际工程项目招标与国内工程项目招标比较，仍然存在一些区别，主要表现为：

1) 招标方式的名称不同。国际工程承包招标投标多称作竞争性、有限竞争性招标投标，与之对应的，国内工程招标投标通常称作公开招标、邀请招标等。

2) 资格预审。国内很多业主进行资格预审只是走形式，而国际工程承包市场则建立了一套极其严格的资格预审流程。

3) 项目环境。国际工程承包因项目环境的复杂性而比国内工程承包具备更大的风险。

4) 对监理工程师赋予的权限不同。国内监理单位的工作常常受到业主的限制和干预。

2. 国际工程承包招标的方式

(1) 公开招标

公开招标又称无限竞争性公开招标，即由业主在国内外主要报纸、有关刊物上发布招标广告，公开进行招标，凡对此招标项目感兴趣的承包商都可以购买资格预审文件，参加资格预审，资格预审合格者均可以购买招标文件进行投标。这种方式可为所有有能力的承包商提供一个平等竞争的机会，业主有较大空间选一个比较理想的承包商，这有利于降低工程造价、提高工程质量和缩短工期。

其特点是投标单位的数量不受限制，凡通过资格预审的单位都可参加投标。所以，资格预审和评标的工作量较大。

世界银行对一般借款国规定：凡10万~25万美元以上的货物采购合同、大中型工程合同，都必须采用公开招标。

(2) 邀请招标

邀请招标又称有限竞争性招标，由业主根据自己的经验和资料，或请咨询公司提供承包商的情况，邀请承包商来参加投标。一般邀请5~10家前来投标，这些被邀请者应具有承担过类似项目的经验和资历，在技术力量、设备能力、资金和管理水平等方面满足招标工程的要求。邀请招标的特点是选择范围小，节省了资格预审工作的时间和经费；但可能会有一定的片面性，漏掉一些在技术上、报价上有竞争力的承包商。

邀请招标适用于工程量不大、投标商数目有限或其他不宜进行国际公开招标的项目，或者某些大而复杂的专业性又很强的工程项目，可能投标者不多，但准备招标的成本很高。有些由于工期紧迫或出于军事保密要求或其他各方面原因不宜公开招标的项目,也适用邀请招标。当工程项目招标公告发出后,无人投标或投标商的数目不足法定数量(至少3家),招标人可通过选择性招标再选择几家公司投标。

(3) 议标

议标也称谈判招标或指定招标,它是由业主直接选定一家或几家承包商进行协商谈判,确定承包条件与标价的方式。该方式的优点是节约时间,容易达成协议,迅速开展工作。缺点是无法获得有竞争力的报价。该方式是一种非竞争性招标,适合于工程造价较低、工期紧、专业性强或军事保密工程。

3. 国际工程承包招标的程序

(1) 招标公告

招标公告的内容包括业主的相关信息、投资的数量和目的、招标范围以及招标代理机构的名称、电话及地址。

对于世界银行项目,业主必须向世界银行提交招标公告,世界银行将安排在其官网(www.devbusiness.com)和其他外部网站上予以发布。另外,业主还应在其他渠道发布招标公告,如工程所在国广泛流通的报纸、技术或经济杂志,或国内和国际上广泛使用的免费的互联网渠道。

(2) 资格预审

对投标人进行资格预审是国际工程招标过程中的第一个重要步骤,而且也是现代国际工程招标必经的第一步。其目的是了解投标人的经历、人员、设备、施工方面的能力,财务状况,以确定有资格的公司名单。这样可以事先淘汰不合格的投标人,减少评标的时间和费用,也节约了不合格投标人的费用,同时鼓励了联合体投标。

在资格预审中,业主应考虑以下客观可供量度的因素,来选择有能力、有资源的潜在投标人:

1) 有相关经验、以往工程项目的表现合格、在过去一段时间内成功完成类似的项目。可以通过投标人提供在过去几年中所完成的相似类型和规模,以及复杂程度相当的工程项目的施工情况来判断。

2) 财务状况良好。投标人的财务状况将依据资格预审申请文件中提交的财务报表,以及银行开具的资金情况报告来判断。

3) 人员情况。依投标人填写拟选派人员判断。

4) 施工设备。依投标人填写拟用主要施工设备判断。

资格预审的程序如图3-1所示。

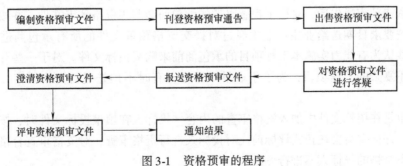

图3-1 资格预审的程序

1) 编制资格预审文件。一般由业主委托咨询公司或设计单位编制或由业主直接组织有关人员编制。资格预审文件的主要内容有工程项目介绍、对投标人的要求，各种附表等。

2) 刊登资格预审通告。资格预审通告一般应包括：工程项目的名称，工程所在位置、概况，合同包含的工作范围，资金来源，资格预审文件的发售日期、地点和价格，递交资格预审文件的日期、地点等。

3) 出售资格预审文件。在指定的时间、地点出售资格预审文件。

4) 对资格预审文件进行答疑。在资格预审文件发售后，购买文件的投标人对资格预审文件提出各种疑问并以书面的形式提交业主；业主应以书面的形式回答并通知所有购买资格预审文件者。

5) 报送资格预审文件。投标人应在规定的截止日期之前报送资格预审文件，已报送的文件在规定的截止日期后不得修改。

6) 澄清资格预审文件。业主可就报送的资格预审文件中的疑点要求澄清，但不允许投标人修改资格预审文件中的实质性内容；

7) 评审资格预审文件。业主方组成资格预审评审委员会对资格预审文件进行评审。

在资格预审的评审过程中，要进行强制性评审和择优评审两个过程。

① 强制性评审。首先对收到的资格预审文件进行整理，看是否对资格预审文件做出了实质性的响应，即是否满足资格预审文件的要求。检查资格预审文件的完整性，并检查资格预审强制性标准的合格性。例如：投标申请人营业执照和授权代理人授权书应有效，投标申请人企业资质和资信登记等级应与拟承担的工程标准和规模相适应；以联合体形式申请资格预审，应提交联合体协议，明确联合体主办人；如果有分包，应满足主体工程限制分包的要求；投标申请人提供的财务状况、人员与设备情况及履行合同情况应满足要求。

只有对资格预审文件做出实质性响应，才有资格进入下一步评审。

② 择优评审。选择标准是：公司机构健全、财务状况良好、人员技术管理水平高、施工设备适用、有丰富的类似工程经验和良好的信誉。若采用定量评审，常用打分方法按组织机构与经营管理、财务状况、技术能力和施工经验四个方面逐项打分。只有每项分均超过最低分数线，而且四项得分之和高于某个分值的投标人才能通过资格预审。最低分数线应根据参加资格预审的投标人的数量来决定，如果申请投标人的数量比较多，则适当提高最低分数线，这样可以多淘汰一些水平较低的投标申请人，使通过资格预审的投标人的数量不致太多。

8) 通知结果。向参加者以书面的形式通知评审结果。在规定的时间、地点向通过资格预审的投标人出售招标文件。

对于某些大型或复杂的项目，招标的第一个重要步骤就是对投标人进行资格预审。业主发布工程招标资格预审通告后，对该工程感兴趣的承包商会购买资格预审文件，并按规定填好表中的各项，按要求日期送给业主；业主经过对提交资格预审文件的所有承包商进行认真审核后，通知那些认为有能力实施本工程项目的承包商前来购买招标文件。对于一些开工期要求比较早、工程不复杂的工程项目，为了争取早日开工，有时不预先进行资格预审，而进行资格后审。

资格后审是在招标文件中加入资格审查的内容。投标人在填报投标文件时，按要求填写资格审查资料，评标委员会在正式评标前先对投标人进行资格审查，对资格审查合格的投标人进行评标，对不合格的投标人不进行评标。

资格后审的内容与资格预审的内容大致相同，主要包括投标人的组织机构、财务状况、人员与设备情况、施工经验等方面。

(3) 编制招标文件

在正式招标之前，必须准备好正式的招标文件，多数工程项目的招标文件是由咨询设计公司编制。通常的招标文件至少包括以下内容：投标邀请函；投标人须知；合同的通用条件和专用条件；工程图；技术说明书；各种表格，包括工程量及价格表、额外工程价格费率表、工程进度计划表；合同协议书格式；投标书格式和投标保函、履约保函格式等。

招标文件是在资格预审之后才开始发售的，招标机构或工程业主通常以书信方式通知获得投标资格的投标人，在规定的时间内到某指定地点购买招标文件。招标文件的发售通常规定：文件只售给业已获得投标资格的原申请投标人；招标文件通常按文件的工本费收费；招标文件的正本上一般均盖有招标机构的印章，这份正本一般在投标时，作为招标文件的正本交回；通常不允许用自己的复印本投标；招标文件是保密的，不得转让他人。

招标人应结合招标项目需求的技术经济特点和招标方案确定要素、市场竞争状况，根据有关法律法规、标准文本编制招标文件。同时，评标的基础和标准应在投标人须知和技术规范中明确阐述。采用世界银行贷款的项目应使用世界银行制定的相应的标准招标文件，对制式文本的改动应尽可能少，并且需要通过世界银行的同意，而且这些改动都应在招标资料表或专用合同条件中予以明示，而不能直接更改制式招标文件中的文字。若没有合适的世界银行标准招标文件，则应采用世界银行认可的其他国际通用合同条件。

(4) 标前会议

对于较大的工程招标，通常在报送投标报价前由招标机构召开一次标前会议以便向所有有资格的投标人澄清他们提出的各种问题。一般来说，投标人应当在规定的标前会议日期之前将问题用书面形式寄送招标机构，然后招标机构将其汇总起来研究提出统一的解答。公开招标的规则通常规定招标机构不向任何投标人单独回答其提出的问题，只能统一解答。

通常在工程所在国境内召开，其开会日期和时间在"投标人须知"中写明；一般在标前会议期间可能组织投标人到拟建工程的场地参观和考察。投标人也可以在该会议后到现场专门考察当地建设条件，以便正确做出投标报价。标前会议和现场考察的费用由投标人自行负担。如不参加可要求招标机构将会议记录寄来。

招标机构有责任将标前会议的记录和对各种问题的统一答复或解释整理为书面文件，随后分别寄给所有的投标人，标前会议记录和答复问题应当被视为招标文件的补充。如果它们与原招标文件有矛盾，应当说明以会议记录与问题解答记录为准。

(5) 公开开标

公开招标项目，通常由招标机构主持公开的开标会议，在开标会议上当众开启投标箱。一般是在投标地点设置投标箱，招标机构收到投标书仅注明收到的日期和时间，不做任何记号。投标箱的钥匙由专人保管，并贴上封条只能在开标会议上启封打开；投标截止时间一到即封闭投标箱。通常是按投标书投递时间顺序拆开投标书的密封袋并检查投标书的完整情况；当众宣读投标人在投标致函中的投标总报价，同时还要宣布其投标保证书（银行出具的保函）的金额和开具保函银行的名称，检查该项金额和银行是否符合招标文件的规定；所有投标人的报价总额及保证书的金额均列表当场登记，表示不得再修改报价；通常在开标会议上说明开标时标价的名次排列并非最终结果，有待详细评审，而且也不表示这些投标书已被接受；如果公开招的项目仅有唯一的一家公司投标,则可宣布将另行招标或将由招标机构评审后再决定是否授标给这家公司;如果招标文件规定投标人可以提交建议方案(或副标)则对其报价也按上述方法办理,但不宣布其建议方案的主要内容。

(6) 评标、决标和授标

评标是秘密进行的,通常在招标机构中设置专门的评标委员会或评审小组进行这项工作。由于选定最佳的承包商不能仅从其总报价的高低来判断,还要审查投标报价的一些细目价格的合理性,审查承包商的计划安排、施工技术、财务安排等,因此评标委员会要聘请有关方面的专家参加。

有些招标机构可以采用多途径评标的方式,即将所有投标书轮流和分别送给咨询公司、工程业主的有关管理部门和专家小组,由他们各自独立地评审并分别提出评审意见;而后由招标机构评审委员会进行综合分析,写出分析报告,交委员会讨论决定。

一般情况下,评标组织的权限只是评审、分析比较和推荐。决标授标的权力属于招标委员会和工程项目的业主。

评标过程一般分为对投标文件的初步审核和正式评标两个阶段。

1) 对投标文件的初步审核。包括投标文件的实质性响应检查和报价的算术错误。所谓实质性响应检查,是指投标文件和招标文件的全部条款、条件和技术规范相符,无重大偏差。其中重大偏差指的是有损于招标目的的实现或在与满足招标文件要求的投标进行比较时有碍公平的偏差,例如:①固定价投标时提出价格调整;②未能响应技术规范;③合同起始、交货、安装或施工的分段与要求的关键日期或进度标志不一致;④以实质上超出所允许的金额和方式进行分包;⑤拒绝承担招标文件中分配的重要责任和义务,如履约保证;⑥对关键性条款表示异议或保留,如适用法律/税收;⑦在投标人须知中列明的可能导致废标的偏差。

2) 正式评标。包括价格评比、施工方案比较、人员审核、其他优惠条件等。评定的方法既可采用讨论协商的方法,也可采用评分的方法。用评分法评标时,评分的项目一般包括投标价、工期、采用的施工技术方案等。

4. 国际工程承包的投标工作

(1) 投标前准备

资格预审结束,投标人接到业主发给的参加投标的通知后,应最后决策是否参加投标,如决策参加投标,就应立即着手各项准备工作。

1) 开展调查工作。调查内容主要为:市场宏观政治经济环境调查;工程所在地区的环境和工程现场考察;对工程业主的调查;对竞争对手公司的调查。

2) 深入研究招标文件。招标文件的内容广泛,承包商要消化招标文件的内容,不可放过任何一个细节,重点应注意以下内容:①关于合同条件方面(核准规定的日期),关于保函的要求,关于保险要求和付款条件,关于物价调整条款,关于税收和违约金的规定条款等;②关于承包责任(工程)范围和报价要求方面;③承包商可能获得补偿的权利(按国际惯例规定:项目在施工过程中无论是由于自然条件或是人为原因,即发生作为一个有经验的承包商也不可预见的变化时,承包商可要求延长工期)。

3) 市场商情调查和物资询价。包括同类建筑的一般造价、当地劳务价格水平、当地公共设施价格水平、当地生产的普通建筑材料的价格、近两年各类物资的涨价幅度、当地施工设备的租赁费用等。

4）投标保函的准备。以保函金额同等的现汇存入当地银行作为抵押，或有一家国际性银行为承包商开具同等金额和同等内容的反担保给当地银行。

5）参加标前会议和勘察现场。

6）核算工程量。工程量的核算是依据招标文件中给出的构成其核心部分之一的"工程量表"。当发现遗漏或相差较大时，投标人不能随意改动工程量，仍应按照招标文件的要求填报自己的报价，另在投标致函中适当予以说明。

在核算完全部工程量表中的细目后，投标人可按大项分类汇总主要工程总量，对这个工程项目的施工规模有一个全面清楚的概念，并用以研究施工方法，选用适用经济的施工机具设备。

7）投标报价。国际工程施工投标报价是国际工程承包过程中的一个决定性环节，承包商要承揽国际工程项目，就要按照一定的程序进行投标报价。承包商要想通过投标战胜众多竞争对手而获得工程项目承包权，除了具备强大的实力、良好的信誉外，在很大程度上取决于能否提出有竞争力的报价。所有有竞争力的报价，是指该投标报价合理，既能被业主接受，又能在中标后顺利地完成合同，同时获得合理的利润。但是，工程报价不是简单的数量计算，而是根据工程范围和性质、技术规范、工期要求、拟采用的施工方案、进度计划以及所需人工、材料、机械设备直接费价格、各种管理费和利润等间接费价格算出的投标价格。因此，投标报价是一项重要且又复杂、影响因素众多的工作。

关于投标报价的内容，将在第8章"国际工程计量与估价"中详细介绍。

（2）投标技巧

1）投标注意事项。国际工程承包市场是一个竞争日趋激烈的市场，一方面许多有经验的、发达国家的大公司，它们既有自己传统的市场，又有开拓和占领新市场的能力；另一方面有大批发展中国家的公司进入这个市场。在这种激烈竞争的形势下，除了组织一个强有力的投标团队，加强市场调研，做好各项准备工作之外，对于如何进行投标、投标中应注意哪些事项、投标的技巧和辅助中标手段等问题都应该进行认真分析和研究。

① 企业基本条件。从投标企业自身条件、能力、近期和长远的目标出发来决定是否参与投标，对企业自身而言，要注意扬长避短，对风险和问题要有充分的估计。

② 业主条件和心理分析。首先了解业主资金来源是本国自筹、外国或国际组织贷款还是兼而有之，或是要求投标人垫资。对于业主资金来源可靠、支付条件好的项目可投低标。还要进行业主心理分析，了解业主主要的着眼点：业主资金紧缺者一般考虑最低投标价中标；资金富余者则多半要求技术先进性；工程急需者，则投标时可报价稍高，但工期上尽量提前。

③ 质询问题时的策略。要注意礼貌、不为难业主，更不要让对手摸底；对投标人有利之处不要轻易提请澄清等。

④ 采用宏观审核投标报价指标的方法进行分析判断。投标报价编好后可聘请专家进行分析，如果发现相差较远，则需重新全面检查。

⑤ 编制工程进度表需要注意的一些问题。例如作业顺序的合理性、收尾工作的复杂性等。

⑥ 对施工总承包项目要注意工程量表与工程量表前言中的说明。要弄清招标文件工程量表中的各个分项工程和工程量表前言中有关说明的含义，以避免在工程开始后每月结账时遇到麻烦。

⑦ 分包商的选择。总承包商选择分包商一般考虑：①将部分不是本公司业务专长的工程

部位分包出去，或者利用外国或当地专业分包商的专长，以达到既能保证工程质量和工期、又能降低造价的目的；②转移风险，即将某些风险比较大、施工困难的工程部位分包出去，以减少自己可能承担的风险。所以在投标过程中选择分包商有两种做法：①要求分包商就某一部位进行报价，双方就价格、实施要求等达成一致意见后，签订一个意向性协议书，总承包商承诺中标后不找其他分包商承担这部分工程，分包商承诺如投标有效期不延长时不再抬价等；②总承包商找了几个分包商询价后，投标时自己确定这部分工程的价格，中标后再确定哪一家公司分包。

2) 报价决策的影响因素：

① 期望利润。承包商可以事先提出一个预期利润比率，它不受工程自身因素的影响。

② 风险的承受能力。包括风险金和降价系数等因素。

③ 竞争对手的估计。可进行优劣势分析。

④ 报价计算的准确度。取决于算标人的指导思想、经验和科学态度。

3) 标价分析。标价分析是由算标人算出待定的暂时标价后，再对这个标价进行多方面分析。分析的目的是探讨这个标价的盈利和风险，从而做出最终报价决策。

分析可为静态分析和动态分析。

静态分析是分析标价各项组成及其合理性：①分项统计计算书中的汇总数据；②从宏观方面研究标价结构的合理性；③探讨平均人月产值和人均年产值的合理性和可行性；④参照实施同类工程的经验分析单位面积价格和用工量、用料量的合理性；⑤从宏观方面得到初步印象后，对明显不合理的标价构成部分进行微观方面的分析检查；⑥将暂定标价方案整理出对比分析资料，提交内部的投标决策人或决策小组研讨。

动态分析是通过假定某些因素变化，测算标价的变化幅度，特别是对工程计划利润的影响。其分析的因素主要有工期延误的影响，主要分析：工期拖延的时间及对利润的影响；物价和工资上涨的影响；其他可变因素的影响，如外汇汇率变化趋势及测算报价中的支付外汇比例变动对工程利润的影响等。

最后还要进行标价盈亏分析。盈亏分析是从标价组成的各个方面挖掘潜力、节约开支，计算出基础标价可能降低的数额，即所谓"挖潜盈余"，进而算出低标价。盈余分析主要从几个方面进行：①定额和效率，即工料、机械台班消耗分析；②价格分析，即对劳务、材料设备、施工机械台班价格三方面进行分析；③费用分析，即对管理费、临时设施费等方面逐项分析；④其他，如流动资金与贷款利息、保险费、维修费等方面的分析。相对地，亏损分析是分析在算标时由于对未来施工过程中可能出现的不利因素考虑不周和估计不足，可能产生的费用增加和损失，主要包括以下几方面：人、材、机价格，自然条件，管理不善造成质量、工作效率等问题，建设单位、监理工程师方面的问题以及管理费失控。

报价决策是投标人召集算标人和本公司有关领导或高级咨询人员共同研究，就标价结果、标价宏观审核、动态分析及盈亏分析进行讨论，做出有关投标报价的最后决定。

(3) 投标文件的编制

1) 投标文件的构成。工程投标文件通常分为技术标、商务标和资审文件三部分。

技术标：主要是以承包商的技术建议体现，即承包商提出的所投标工程项目施工组织方案，包括施工方法、工艺流程、质量控制、总进度计划及配套资源计划、现场组织机构及主要技术管理人员配置以及主要施工机械设备等。它是投标人进行商务标编制的重要依据，也是招

第 3 章 国际工程咨询与工程承包

标人进行商务标评审的前提。

商务标：结合自身和外界条件对整个工程的造价进行报价，主要是报价工程量清单。商务标是整个投标的重中之重。

资审文件：企业、人员、机械等相关资质等级文件，主要是证明公司有无投标、中标及完成一定的工程项目资格等。资审文件的编制和提交有两种方式，即资格预审和资格后审。

投标文件一般由下列内容组成：①投标函；②投标函附录；③投标保函；④法定代表人资格证明书；⑤授权委托书；⑥具有标价的工程量清单与报价表；⑦辅助资料表；⑧资格审查表（资格预审的不采用）；⑨技术建议书；⑩招标文件规定提交的其他资料。

投标人必须使用招标文件提供的投标文件表格格式，但表格可以按同样格式扩展。招标文件中拟定的供投标人投标时填写的一套投标文件格式，主要有投标函及其附录、工程量清单与报价表、辅助资料表等。

2）编制步骤。编制投标文件的一般步骤是：①熟悉招标文件、设计图、资料，对设计图、资料有不清楚或不理解的地方，可以书面或口头方式向招标人询问、澄清；②参加招标人施工现场情况介绍和答疑会；③调查当地材料供应和价格情况；④了解工程现场的水文、地质、气象、交通运输等现场环境和条件；⑤编制技术标，复查、计算图纸工程量；⑥编制或套用招标文件中的工程量表；⑦计算取费标准或确定采用何种取费标准；⑧计算投标造价；⑨核对调整投标造价；⑩确定投标报价。其中，重点是技术标和工程量报价文件的编制。

案例分析

某国大型医院配套员工生活区建设工程项目

1. 项目概述

某项目地处某海湾国家的首都，是一大型医院配套的员工生活区建设工程，总占地面积248899m^2，总建筑面积123915m^2，室外道路及绿化面积104259m^2。项目分3个区，共104栋建筑物，包括公寓楼、购物中心、健身中心、停车场及变电站等。施工任务主要包括：基础土石方开挖回填工程，房屋混凝土结构和砌体工程，室内外机电设备管线供货安装工程，室内外装饰装修工程，室内固定家具供货安装工程，室外道路、绿化和围墙工程等。项目业主为当地一家房地产公司，咨询单位为当地注册的设计咨询公司。原合同价为4.73亿当地币（约合人民币8.04亿元，1当地币=1.7人民币），为总价承包合同。合同工期：609天（20个月），2012年1月5日至2013年9月5日。截至2014年年底，经合同变更和工期索赔，合同总价调整为5.69亿当地币（约合人民币9.67亿元），合同工期延至2015年7月15日。工程款全部采用当地币支付，当地币可以与美元自由兑换，汇率变动小。通用合同条件采用该国制定的合同范本。

该项目由一家中国大型央企工程集团公司（下称集团公司）通过公开竞标方式获得，并授权其所属全资子公司（下称T公司）全面负责项目施工和经营，集团公司收取1%管理费。集团公司已经在该国经营多年，设有区域总部，下辖多家子公司和多个在建项目，包括一个近100亿元的大型基础设施在建项目。T公司自2008年起开始拓展国际工程业务，后成立了海外事业部，并于2012年在该国设立了区域经理部，直接负责在该地区的市场开发和在建项目管理。T公司海外事业部负责组织和监控该项目的经营管理，中标后立即成立了项目部。项目经理为T公司正式职工，其他管理人员来自公司和外聘，包括部分外籍员工。

项目部负责总承包管理和协调，并以劳务分包的方式组织全部土建工程和大部分装饰装修工程施工，劳务主要来自国内专业劳务公司的熟练工和在第三国招用的非熟练工，不足部分由当地劳务公司提供。机电工程、电梯工程等分别分包给当地注册的专业公司施工。自开工至2014年11月底，项目共完成产值3.44亿当地币，占合同总价的60.4%；材料预结款则为4.45亿当地币，约占合同总价78.2%。其中，土建完成99.00%，机电完成62.01%，装修完成51.50%，室外工程完成48.97%。在剩余工程中，装修约占40%，机电约占37%，其余主要为室外工程。

2. 投标阶段存在的主要问题

本项目于2011年在集团公司区域总部的领导下，由T公司组织抽调当地在建项目人员，临时组成投标小组投标，按期完成了投标任务。根据集团公司的战略定位，在国际业务方面集团总部是市场营销中心，下属各子公司是项目实施责任主体和利润中心。这种定位的优点是资源集中，发挥专业优势；缺点是集团与所属子公司的经营目标不一致，导致利益冲突和潜在经营风险。

在当时T公司的公司级领导中，还没有明确有哪位分工负责国际业务中的市场开发，特别是对该国新型房建市场的开发。当时其海外事业部在海湾地区的一些主要领导都分别在各自大型在建项目上担任项目经理、副经理等重要岗位，不可能全身心投入新项目投标的领导工作。而海外事业部作为T公司国际业务管理职能部门，还没有建立健全一套国际项目投标的管理制度，包括人员组织、过程程序、质量要求、评审体系等。投标小组人员全部非专事投标工作，而是从各在建项目部管理人员中临时抽调组建而成，且是第一次参加房建和基础设施综合类项目的投标，先前没有类似项目的投标经验。所以，投标工作基本呈现出"无领导、无规矩、不专业、无经验"的状态，为投标失误埋下隐患。

该项目为竞争性项目，定标时受到代理转告区域总部标底4亿当地币的干扰，标前进行了大幅度降价，投标前初步确定的成本价为5.6亿当地币，最终却以4.73亿当地币报出，成为第一名，且大幅低于第二名（据事后了解，比第二报价低了1.25亿当地币）。

造成投标报价偏低的原因有以下四个方面：

1）因人手少、时间紧，制度体系上又无明确要求，投标小组未对投标文件要求全面梳理和了解，未对标书中清单工程量进行核算，造成工程量特别是钢筋、混凝土和开挖等项的工程量严重漏量及一些其他漏项。

2）因投标人员对当地地质、质量要求、市场行情不了解，造成一些项目（如开挖、外墙抹灰等）单价严重偏低。

3）受外界错误信息引导而大幅降价。

4）为进入该场，在综合取费（现场及两级总部管理费、风险及利润、财务费用等）上有意偏低。

综上所述，前三条原因属于不同层面上的工作失误，最后一条则是出于项目营销策略决策层面上的考虑，无所谓对错。

（资料来源：《国际工程管理》，王道好，中国建筑工业出版社出版，2017年.）

第 4 章

国际工程设备材料采购

本章要点
- 国际工程设备材料采购的含义、特点和方式
- 国际工程设备材料采购的招标投标与承包招标投标的异同点

◆ 引入案例

最近几年,中国石化 EPC 国际工程项目不断增多。其中,在哈萨克斯坦进行的 EPC 项目根据国际工程项目的管理特点,通过了解设备材料采购工作的特点、实施 GOSTK 认证管理、考察哈萨克斯坦资源厂商、加强物流管理分析等多种方法提高采购管理水平,获得了理想的效益。作为项目管理中的重要环节——项目采购管理将越来越受到项目高层领导的重视,项目采购部门工作业绩的高低将直接影响到项目的利润,也将影响到公司的国际市场竞争力和中国产品海外市场的声誉。有效运作的采购部门不仅是项目成功的基础,也将是中国产品跨出国门的重要责任承担者。

4.1 国际工程设备材料采购概述

4.1.1 国际工程设备材料采购的含义

从有关国家和国际组织的法律、法规、条约和协议等的规定看,将国际工程项目采购的标的分为工程、货物(物资)和服务,已经成为一种通常做法。一般来说,货物对于建设工程而言是指工程建设所需要的设备和材料,其中工程设备包括将要安装在工程上的机械、仪表和其他类似设备等。

国际工程设备材料采购一般是指国际工程项目业主通过招标、询价等形式选择合格的供货

方，购买国际工程项目所需的设备和材料的过程。

一般工程所需设备材料约占工程合同总价的 60% 以上，大致分为：工程用料、暂设工程用料、施工用料、工程机械、永久工程的机电设备、其他辅助办公和实验设备等。

设备材料采购不仅包括单纯采购工程设备、材料等货物，还包括按照工程项目的要求进行设备、材料的综合采购（包括购买、运输、安装、调试等）以及交钥匙工程。总之，国际工程项目中的设备材料采购是一项复杂的系统工程，它不但应遵守一定的采购程序，还要求采购人员或机构了解和掌握市场价格情况和供求关系、贸易支付方式、保险、运输等贸易惯例与商务知识，以及与采购有关的法律、法规与规定等。

4.1.2 国际工程设备材料采购的重要性

国际工程设备材料采购在国际工程项目实施中具有举足轻重的地位，是国际工程项目建设成败的关键因素之一。从某种意义上讲，设备材料采购工作是工程项目的物质基础，其重要性可概括为以下几个方面：

1）能否经济有效地进行采购，直接关系到能否降低项目成本，也关系到项目建成后的经济效益。这是因为，在一个项目中，设备、材料等费用通常占整个项目费用的主要部分。健全的设备材料采购工作，要求在采购前对市场情况进行认真调查分析，制定切合实际的预算并留有一定的余地，方可有效避免费用超支，同时避免留下隐患。因为低质的材料设备必然给项目建成后的运行和维护带来沉重的经济负担。

2）整个项目的计划和规划必须体现工程物质供应的内容。周密、严谨的采购计划不但可以保证供货商按时交货，而且为工程项目其他部分的顺利实施提供了有力保障。反之，可能由于关键路线上某一项物资供应的延迟而导致整个工程项目的延误。

3）设备材料供应工作的优劣直接影响到工程的质量。如果采购到的设备、材料不符合项目设计或规范研究，必然降低项目的质量，甚至导致整个项目的成败。

4）良好的采购工作可以有效避免在设备材料制造、运输、移交、检验等过程中各种纠纷的发生，也可以为业主和供货商树立良好的信誉和形象。

5）由于国际工程项目的设备材料采购往往涉及巨额资金和复杂的横向关系，如果没有一套严密而周全的程序和制度，可能会出现浪费，甚至贪污、受贿等腐败现象，而周密的设备材料采购程序和制度可以最大限度地抑制此类不良现象的出现。

4.1.3 国际工程设备材料采购的特点

1）技术性强。在国际工程设备材料采购中，对适用于该工程的材料和设备等都有详尽的说明，不同的设备材料采用不同的技术标准，因而要求采购人员的素质较高。

2）程序复杂。

3）货源广泛。供货渠道十分广阔，竞争激烈。

4）价格浮动。价格不仅受供求影响，而且还受到诸多因素的影响，如订货数量、规格、质量和服务要求等。

5）资信不稳。包括资金、信誉、经营方式和作风等变动性较大。

4.1.4 国际工程设备材料采购的方式

采购方式是承包商为获得材料、设备、服务的途径。选择合适的采购方式对适时、适量、适地、适价地采购具有重要意义。它决定了承包商能否有效组织、控制资源,以保证项目的顺利实施以及较大利润空间的实现。

国际工程材料、设备采购是多种采购方式的结合。主要采购方式有招标采购、谈判采购、直接采购与间接采购、集中采购与分散采购、电子采购、框架协议采购等。

下面详细介绍其中的几种采购方式。

1. 招标采购

招标采购是现代国际社会通用的采购方式,是由招标人(采购方)发出招标公告或通知,通过公开招标或邀请招标的方式选择供货商,由招标人通过对投标人提出的价格、质量、交货期、技术、生产能力和财务状况各种因素进行综合比较分析,并与其签订供货合同的整个过程。该方式适用于购买大宗建筑材料或大型设备,且标的金额比较大、市场竞争激烈。

2. 谈判采购

谈判采购指的是通过询问几个供货商的设备或材料价格,然后进行比较,选择其中一家签订购货合同。

谈判采购是一种议标的方式。即先通过有限性招标,再通过谈判确定投标人,达到化整为零、邀请协商的目的。谈判采购主要有以下三种议标方式:

1)直接邀请。直接邀请某一个供应商进行单独协商,达成协议后签订采购合同。如果一家不成,再邀请其他厂家,直到成功。

2)比较议标(询价采购)。询问几个供货商的设备或材料价格,然后进行比较,选择其中一家签订购货合同。这种方式适用于价格较小的建筑材料、设备等。优点就是无须经过复杂的招标程序,大大节省了选择供货商的时间。但由于报价的竞争性差,不便于公众监督,容易导致非法交易,一般仅适用于采购价值较小的建筑材料、设备和标准规格产品。

3)方案竞赛。这是承包商进行重大设备采购时常用的一种议标方式。

谈判采购的优势在于:它适用于特殊规格、独家经营或仅有一两家经营,而无竞标对手的货物;有利于紧急采购、及时供应迫切需用的货物;能对一切条款内容细节详细洽谈,更易达成适当的价格协议;可选择适当的对象,并兼顾以往供应商服务业绩,确保交货安全;有利于政策性或互惠条件的运用。

谈判采购的弊端在于:它是一种结构性较差的采购方式,具有较强的主观性,评审过程难以控制,容易导致腐败和不公正交易,易滋生采购人员串通舞弊的机会;同时,无限制的独家谈判易造成供应商任意抬高价格的可能性。

3. 直接采购与间接采购

(1)直接采购

直接采购属于非竞争性采购方式,一般是指从产品源头实施采购,以满足施工的需要。目前,国际工程的货物采购部分是直接采购。这主要取决于承包商对供应市场的了解与掌握程度。

直接采购的基本前提是:采购批量大,承包商有自行储运能力或委托运输,同时采购费用低于间接采购的费用。由于制度原因,直接采购一般仅限于项目东道国当地采购。

直接采购适用范围一般为生产性原材料、元器件,如水泥、钢筋、砂子、模板等。同时对于金额巨大的机器设备、需要技术制造厂商服务的精密设备等也须直接采购。但由于直接采购的数量巨大,或金额较高,制造厂商会要求采购方预付定金,或提供担保等。

直接采购的优点是：由于生产厂商直接供货，环节少，价格相对较低，且时间短，手续简单，信息反馈快，易于供需双方交流、合作及售后服务与改进，易于供应商管理。对拟采购的同类货物市场价格进行查询和比较是直接采购的首要条件。

（2）间接采购

间接采购是指通过中间商进行采购，也叫委托采购或者中介采购，即通过第三方实现货物的获得。当直接采购的费用和时间大于间接采购的费用和时间，或承包商对当地市场尚缺乏了解时可采用间接采购的方式。

间接采购适合于标准化产品。

由于间接采购中间环节增加，导致了不确定因素的增多和信息不对称风险的增加，同时，采购价格高，且采购绩效难以量化。

4.1.5 国际工程设备材料采购的程序

承包合同的性质不同，承包商在合同中承担的责任与义务不同，使得采购的工作范围和当事人也不同，如承包商在 FIDIC 橘皮书、红皮书、绿皮书和银皮书不同条件下的采购在接口关系、工作、责任等的界定上各有不同。制定合理有效的采购流程有助于降低采购价格，保证质量和控制采购进度。总承包商条件下的国际工程的物资供应程序和手续比较复杂，大致包括：①计划；②初步选择货源；③初步询价——问盘；④比价；⑤收集样品或样本；⑥报送工程师认可；⑦还盘、议价和订货；⑧申请进口许可证；⑨开具银行支付信用证；⑩港口接收和检验；⑪清关；⑫银行付款或索赔；⑬运输和仓储；⑭现场物资管理和使用。

4.2 国际工程设备材料采购的招标投标

4.2.1 国际工程设备材料采购招标概述

1. 招标方式

（1）公开招标

公开招标也称为竞争性招标，即由招标人在公共媒体上刊登招标广告，吸引众多供货商参与投标，招标人从中择优选择中标人的投标方式。它极大地提高了竞争的公平性和透明性，利于降低报价，因此成为国际上最为提倡的工程设备材料采购方式。但下列情况的设备采购可不进行公开招标：①只有个别专门公司才能制造的高度专业化设备；②如公开招标将会危害买方国国家机密和安全；③采购数量低于要求公开招标的下限额（如有规定）；④由未料到的事件（诸如大规模人为灾害或自然灾害）所造成的极端紧急情况；⑤在反复尝试公开招标之后仍未收到回应时；⑥其他适用于公开招标以外的方式采购的情况。

即使是在非公开招标的情况下，设备材料采购仍然应尽量争取实现资金的充分利用和有效的竞争。

（2）邀请招标

邀请招标也称有限竞争招标，即由招标人选择一定数目的供应商并向他们发出投标邀请函邀请其参加投标的方式。邀请招标选择的供货商以 5~10 家为宜，但不应少于 3 家。这种方式不利于充分竞争，但在下述情况下可以使用这种方式招标：①低于公开招标限额的设备材料采购（若有规定）；②仅有某些投标人具有投标资格；③涉及少数专业化公司所制造的高度专门化设备；④不适宜公开招标的项目，经有关部门批准可以进行邀请招标。

2. 招标投标应遵循的原则

招标投标活动应当遵循公开、公平、公正和诚实信用的原则。

（1）公开

公开是指以刊登招标广告或投标邀请函的方式使公众或事先选定的潜在投标人都能获得招标信息，这样一来所有感兴趣的投标人都能了解招标的条件和要求，并且在开标时公开宣布结果，从而使每一个参加投标的投标人都能得到同样的信息。

（2）公平

公平是指招标人对所有的供货投标人给以平等的待遇，以使他们享受平等的权利并要求他们履行同样的义务。招标人不应以不合理的条件限制或排斥潜在投标人，不得对潜在投标人实行歧视待遇。

（3）公正

公正是指在评标时将招标文件中规定的标准公平地施用于所有的供货投标人，客观考虑所有相关因素，准确地评价每一份投标文件，选择最佳的投标人并授予合同。

（4）诚实信用

诚实信用是指招标人和供货投标人之间应相互信任，以法律为基础参与招标投标活动，并在中标后严格履行协议和合同条款。

3. 国际工程设备材料采购招标分标

国际工程设备材料采购招标分标的宗旨是有利于吸引更多的投标人参加投标，以发挥各个供货商的专长，降低设备材料价格，保证供货时间和质量，从而保证工程项目的进度和质量，同时要考虑到便于招标工作的管理。

国际工程设备材料采购招标分标和工程施工招标分标不同，一般是将一个工程有关的设备、材料等分为若干个标，即将国际工程设备材料采购招标内容按工程性质或设备材料性质划分为若干个部分，并编制若干个独立的招标文件。

设备材料采购分标时考虑的主要因素如下：

（1）招标项目的规模

根据工程项目中各设备、材料之间的关系，预算金额的大小等来分标。每一个标如果分得太大，则只有技术力量强大的供货商才能投标或由他来组织投标，一般中小供货商则无力问津，因此投标人数量会减少，从而可能会引起投标报价增加。反之，如果标分得比较小，虽然可以吸引众多的中小供货商，但很难引起大供货商的兴趣，同时招标评标工作量要加大。因此，分标要大小恰当，以吸引更多优质的供货商，有利于降低价格，便于买方挑选。

（2）设备材料性质和质量要求

如果分标时考虑性质和种类相同或类似的设备材料由同一制造厂商供货，或按行业划分（例如大型起重机械可划分为一个标），则可减少招标工作量，吸引更多竞争者。有时考虑到某些技术国内完全可以达到，则可单列一个标的向国内招标，而将国内制造有困难的设备单列一个标的向国外招标。

（3）工程进度与供货时间

如果一个工程所需供货时间较长，而在项目实施过程中对各类设备、材料的需求时间不同，则应从资金、运输和仓储等条件综合考虑进行分标，以降低成本。

(4) 供货地点

如果一个工程地点分散，则所需设备材料的供货地点也势必分散，因而应考虑到国外供应商、当地供应商的供货能力、运输和仓储等条件来进行分标，以利于保证供应和降低成本。

(5) 市场供应情况

买方应考虑国际市场供应和价格波动情况并结合设备材料需求计划合理地分标，有时（如价格有上涨趋势时）应采用一次性大规模采购，有时（如价格有下降趋势时）则需要分期分批采购，以便节约开支，降低工程造价。

(6) 贷款来源

如果买方是向一个以上单位贷款，各贷款单位对采购的限制条件有不同的要求，则应考虑各项采购要求进行合理分标，以满足采购工作的要求，便于更多的供货商参加投标。

4.2.2 国际工程设备材料招标程序

国际工程设备材料招标过程按照工作特点的不同，可粗略地划分为招标准备阶段、招标投标阶段和决标成交阶段。

1. 招标准备阶段

(1) 准备招标条件

国际工程设备材料采购是一项复杂的工作，要把采购工作做好，购货方首先应清楚地了解所需货物的种类、质量、数量、要求及投入使用的时间，要了解国内外市场价格、供求情况、货物来源、外汇市场、支付方式以及国际贸易惯例等。因此，有必要建立一个完善的市场信息机制，并制定一个完整的货物采购清单和采购计划。

世界银行贷款项目的货物采购大部分或部分是在国外市场上获得的，因此要对国外相关货物的市场进行广泛的调查和分析，掌握拟采购货物的最新国内、国外行情，建立记录不同供货方所能供应货物的技术指标的货物来源档案，建立同一类货物的价格目录，并提出切实可行的采购清单和计划，为采购方式的选择和分标提供比较可靠的依据。

一般来说，货物采购计划应考虑以下几方面的因素：

1) 采购货物的种类、数量、具体的技术规范、性能要求。尽量根据需要选用国际通用的标准和规范。

2) 所采购货物预计投入使用时间。考虑贷款成本、集中采购与分批采购的利弊等因素。

3) 根据市场结构、供货能力以及竞争性质确定采购的批量安排以及如何分标，分几个标，每个标中包含哪些内容。分标的基本原则是尽量吸收更多的投标人参加投标，以发挥各供货商的专长，降低货物价格，保证供货时间和货物质量。

4) 采购工作的协调。协调管理多批、多项、不同性质、不同品目的采购是一项复杂的系统工程，需要建立强有力的管理机构。

(2) 委托招标代理机构（如需要）

业主有能力自己招标的，可以自行招标，同时向买方国国有关行政监督部门备案。项目建设单位缺乏专门的招标能力或由于其他原因不能自己招标的，可以委托有相应资质的招标代理机构进行招标。承担设备材料采购招标的单位应当具备下列条件：

1) 在买方国已经注册。

2) 有组织国际工程物资供应工作的经验。
3) 具有编制招标文件和组织评标的相应专业力量。
4) 具有对投标人进行资格审查的能力。

(3) 编制招标文件

招标人或招标代理机构将根据对设备材料的需求编制招标文件。招标文件应包括拟采购设备材料的技术要求、对投标人资格审查的标准、投标报价的要求、评标标准和拟签订合同的主要条款等所有实质性要求和条件，这些都是投标和评标的主要依据。按照工程项目复杂、难易程度，招标文件的内容、篇幅也有很大区别。例如，单项机电设备的招标文件比较简单，有的为几页至十几页文件，大型工程成套设备的招标文件则可能长达几百页。招标文件的内容应当做到完整、准确，所提招标条件应当公平、合理，符合有关规定。

(4) 计算标底

招标人应编制或由招标代理机构编制并由招标人确认拟采购设备材料的标底价格，它是招标人筹集资金和评标人员评价投标报价的主要依据。准确、可行的标底价格应建立在充分市场调研的基础上，根据所需设备材料品种、性能、适用条件，同时参考最近一段时期内相似的工程设备材料的市场供应价格来确定。标底必须严格保密。

2. 招标投标阶段

(1) 发布招标公告（或投标邀请函）

凡是采用国际竞争性招标方式进行招标的，招标人应在出售招标文件之前通过国际公开的报刊、信息网络或其他媒介发布招标公告，以保证所有有能力参加投标的供货商都能够获得平等的竞标机会。

招标公告和投标邀请函的内容至少应包括：①招标人和招标代理机构的名称和地址；②工程项目名称和地址；③资金来源；④招标设备材料的名称、数量及范围等的简要描述；⑤购买招标文件的时间和地点；⑥购买招标文件的费用；⑦投标文件递交的地点和截止日期。

(2) 资格预审（如需要）

当招标采购大型、技术复杂设备时，通常设置资格预审程序。如果没有进行资格预审，一般在招标文件中包含资格审查的内容，在评标时进行资格后审。

资格预审的内容一般包括：①营业执照（复印件）；②银行出具的资信证明；③制造厂家的授权书（在拟提供设备不是由投标人自己生产时提供）；④生产许可证（复印件）；⑤产品鉴定证书（复印件）；⑥产品获得过的国际认证证书（复印件）；⑦制造厂家的情况调查表，包括工厂规模、资产负债表、生产能力（包括不是自己生产的主要零部件从何处获得）、产品在国外的销售情况、近三年的年营业额、易损件供应商的名称和地址等；⑧投标人最近三年涉及的主要诉讼案件；⑨资格预审需要提供的其他证明材料。

资格预审文件由招标人或招标代理机构负责编制。参与编制资格预审文件及评审投标人资格的机构不得参加投标。

参加资格预审的潜在投标人应在规定的时间内提交正确填写的资格预审文件并附上所要求的全部调查材料。要求投标人提供的文件和信息应该是确定资格预审合格条件所必需的文件和信息，而不应要求过多的文件和手续，以免为公平竞争增加不必要的阻碍。招标人应邀请所有通过资格预审的潜在投标人参加投标，而不应对通过资格预审的潜在投标人数目加以限制。资格预审结束后，招标人应尽快将评审结果通知所有参加资格预审的厂商。

(3) 发售招标文件

出售和发送招标文件时应尽量做到公平对待每一个投标人。在招标公告（投标邀请函）中规定招标文件出售和发送的日期和地点，由招标人或招标代理机构将招标文件发售给带有委托书或证明书的投标人代表。这样，每个投标人从接到招标文件直至投标截止日都有相同的时间编制投标文件。

招标文件的价格不宜定得过高，以免影响潜在投标人购买招标文件的积极性。收费的目的是确保有诚意的潜在投标人获得招标文件，并补偿复制费用和邮资，而不是为了收回编制招标文件的费用或作为创收的手段。

(4) 招标文件的澄清和修改

任何购买了招标文件的潜在投标人都可以在规定时间内请求招标人就招标文件的内容进行澄清。对招标文件的澄清采用书面通知或会议的形式进行。澄清的问题均应形成书面文件，并作为招标文件的组成部分。如需要，招标人可在招标文件售出后对其进行补充和修改。对原招标文件的任何澄清或修改，均应在投标截止日期前至少15日送达所有招标文件的购买者，以留出足够的时间使其能采取适当的行动。为了让潜在的投标人在其投标文件中考虑这样的澄清或修改，招标人可在必要时适当延长投标截止日期。

(5) 编制和递交投标文件

任何符合招标文件规定的资质要求的或经资格预审合格的潜在投标人均可参加单独投标或联合投标，但与招标人或招标代理机构有经济关系（财务隶属关系或股份关系）的单位及工程设计单位不能参加投标。同样，评标委员会的成员以及任何其他参与评标的人员不得以任何方式与任何投标人有任何经济关系。

投标人拟在中标后将采购项目的部分非主体、非关键性工作进行分包的，应在投标文件中载明。采取联合投标，联合体各成员单位的责任和义务应当以联合投标协议形式加以确定，并在投标文件中予以说明。对于同一专业的不同单位组成的联合体，招标人应按资质等级较低的单位确定其资质等级。

投标人应按照投标人须知并利用招标文件提供的格式编写并提交其投标文件。投标文件的基本内容包括：①投标书；②填好的投标价目表和要求的其他价格信息；③偏差一览表（如果有要求）；④投标企业法人代表授权书；⑤投标保证金；⑥证明投标人资质和业绩的文件；⑦制造商的授权书（在投标人不是设备的制造供货商的情况下，需要提供主要设备制造供货商的授权书）；⑧银行信誉证明；⑨招标文件要求的与投标文件一起提交的其他文件。

投标保证金的主要目的是确保投标文件在招标文件规定时间内的有效性。投标保证金通常为投标报价的2%，并由招标人可接受的一家银行以招标文件所示的格式出具，且通常在投标有效期期满之后28天内保持有效。未按要求提交投标保证金的投标文件将被拒标。投标人不应以他人名义投标或者以其他方式弄虚作假，骗取中标。

3. 决标成交阶段

(1) 开标

开标应按招标文件规定的时间和地点以公开的方式进行。开标会议由招标人或招标代理机构主持，邀请评标委员会、招标人、全体投标人和其他有关部门的代表出席，并可邀请公证部门对开标全过程进行公证。开标时，首先由投标人代表检查其投标文件的密封情况，也可由公证机构检查并公证。经确认密封完好后，由工作人员当众拆封，宣读投标人名称、投标报价以及其他投标文件的主要内容。唱标内容应做记录,存档备查。

在对复杂设备进行采购的两阶段招标中,开标分两步进行:第一步开标是介绍设备规格、性能和其他特性但不包含价格的技术标;第二步开标是包含投标报价的商务标。

(2) 评标和定标

1) 评标委员会。评标工作由招标人组建的评标委员会负责。评标委员会应由招标人和招标代理机构的代表以及聘请的技术、经济和法律等方面的专家组成,成员人数应为5人以上的奇数,其中技术、经济等方面的专家不应少于成员总数的2/3。与投标人有任何联系或对评标结果有任何直接或间接利益关系的人没有资格加入评标委员会。评标委员会应对评标情况严格保密。

2) 投标文件的初审。初审是对所有投标文件进行的符合性审查,审查的要点为:①投标文件是否有计算上的错误;②是否已提供要求的各项保证金;③投标文件是否按规定签名、盖章;④投标文件是否完整;⑤是否提出了招标人无法接受或违背招标文件的保留条件。

经审查,投标文件在实质上与招标文件不符时,可作为废标处理。对于基本符合招标文件要求,但在某些方面存在含糊之处的投标文件,应做记录和标记。评标委员会可要求投标人对这些含糊不清的地方进行澄清。有关澄清的要求和答复均采用书面形式,且澄清不得超出投标文件的范围或对投标文件实质性内容做任何更改。这种澄清与答复将成为投标文件的一部分。初审结束后,评标委员会将对通过初审的投标文件做进一步详细评价。

3) 详细评标。详细评标包括技术评标和商务评标两方面内容。技术评标侧重于设备材料性能、质量、技术经济指标、可靠性、使用寿命和检修条件等方面的评价;商务评标主要从设备材料报价、供货范围、付款方式和付款条件,以及运输、保险、税收、技术服务和人员培训等费用计算方面进行评价。根据技术和商务评标的结果,由评标委员会对全部投标文件进行综合评价与比较,提出中标候选人顺序。应当注意,最佳投标不一定是报价最低的标,而是实质上响应招标文件规定、能最大限度地满足招标文件中的各项综合评价标准且报价又较低的投标。

4) 评标报告。评标完成后,评标委员会应准备评标报告,其内容包括:①评标情况介绍,包括项目简况、招标投标过程概述、投标人名册、开标记录和评标过程概述等;②评标意见,包括对每份投标文件的符合性审查,有关技术、经济资料的分析和比较,评标结果和对中标单位的推荐意见等;③作为分析依据的各种计算明细表等资料。

5) 定标。通常由招标人根据评标报告和推荐的中标候选人决定中标人。招标人也可授权评标委员会直接确定中标人。如果是国际金融组织贷款项目,中标决定还要报有关金融组织征询意见。在确定中标人后,招标人应尽快向其发出"中标通知书",同时将中标结果通知所有未中标的投标人,中标通知书对招标人和中标人具有法律效力。中标通知书发出后,招标人改变中标结果的,或者中标人放弃中标项目的,应依法承担法律责任。接到中标通知书后,中标人应在规定时间内向招标人递交履约保证金,其金额一般为合同价的10%,并由招标人可接受的银行以银行保函的形式出具。

6) 拒绝全部投标和重新招标。招标文件中一般规定,在出现了下述情况之一时,招标人有权拒绝全部投标:①所有投标文件均不符合招标文件要求;②最低投标报价大大超过标底(一般20%以上),招标人无力接收投标;③投标人数量过少(不超过3家),明显缺乏竞争力。

如果决定重新招标，在此之前应仔细分析本次招标失败的原因。问题往往会出在有缺陷的技术规范或过于苛刻的商务或其他条件上。在这种情况下，必须对招标文件做相应修改，以免同样情况再次出现。

(3) 签订合同

在接到中标通知书后，中标人应在规定时间和地点与招标人签订合同。合同应以招标文件和中标人的投标文件为准，不能有实质性背离。合同签订的时间不应迟于发出中标通知书后30日。如果中标人未能按规定签订合同并交纳履约保证金，招标人有权没收其投标保证金。而后，招标人将从投标文件依然有效的投标人中顺序考虑评标结果中的下一个作为中标人。

合同在双方代表签字且招标人收到了中标人的履约保证金后生效。之后，招标人应把投标保证金退还给中标人，同时向未中标人发出"未中标通知书"并退还其投标保证金。

中标人按照合同约定或经招标人同意，可以将中标项目的部分非主体、非关键性工作分包给他人完成。接受分包的人应当具备相应的资格条件，并不得再次分包。

4.2.3 国际工程设备材料采购的评标方法

与国际工程施工评标不同的是，设备材料采购评标在通常情况下不仅要看投标报价的高低，还要综合考虑其他多种因素。例如，买方在设备材料运抵现场过程中可能要支付的运费和保险费，设备在评审预定的生命周期内可能需要投入的运行和维护费等。国际工程设备材料采购评标通常采用两类方法，即评标价比较法和评分法。

1. 评标价比较法

评标价比较法以国际工程设备材料采购的费用为基础，对所有投标文件进行评审和比较，按照标的物性质和特点的不同，又可分为最低报价法、综合评标价法和生命周期费用评标价法三种。

(1) 最低报价法

采购简单商品、半成品、原材料以及其他技术规范简单的货物，由于它们的性能、质量相同或容易进行比较，评标仅以投标报价作为唯一尺度，即将合同授予报价最低的投标人。

(2) 综合评标价法

综合评标价法是综合考虑投标报价以外的各种评标因素，并将这些因素用货币表示，然后在投标报价的基础上增加或减掉这些费用得到综合评标价，评标价最低者中标。采购机组、车辆等大型设备时，多采用这种方法。综合评标价的计算有一定难度，主要依靠评标成员的经验和水平。除投标报价外，尚需考虑以下因素：

1) 国内运费和保险费。在一般情况下，对每份投标文件而言，设备材料从国内工厂（出厂价情况下）或目的港（CIF价情况下）到达最终目的地的距离不同、运输条件各异，因而国内运费、保险费及其他有关费用也就不尽相同。这部分费用一般由买方承担，应在每份投标文件的评审中区别对待。将它们换算为评标价格时，可按照运输部门（铁路运输、公路运输、水路运输）、保险公司以及其他有关部门公布的取费标准，计算设备材料运抵最终目的地将要发生的费用。

2) 交货期。招标文件规定的交货期一般都有一个幅度，因提前交货而使买方获益者，除非另有规定，一般在招标文件中规定不给予评标优惠。投标文件提出的交货期超过招标文件规定的最迟日期时，其标书一般都被拒绝。交货期在允许的幅度以内的投标文件，应相互比较，并按一定标准将各标书不同交货期的差别及其给买方带来的不同效益影响作为评标因素之一，计入标价。例如，以所允许幅度范围内最早交货期为准，每迟交货一个月，按投标报价的某一百分比（一般为2%）计算折算价，将其加到投标报价上。

3）支付条件。在一般国际工程设备材料采购中，招标文件都规定在签订合同、装船或交货、验收时分别支付货款的一部分，投标人在报价时应充分考虑规定的付款条件。如果投标文件对此有较大偏离且令买方无法接受，则可视为非响应性投标而予以拒绝。反之，如果投标文件对付款条件的偏离在可接受的范围内，应将因偏离而给买方增加的费用（资金利息等），按招标文件中规定的贴现率换算成评标时的净现值，按一定百分比加到报价上。

4）零配件和售后服务。零配件的评价以设备运行期一定时间内各类易损配件的获取途径和价格作为评标要素；售后服务的评价内容一般包括安装监督、设备调试、提供备件、负责维修、人员培训等工作，评价提供这些服务的可能性和价格。

评标时如何对待这两笔费用，要视招标文件的规定区别对待。若这两笔费用已要求投标人包括在投标报价之内，则评标时不再考虑这些因素；若要求投标人在投标报价之外单报这些费用，则应将其加到报价上。如果招标文件中没有做出上述任何一种规定，则评标时应按投标文件技术规范附件中由投标人填报的备件名称、数量计算可能需购置的总价格，以及由招标人自行安排的售后服务价格，然后将其加到投标报价上。

5）性能、质量及生产能力。投标设备应具有招标文件技术规范中规定的性能和生产效率。如所提供设备的性能、生产能力等某些技术指标没有达到技术规范要求的基准参数，则每种参数同基准参数相比每降低1%，或相差一个计量单位，应在投标报价上增加若干金额。为了减少制定技术标准和评标时的工作量，实际操作中往往只将若干主要性能参数作为评标时应考虑的因素。

将以上各项评审价格加到投标报价上后，累计金额即为该投标文件的综合评标价。

（3）生命周期费用评标价法

这种方法是在综合评标价的基础上，进一步加上一定运行年限内的费用作为评标价。采购生产线、成套设备、车辆等运行期内各种后续费用（零配件、油料、燃料和维修等）较高的货物时，可采用生命周期费用评标价法。评标时应首先确定一个统一的设备评审生命周期，然后再根据各投标文件的实际情况，在投标报价上加上该生命周期内所发生的各项运行和维护费用，再减去生命周期末设备的残值。计算各项运行和维护费用及残值时，都应按招标文件中规定的贴现率折算成净现值。这些以贴现值计算的费用包括以下三方面：

1）估算生命周期内所需的燃料、油料、电力和热能等消耗费。

2）估算生命周期内所需零配件及维修费用。所需零配件及维修费用可按投标人在技术规范附件中提供的担保数字，或以过去已用过、可作为参考的类似设备实际消耗数据为基础，以运行时间来计算。

3）估算生命周期末的残值。

以上在综合评标价法和生命周期费用评标价法中得出的评标价，仅在评标时作为投标比较、排名之用，以便选择中标人，而在签订合同时仍以原投标报价为准。

2. 评分法

评分法是将各评分因素按其重要性确定权重（所占百分比），再按此权重分别对各投标文件的报价和各种服务进行评分，累计得分最高者中标。

设备材料采购评价投标文件优劣的因素包括：

1）投标报价。
2）在买方将设备材料由买方国国内工厂或目的港运至最终目的地过程中发生的运费、保险费和其他费用。
3）投标文件中所报的交货期。
4）偏离招标文件规定的付款条件。
5）备件价格。
6）技术服务和培训费。
7）设备的性能、质量、生产能力。
8）买方国国内提供设备备件及售后服务情况。

评分因素确定后，应依据采购标的物的性质、特点以及各因素对买方总投资的影响程度具体划分权重和评分标准，应分清主次，不能一概而论。最后，由评标人对各因素进行评分，累计得分最高的投标人即为中标人。

评分法的优点是简便易行，评标考虑因素更全面，可以将难以用金额表示的各项要素量化后进行比较，从中选出最好的投标文件。缺点是各评标人独立给分，受评标人主观随意性的影响可能比较大。为了保证评标的准确性，要求评标人具有较高的专业水平和广博的知识面。另外，材料设备招标时，投标人提供的设备材料型号、规格各异，难以合理确定不同技术性能的有关权重和每一性能应得的分数，有时甚至会忽视某一投标人设备材料的一些重要指标，若采用评分法评标，评分因素和各因素的权重分配均应在招标文件中加以说明。

案例分析

南亚某国电厂设备采购

1. 采购项目背景及相关信息

南亚某国电厂在建设中需要采购以下设备：①两台汽轮发电机；②两台热蒸汽发电机；③一台蒸汽发电机。

2. 项目采购的评标

该项目是亚洲开发银行的贷款项目，招标工作由项目业主严格按照亚洲开发银行"采购指南"的规定进行。评标是按照招标文件中设定的标准，由咨询专家进行评议。

招标人共收到四份投标，投标人及其投标报价见表4-1。

表4-1　投标人及其投标报价

投标人	公司所在国家	价格（卢比）
A公司	美国/中国	4 674 227 586
B公司	法国	7 140 106 512
C公司	日本/德国	7 558 957 404
D公司	德国	7 680 194 601

以上所有投标人对合同条件以及技术规范都递交了补充修正条款，与原招标文件存在一定偏差。各公司的投标简介如下：

A 公司

A 公司提供美国通用电气公司的汽轮发电机、比利时 NEW 公司或 CMI 生产的热蒸汽发电机和美国通用电气公司生产的蒸汽发电机。冷却塔、管道、变压器和电力分配系统的 35% 将由中国提供。

A 公司投标文件中有许多偏差条款，在投标保证金数额、履约担保的期限、关于设备的物理化学试验的费用以及一些技术规范方面存在偏差。

项目执行单位和专家组一致认定 A 公司的投标为非响应性投标。

B 公司

B 公司提供的设备除了热蒸汽发电机外均为本公司制造，蒸汽发电机在法国制造。B 公司在合同条件中也提出了一些偏离条款，如工程安全的责任、保险等方面，认为投标人对工程、设备、原材料的责任到工程交付为止。

在评标阶段，投标人被邀请参加澄清会议，B 公司没有参加，递交了书面澄清报告，专家和项目执行单位将 B 作为非响应标，因为以上的重大偏差已经没有必要再考虑 B 公司的投标。

剩下的 C 公司和 D 公司符合招标文件的要求。

C 公司

C 公司提供的汽轮发电机由 ABB 公司生产，热蒸汽发电机来自德国的 DBE 公司和比利时的 CMI 公司，平衡设备来自 GECA 公司。

C 公司曾经在土耳其和巴基斯坦类似的发电厂建设中作为项目监理，其公司有资格和能力实施这项工程。

专家认为，该公司投标文件中的技术和商业偏差最小，为 75 000 000 卢比。

D 公司

与其他几家投标人相比，D 公司投标的设备的生产能力（397 440kW）和热效率最高 [7406.6kJ/(kW·h)]。热蒸汽发电机将由德国的 DBE 公司制造，其他设备将由 D 公司自己制造。

投标者因为在泰国、土耳其和巴基斯坦建造过类似的工程，有这方面的经验。

D 公司提出的所有商业偏差和技术偏差共计 331 658 536 卢比。

3. 评标价

因为 A 公司的投标文件属于实质性不响应投标，所以没有必要对该公司进行进一步评价。项目执行单位认为根据评审报告，B 公司虽然也属于不完全响应投标，但项目执行单位的部分成员不同意完全排除 B 公司。这样进入最后评标的有 B、C 和 D 公司。招标文件中技术规范的公式为

$$每千瓦评标价 = \frac{2P_t}{K_h + K_l} + 2.5H_t$$

式中　P_t——评标价；

　　　K_h——设备最高净产出；

　　　K_l——设备最低净产出；

　　　H_t——设备净热效率。

根据以上公式得出每千瓦评标价，见表4-2。

表4-2 每千瓦评标价

名　称	B公司	C公司	D公司
$2P_t/(K_h+K_l)+2.5H_t$（卢比/kW）	42670.06	41623.67	41409.61

4. 决标

1) 按照招标文件要求，应将合同授予有实质性响应且每千瓦评标价最低的D公司。项目执行单位同意考虑一下A公司，因为该公司在财务报价上有一定的优势，项目执行单位建议亚洲开发银行同意其与A进行谈判。谈判目的如下：

① 取消不可接受的合同条件偏差。

② 降低额外价格，使其投标报价在一个合理的水平。否则，项目执行单位要求选择D公司。

2) 亚洲开发银行官员审查了项目执行单位的建议，提出如下意见：

① A公司的商业偏差和技术偏差都是项目执行单位认为不能接受的。经过审查，银行官员认为A公司的投标应当被视为实质上不响应的投标，应当被拒绝。

② 根据每千瓦评标价比较的结果，D公司的为最低评标价，银行官员同意项目执行单位的建议，将标授予D公司。

3) 采购委员会决定如下：

① 拒绝A公司的投标，因为这是非实质性响应的投标。

② 同意项目执行单位将标授予最低评标价的D公司。

（资料来源：《国际工程管理概论》，刘尔烈，天津大学出版社出版，2003年．）

第5章

国际工程风险与保险管理

本章要点
- 国际工程风险
- 国际工程保险

◆ 引入案例

S公司在C国以预期利润为负数的报价夺取了一项总价达2.27亿美元的大型建筑群工程。合同工期长达四年之久。施工期间，该国发生了大规模的政治动乱。该国政府宣布发生了反革命暴乱，当局宣布对部分地区进行戒严。工程所在地恰好在戒严地区。戒严期间发生了枪击事件，工地上有个别工人在正常作业时被流弹击伤，已安装好的巨幅玻璃有几块被子弹击穿。S公司遂停工半月，将其外籍雇员遣散回家。半月之后，C国秩序恢复正常，工程全面复工。但S公司巧妙地利用该政治事件向业主提出巨额索赔。

索赔动因为不可抗力事件。S公司从风险一发生就立即想到利用风险扩大索赔收益的可能，积极主动地创造索赔机会，充分做好了索赔准备工作，轻松地达到了借风险谋利之目的。

5.1 国际工程风险概述

5.1.1 国际工程风险的概念

远古时期，以打鱼捕捞为生的渔民们在长期的捕捞实践中，深刻地体会到"风"给他们带来的无法预测、无法确定的危险。他们认识到，在出海捕捞打鱼的生活中，"风"即意味着"险"，因此有了"风险"一词。

现代意义上的"风险"已经超越了"遇到危险",而是"遇到破坏或损失的机会或危险"。"风险"基本的核心含义是"未来结果的不确定性或损失",也有学者将"风险"定义为"个人和群体在未来遇到伤害的可能性以及对这种可能性的判断与认知"。

本书中,国际承包商在从事国际工程的活动中,会遇到各种不确定性事件。这些事件发生的概率及其影响程度是无法事先预知的,并且这些事件将对经营活动产生影响,从而影响企业目标实现的程度。这种在一定环境下和一定限期内客观存在的、影响国际承包商目标实现的各种不确定性事件就是国际工程风险。

国际工程承包是一项高风险事业。根据 ENR 的统计,其排名前 250 的国际承包商,历经约 50 年的拼杀,能够幸存的只有大约 1/3 左右。作为一项跨国进行的综合性商业活动,国际工程受到国际关系、项目所在国政治、经济形势的影响;受到当地自然条件、技术和市场条件、社会和文化条件以及法律法规环境等方面的制约;也受到承包商自身竞争能力、经营水平、施工管理水平的左右。国际工程普遍具有涉及专业面广、利害关系人多、项目规模大、建设周期长、资金占用多、内容复杂等特点。国际承包市场长期处于买方市场,竞争异常激烈。所有这些环节都蕴藏着风险。

风险与利润并存。尽管有各种风险,只要能正确地对待风险,认真做好调查研究,采取有效的防范措施,充分利用乃至驾驭风险,就能在市场中立足、发展乃至壮大。如果采取适当的措施使破坏或损失的概率降低,或者基于理性判断而采取及时有效的防范措施,那么国际工程风险就可能带来机会。

国际承包商处于复杂多变的环境中。不管是客观条件的不可预测还是主观判断的不准确,都会导致风险。如果应对不当,风险使承包商轻则工程利润降低乃至亏损,重则经济严重损失和信誉下降,甚至可难于继续经营乃至破产。要做到良好的风险管理,认识国际工程中的各类风险是非常必要的。从风险的影响范围角度,可以将其划分为宏观风险和微观风险。此外,还有承包商自身工作的风险。

5.1.2 宏观风险

宏观风险是指影响某个地区、国家乃至整个世界的风险,是全局性的。这类风险发生时,范围内全部企业的经营活动都会受影响。宏观风险主要有政治风险、经济风险、社会风险和自然风险。

1. 政治风险

政治风险的常见表现有政局不稳、政策多变、对外关系异常、排外情绪强烈、国内外战争等。

(1) 政局不稳

常见的政局不稳有朝野争斗、政府内派系斗争、政府独裁专制或者受制于外来势力。政局不稳对经营活动构成大威胁。特别是在发展中国家,每届政府均有自己的一套主张,一旦上台就会对前任政府制定的各种措施乃至社会体制大刀阔斧地更改,而且多数情况下不考虑后果。任何经营活动都离不开安定的局面、良好的社会秩序和开明的政府。对于企业,政局不稳是一项重大的风险因素。

(2) 政策多变

政策多变是指一个国家所奉行的政策变动频繁或变化无常。在法制观念不强或法规不健全的国家,政府常常以令代法,并且政府的指令往往不是基于客观需要。有些国家的领导人缺乏自己的见解,轻信"专家",各个专家各抒己见,都竭尽全力说服领导人采纳自己的主张,致使国家领导人制定的政策朝令夕改,导致企业无法实现长远规划。

(3) 对外关系异常

当今世界各国之间的联系越来越紧密。如果一个国家奉行错误的对外政策,比如与邻国经常处于敌对状态,则必然会导致全国上下高度戒备,社会秩序、社会环境都不正常,覆巢之下岂有完卵,企业自然无法正常经营。

(4) 排外情绪强烈

强烈的排外情绪不同于严重的保护主义。一个国家出于保护民族利益,采取一些保护措施是可以理解的。世界多数国家都在不同程度上奉行保护主义,所采取的措施多属有形的,或明文规定于法规中。这些保护虽然会给外国企业带来风险,但这种风险常常是可以预测的。强烈的排外情绪会导致国民的正常思维发生畸变,从而使事情的处理缺乏公正,违背客观规律。从狭隘的民族主义角度看,排外主义看起来似乎有益于民族或国家利益,但从全局考虑却是有害的。一个国家强烈排外,受排斥的众多国家必然会与其针锋相对,采取种种对应措施,从而使其遭受重大损失。在这样的国家从事经营的外来企业会因该国的排外而处处受阻。

(5) 国内外战争

为了满足霸权欲望或转移国内矛盾,有些国家政府对外挑起战争。有些国家内部派系繁杂,争权夺利,特别是存在以推翻政府为宗旨的武装力量,经常发生内乱乃至内战。国内外战争必然导致社会不宁、人人自危,企业经营更是无从谈起。

政治风险的发生,承包商是无法控制和转移的,将遭受极大的损失,常被称为"致命风险"。在诸多风险中,政治风险应被视为最主要的风险之一。作为企业,应时刻注意辨识和管理政治风险,尽量减少政治风险所带来的损失。

政治风险的发生可能会导致工程无法进行,造成项目终止、设备丢失、人员撤离;或虽未终止项目,但战争和骚乱使工程无法顺利开展,被迫拖期,成本提高;国有化对承包商造成的损失更大。在两伊战争、海湾战争以及黎巴嫩、阿富汗、塞拉利昂等国的战争或内乱中,都有因对政治风险估计不足、判断失误、措施不力,导致损失惨重甚至破产的实例。承包商必须高度重视政治风险,必须做到乱邦不入,危邦慎入。

2. 经济风险

经济风险是指一个国家在经济实力、经济形势及解决经济问题能力等方面潜在的不确定因素构成的经济领域的可能后果。经济风险常见表现有对外贸易实力弱、经济结构失调、经济形势恶化、债务繁重等。

(1) 对外贸易实力弱

一个国家的外贸业务实力是衡量其经济实力的重要依据。无论是发达国家还是发展中国家,外贸业绩是经济形势的寒暑表。外贸是国家取得外汇的主要手段。外贸业务实力弱,说明其创汇能力差,意味着该国经济缺乏动力。外贸实力弱主要表现在出口业务增长乏力、长期贸易逆差、外汇储备不足等。外贸实力弱的直接后果影响对外支付的能力。

(2) 经济结构失调

一个国家能否自立于世界民族之林,关键是能否在经济上完全独立自主。要想基本上不受外来势力的干扰,就必须拥有合理且完善的经济结构,经济能够以自力更生为主,依靠外援为辅。一个国家的各种行业应存在合理的比例。如果一国经济结构不合理,只靠单一或少量的几种经济形态，就难免受国际环境变化的影响。

(3) 经济形势恶化

经济形势如果连年不景气、不断滑坡且趋于恶化，将会构成重大经济风险。这种风险轻则使一国经济实力减弱，重则有可能断送国家的命运。经济形势恶化的常见表现有经济增长率长期低下、通货膨胀高居不下、货币大量超发、财政赤字高、失业率高等。

(4) 债务繁重

国家有一定的债务是正常的。但是如果债务过重，偿还债务必将成为国家的首要任务。如果出现债务不能及时偿还又无法举借新债，将构成债务危机。

经济风险对企业的威胁也是至关重大的，也必须予以重视。

3. 社会风险

社会风险主要体现在宗教信仰、社会治安、社会风气以及国民文化素质等方面。

(1) 宗教信仰

当今世界，宗教的影响广泛。在一些国家，宗教领袖成为国民的精神支柱和崇拜的对象。有的宗教习俗在一定程度上会制约企业的经营活动，例如星期六不得生火，所有机动设备均得停产。

(2) 社会治安

良好的社会秩序是企业取得成功的重要保证。如果社会治安混乱，企业将不得不花费巨款来加强安保。社会治安不好还有可能造成企业的人员伤亡和财产损失，从而大大影响企业的生命力。

(3) 社会风气

社会风气表现在多方面。对企业影响最大是国家公职人员的操行品德。公职人员若不保持廉洁，以权谋私、敲诈勒索、巧取豪夺，企业将会碰到无穷的麻烦。一些国家有法不依或者无法可依，企业的正常业务活动必须金钱开路。这必然会波及国际工程业务的正常开展。

(4) 国民文化素质

由于长期经济落后，一些国家国民的受教育程度、文化素质较低，组织性纪律性差，职业责任心薄弱，缺乏良好的职业道德。企业家不敢委以重托，只能依靠高薪从别国聘任工作人员，经营成本自然居高不下。

由于工程的实施必须在所在国固定的位置进行，社会风险的影响不可避免。

4. 自然风险

自然风险是指自然力的不规则变化危害经济活动，给物质生产或生命安全带来的风险，如地震、水灾、风灾、雹灾、冻灾、旱灾以及各种瘟疫等自然现象。自然风险的形成具有不可控性、周期性以及自然风险事故引起后果的共沾性。自然风险事故一旦发生，其涉及的对象往往很广。恶劣自然条件和恶劣气候必然会对国际工程的实施带来不利影响。

5.1.3 微观风险

微观风险是指仅对某些或某个公司或者某个工程项目有影响的经济风险，其影响是局部的。微观风险主要有人为风险、商业风险、工程风险等。

1. 人为风险

人为风险是指相关个人或群体的主观因素导致的各类风险。这里的相关个人可以来自业主或者上级主管部门乃至政府机构，还可以来自业主的合作机构，如为项目融资的金融机构。这里的群体，可以是社会公众或者工人群体。人为风险包括政府或主管部门的不利行为、金融机构的撤资、群体行为等。

(1) 政府或主管部门的不利行为

政府或主管机构的不利行为是指其因各种因素采取的一些不利于项目的行为，如规划调整、强行征地或者新的政策法规等，强令已开工的项目下马或者被迫修改设计。

(2) 金融机构的撤资

工程实施的前提条件是资金。工程的实施离不开金融机构的支持。无论何种原因，如果金融机构撤回已承诺的资金支持，则必然导致工程项目的流产。

(3) 群体行为

群体行为是指局部地区或者行业性的罢工、骚乱或者群体抗议。特别是建筑工人罢工，直接会影响工程的施工，甚至会导致工程停工。民众的环境意识越来越高，对各类污染越来越敏感。尤其是化工厂、垃圾处理厂以及核电站，周边群众会集体抵制或者阻挠工程的实施。有时候会导致工程的停工乃至取消。

2. 商业风险

商业风险是指由于交易双方中的某一方，或与之关联的某一方原因导致的风险。商业风险主要包括业主风险、供应商风险、分包商风险和咨询工程师风险等。

业主风险是指某些业主蛮不讲理，缺乏职业道德，肆意提出不合理要求或者不及时付款等。供应商风险是指材料和设备供应商履约不力，不按期交付材料和设备，肆意涨价等。分包商风险是指分包商履约不力，所负责的分包工程工期拖延，质量不合格等，为承包商的工作带来不利影响。咨询工程师风险是指工程师缺乏职业操守，对承包商吃拿卡要，在验收及支付等环节恶意刁难和拖延等。

3. 工程风险

工程风险是指与某一工程项目直接相关的风险，比如与该工程相关的技术风险、地质风险、设计风险等。

技术风险是指工程项目的建设、运营所涉及的、与技术相关的风险。随着现代工程项目复杂程度的提高，对技术的要求越来越高。例如，技术复杂程度高、技术不成熟带来的不确定性等所造成的风险。地质风险是指工程的实际地质条件与预计存在较大的差异，导致工程变更或者下马的风险。设计风险是指设计图的错误或者延期交付造成的风险等。设计图的错误或者延迟交付必然会影响工期拖延和费用增加。

5.1.4 承包商工作的风险

除了受宏观风险和微观风险的影响，承包商自身的工作也存在各类风险。承包商工作的风险主要是决策风险和缔约及履约风险。国际工程的主要特点就是高风险和不确定性。承包商必须在信息不完备状态下做出决策，这就带来了决策风险。

承包商的英文表达是 contractor，即 contract + or。从词根角度来看，承包商可以理解为签署和履行合同的一方。所以，合同在国际工程中的作用怎么强调也不过分。缔约和履约过程中的风险也不容忽视。

1. 决策风险

承包商在市场以及投标方面的决策尤其关键。在考虑是否进入某一市场、是否对某一项目投标时，必须考虑是否能承受进入该市场或承揽该项目可能遭遇的风险。承包商首先要做出否投标、怎么投标的决策。承包商与此类决策相关的工作都蕴藏着风险。决策风险主要包括信息风险、中介风险、代理风险和报价风险。

(1) 信息风险

国际承包市场上信息很多，几乎所有的国家每天都会发布一些工程招标信息。但是，这些信息不是都值得追踪的。有些承包商急于揽到工程以摆脱困境，难免饥不择食，头脑缺乏冷静或不自量力，见标就投。这种背景下参与竞争，所采取的态度自然缺乏求实精神。

除了官方信息外，国际承包市场上不乏假信息。假项目信息并非完全无中生有或虚无缥缈，而是一些过时或尚不成熟的项目信息。有的项目已经实施，有的项目资金尚未落实。一些以贩卖信息为业的骗子将这些信息描述得活灵活现，诱使承包商支付信息费。还有些国际骗子则干脆无中生有，伪造假资料，诱骗一些未曾涉足国际承包市场但急于走出国门的承包商上当，骗取投标保函。

(2) 中介风险

从事国际工程，面临人生地不熟的境况，不可避免地需要当地中介的服务。中介对商业交易有其独特的贡献，但也会给交易带来风险。一些中介以谋取私利为目的，凭着三寸不烂之舌，以种种不实之词诱惑交易双方成交，收取高额佣金。至于交易中双方可能蒙受的损失则与其无关。有些国家的中介业务相当活跃，一个项目发包，常常会有数十个中间人四处活动，每一个中间人都拍胸脯保证能拿下项目，以此骗取缺乏经验的承包商的巨额佣金。

(3) 代理风险

除中介外，代理人也常常是风险之源。代理业务遍及世界各地，有些国家强行规定实行代理制。法律规定，外国承包公司必须通过当地代理才能承揽业务。代理人选择不当或代理协议不严谨会给承包商造成重大损失。许多代理人要求承包商委托其作为某一国或某一地区的独家代理，而他本人则并不是代理一家承包公司。根据代理职业的性质和通则，代理人的利益应该与承包商一致，因此承包商往往对代理失去警惕。实际上，代理的目标是促成中标，从而收取佣金，不会考虑承包商的盈亏。

(4) 报价风险

报价决策正确得当是承包商盈利的根本保证。报价失误会造成重大损失。中标靠低价，盈利靠索赔，是当前国际承包商普遍采用的策略。但在有些国家，索赔是一个敏感词汇，业主对索赔极为反感。在独联体国家，若承包商低价夺标，在合同实施期间很难依法索赔。

低价夺标进入市场，寄盈利希望于后续项目。这种策略多在进入新市场时采用。如果承包商判断失误，或者工程所在国政策多变，承包商花了很大代价完成第一个项目后，未能获得后续项目，其购置的大批机械设备下场后将不得不转移，前一个工程的亏损额难以找到补偿机会，最后不得不付出巨大代价接受更为苛刻的条件。

报价技巧是获得理想经济效益的重要手段，但技巧使用不当则有可能弄巧成拙。弄巧成拙常见于以下情况：

1) 吊胃口策略。为了获取项目或争得预想的好处，承包商常常采用吊胃口策略，许诺对方以种种好处。有些精明的业主会识破承包商的意图，将计就计，胃口越来越大，甚至贪得无厌，最后弄得承包商无法招架。

2) 不平衡报价。出于索赔目的，承包商在报价时采取不平衡报价办法。但如果估算错误或因未曾复核设计施工图而对一些本来可追加工程量的子项内容报价过低，在追加工程款时以该报价为计算基础，这对于承包商将无疑是雪上加霜。

2. 缔约风险

缔约过程是承包工程的关键环节。许多承包商因对缔约过程的风险认识不足，致使项目亏得一塌糊涂，甚至破产倒闭。缔约的主要风险蕴藏在具体的合同条款中。国际工程承包所遵循的合同条款多种多样。几乎各国都制定了合同范本，而任何合同范本不外乎当事人的责权利三项主要内容。合同条款中潜伏的风险往往是责任不清，权利不明。合同条款的风险通常表现在以下三方面：

（1）不平等条款

国际工程承包应以合同为约束依据，而合同的重要原则之一就是平等原则。但是，国际工程承包是买方市场，业主常常倚仗其有利地位，在合同中强加不平等条款。例如，合同中只有罚则而没有奖励办法，规定只许在工程所在国裁决争端，没有汇率保值条款等。合同赋予业主种种不应有的权利却淡化其义务。对承包商则只强调义务，而不提其应有的权利。例如，索赔条款本应是合同的主要内容，但许多合同却不提。承包商如果在澄清合同条款时不坚持合理要求，则会给自己留下隐患。

（2）合同定义不清晰

不管是有意或无意，有不少合同对一些问题定义不准或措辞含混不清。一旦不利事件发生，业主往往按有利于自己的方式歪曲解释。特别是涉及质量标准时，合同中虽然也规定按照某某规范，但都加上"要达到工程师满意"的措辞。在实施期间，只强调达到工程师满意，而不提规范。有些合同对有些关键事项含糊其词。例如，有些合同关于追加款额条款写道："发生重大设计变更可增加款额"。至于何为重大设计变更，则语焉不详。

（3）遗漏重要条款

一些国家过分强调独立自创，不愿意采纳国际上普遍遵循的条款，自己制定一些法规或合同条例。但是，这些条例常常很不完善，遗漏重要事项。有些国家的合同条款有意无意地遗漏一些关键内容，致使承包商找不到保护自己合理利益的依据。例如，有些国家的合同中没有价格调值公式，致使承包商无法弥补通货膨胀造成的损失。

3. 履约风险

履约过程中，要加强合同管理。合同管理是承包商赢取利润的关键手段。不善于管理合同的承包商是绝不可能获得理想的经济效益的。合同管理主要是利用合同条款保护自己，扩大收益。这就要求承包商的相关人员需要具有渊博的知识和娴熟的技巧，要善于开展索赔，精通纳税技巧，擅长运用价格调值。不懂得索赔，只能自己承担损失；不善于运用价格调值办法，就无法挽回因通货膨胀所造成的损失。

履约过程中，要及时保存各类文件、图片等凭证。承包商还要及时行使合同赋予的权利。例如，对于工程师的口头指示，承包商执行完毕后，要及时要求其确认。只要对方不否认，就意味着承认。如果时机过后，时过境迁，工程师不承认，将无法追回损失。

5.2 国际工程风险的特性和对策

5.2.1 特性

风险是在给定情况下存在的可能结果间的差异。人们有可能凭经验推断出其发生的规律和概率。虽然这些规律和概率并非一成不变，但通过一定时期的观察，可判断出其大致情况，从而采取一些预防手段来防范。风险具有以下特征，这些特征决定了风险的可防范性和风险损失的可控制性：

1. 可预测性

风险有特定的根源、发生的迹象、特定的征候和一定的表现形式。例如战争风险，在开战前常常潜伏着多种爆发战争的因素；经济风险可以通过各种经济现象反映出来。这些根源、迹象、征候和形式是可见的或可推测的。通过细心观察、深入研究和科学推测，国际承包商一般可以预测某类风险发生的概率及其严重程度。

2. 互斥性

风险事件的演变具有多种可能，但这些可能是互斥关系。例如，投资一个项目有盈利或亏本两种可能。盈利的可能性加大，亏本的可能性就减小。这两种可能性不会同时加大或同时减小。同一事件对不同的人所产生的机会也是不同的。例如建筑材料涨价，工程的成本无疑要加大，但材料制造商和供应商却可获得好处。国际承包商如果将两种互斥可能有机结合即可避免风险。例如：投资多样化，有盈有亏，即可相互抵冲；承包商兼营材料商，堤外损失堤内补，工程亏本但材料却赚钱。

3. 损失可测算性

一项国际工程可能有多种风险，但各种风险发生的概率却不会相同。通过概率计算就可以预测风险将造成的损失程度。例如，某承包商对一项工程的报价为100万美元，并假定其他因素不变。某一特定风险，如自然灾害，可能会导致承包该工程亏损5%，即5万美元。但这种自然灾害的发生概率为10%。因此，承包该工程因自然灾害可能蒙受的损失将是100万美元×0.05×0.10＝0.5万美元。采用概率测算，可以基本做到心中有数、应变有方，使自己处于主动。

4. 可转移性

不同的人对同一风险的承受力不一样，因此反应也不同。例如，没有补偿能力的人经不住任何损失，专门从事保险业务的保险公司则因其拥有大量的投保人，某一项损失赔偿对其微不足道，且完全可以从收取的巨额保费中获得补偿。无承受能力的人可以用极小的代价购买保险，从而将风险转移给保险公司以换取自身的安全。承包工程同样如此。一项工程包括多项子工程，总承包商可以承担总承包风险，而将其中的一些自己不具优势的子项工程转包给专业承包商，从而将该子项工程中潜伏的风险也转移出去。对于该专业承包商来说，这些潜伏的风险则不一定构成真正的风险。

5. 可利用性

盈利的机会往往不是显而易见、随时都有的，它常常以风险的面目出现。风险中蕴藏着利润，或者说风险与利润并存，利润潜伏于风险之中。风险是获利的引桥，只有踏过风险这座引桥，方可到达利润的宝库。国际工程实践中，承担一定的风险是取得利润的前提条件，拒绝承担风险就无法取得利润。例如带资承包，自备启动资金是有风险的。承包商想要赢取利润，必须先要承担带资承包的风险。

5.2.2 风险对策

基于国际工程风险的以上特性，国际承包商可以制定适当的对策来应对各类风险。这些对策包括风险回避、风险转移、风险减轻和风险自留。

1. 风险回避

风险回避（Risk Avoidance）主要是中断风险源，使其不致发生或遏制其发展。风险回避策略包括拒绝承担风险和放弃已承担的风险。

风险回避可能需要做出一些必要的牺牲，但此类牺牲比风险真正发生时造成的损失要小得多。例如，投资一项选址位于河谷的工厂，当投资人意识到在河谷建厂将受到洪水威胁且又别无防范措施时，他可以放弃该项目。虽然他已经在建厂准备阶段耗费了不少投资，但与厂房建成后被洪水冲毁相比，放弃该方案倒不失为一个好的选择。

放弃业已承担的风险以避免更大的损失，有时是一个紧急自救的最佳办法。作为国际承包商，在投标决策阶段难免会因为某些失误而铸成大错。例如，某承包商在投标承包外国皇宫项目时，误将纯金扶手翻译成镀金扶手，仅此一项就亏损100多万美元。如果承包商以自己所犯的错误为由要求废约，则要承担违约责任。风险已经注定，但经过深入研究，该公司发现了业主在该项目决策过程中的不当之处。本着对业主负责的态度，该公司借助第三者说服国王主动放弃该项目，同时也避免了自己的损失。

回避风险是一种消极的防范手段，固然能避免损失，但同时也失去了获利的机会。处处回避，事事回避，结果只能是停止生存和发展。如果企业家想生存图发展，又想回避某种风险，最好的办法是采用除回避以外的其他策略。

2. 风险转移

各个公司的优劣势不一样，因而对风险的承受能力也不一样。许多风险对一些公司的确可能造成损失，但转移后并不一定同样给他人造成损失。国际工程中，工程分包和购买保险是风险转移（Risk Transfer）最常见的两种方式。分包商利用自己的专业优势，可以把总承包商的风险事件转化为对其有利的机会。通过保险，投保人将自己本应承担的归咎责任（因他人过失而承担的责任）和赔偿责任（因本人过失或不可抗力所造成损失的赔偿责任）转嫁给保险公司，从而免受风险损失。例如，业主可将其对公众在建筑物附近受到伤害的部分或全部责任转移至承包商；承包商则可以通过投保第三者责任险又将这一风险转移至保险公司。关于国际工程保险，详见第5.4节。

风险转移的另一种形式是通过担保银行或保险公司开具保证书或保函。根据保证书或保函，保证人保证委托人对债权人履行某种明确的义务。如果委托人不履行义务，债权人可以依据保证书或保函向保证人索要一定的金额来弥补自己的损失，保证人可以向委托人追偿其损失。保证人或担保人签发保证书或保函时，一般会要求委托人提交一笔现金、债券或不动产作为抵押，以备自己转嫁损失。通过这种形式，债权人可将债务人违约的风险转移给保证人。例如，业主可以要求承包商提交履约保函，防止承包商违约给自己造成损失。关于工程担保，详见第5.2.3小节。

风险转移还有一种形式——风险中性化。这是一个平衡损失和收益机会的过程。例如，承包商担心原材料价格变化而进行套期交易；出口商担心外汇汇率波动而进行期货买卖等。风险中性化仅能保证自己不受风险损失，但也丧失了从投机风险中获益的可能。

3. 风险减轻

风险减轻（Risk Mitigation）是指在风险损失发生之前，采取积极的风险处理措施减少损失发生的可能或降低损失严重程度。这种方式比较适合本身可控的风险。风险减轻包括两方面的工作：减少损失发生的机会，即预防损失；降低损失的严重性，即遏制损失加剧，设法使损失最小化。

(1) 预防损失

预防损失是指采取各种预防措施，杜绝损失发生的可能。例如，房屋建造者通过改变建筑用料，防止用料不当而倒塌；供应商通过扩大供应渠道避免货物脱销；承包商通过提高质量控制标准防止因质量不合格而返工或被罚款；生产管理人员通过加强安全教育和强化安全措施，减少事故发生的机会；等等。

(2) 减少损失

减少损失是指在风险损失已经不可避免地发生的情况下，通过措施遏制损失继续恶化或扩大，使损失局部化。例如，承包商在业主付款延误超过合同规定期限时，停工或撤出队伍并提出索赔甚至提起诉讼；业主在确信某承包商无力继续实施工程时撤换承包商等。

(3) 损失分析和控制

风险减轻应主动进行，预防为主，防控结合。国际承包商应认真研究风险的根源，制定风险预案。风险减轻的第一步是识别和分析已经发生或已经引起或将要引起的危险。承包商可以从损失分析和危险分析两方面着手。对于损失分析，承包商可以建立信息人员网络和编制损失报表。分析损失时，除了考虑已造成损失的数据，还应将侥幸事件或几乎失误或险些造成损失的事件和现象都列入报表并认真分析。危险分析包括对已经造成损失的危险和很可能造成损失或险些造成损失的危险进行分析。除对与事故直接相关的各方面因素进行必要的调查外，还应调查那些在早期损失中曾给企业造成损失的其他危险重复发生的可能性。此外，承包商还应调查其他同类企业或类似项目实施过程中曾经有过的危险或损失。

在进行损失分析和危险分析时，除了考虑看得见的直接成本和间接成本，还要充分考虑隐蔽成本。例如，对于生产事故，直接成本主要包括机器修复的费用；间接成本主要包括伤亡人员的治疗费、误工费、抚恤金等；隐蔽成本是指由事故引起的各种不易察觉的损失，包括因帮助伤亡人员而停止工作的其他人员的停工成本、培训替补人员的时间损失和费用、配套设备停工的成本、受伤人员痊愈后工作效率降低所致的损失、因事故而导致情绪变化进而导致的工效损失等。隐蔽成本远远高出直接成本和间接成本之和，专家们估计其通常为直接成本和间接成本之和的4倍，甚至更多。

4. 风险自留

风险自留（Risk Retention）是将风险留给企业自己承担，不予转移。风险自留可能是主动的，也可能是被动的。主动自留是指经营者有意识、有计划地将若干风险主动留给自己。此时，国际承包商通常已做好了处理风险的准备。被动自留是指当初不曾预测到或者不曾有意识地采取有效措施，只好由自己承受的风险。

对于自留风险所带来的损失，可以采取以下财务措施：

(1) 将损失摊入经营成本

当风险事件发生时，国际承包商将损失计入当期损益，摊入经营成本中。这种办法通常适用于处理那些损失频率小并且损失程度较小的风险，或者适用于处理那些损失频率高但损失程度较小的风险。这些风险通常被企业视为摆脱不掉或不可避免的风险。在识别出这类风险后，企业应在预算中体现这类风险。

(2) 建立意外损失基金

国际承包商根据风险评估所了解的风险特征和企业的财务能力，预先提取一定的金额来补偿风险事件的损失。这种办法通常处理那些可能引起较大损失，但这一损失又无法摊入经营成本的风险。

(3) 为损失建立信用额度

这是指在损失发生前安排好企业可以得到的贷款条件。企业和银行就一项期权进行谈判，约定在某一时期按某一利率约定一定额度的贷款，企业可以在需要时动用信用额度来支付损失。

(4) 自我保险

这是指在企业内部建立保险机制或保险机构，来承担各种可能的风险。尽管这种办法属于购买保险范畴，但这种保险机制或机构终归隶属于企业内部，即使购买保险的开支有时可能大于自留风险所需开支，但因保险机构与企业的利益一致，各家内部可能有盈有亏，从而总体上依然能取得平衡。

5.2.3 国际工程担保

工程担保制度是工程建设领域的一项国际惯例，是国际工程风险管理的主要方法。工程担保引入保证人作为第三方，业主、承包商、保证人三者之间形成保证担保关系，对建设工程中一系列合同的履行进行监督并对违约承担责任，是一种促使各方守信履约的风险管理机制。

工程担保起源于美国。1894 年，美国国会通过了《赫德法案》，要求所有公共工程必须事先取得工程担保。1908 年，美国成立了担保业联合会。1935 年，美国国会通过了《米勒法案》，对于 10 万美元以上的联邦政府工程合同，承包商必须提供全额的履约担保及付款担保。美国财政部负责审批担保商的营业资格，公布审查合格的担保商名单，每年定期对其业绩进行评估。

工程担保运用信用手段，加强工程各方之间的责任关系，能够有效地转移工程风险，保障工程建设的顺利完成。许多国家都相继在法律中对工程担保做出了规定。许多国际组织和一些国家的行业组织在标准合同条件中（如《世界银行贷款项目招标文件范本》、国际咨询工程师联合会（FIDIC）《土木工程施工合同条件》、英国土木工程师学会（ICE）《新工程合同条件》、美国建筑师学会（AIA）《建筑工程标准合同》等），也有工程担保的条款。

在国际工程实践中，最常见的是银行充当担保人，保险公司或专门的担保公司充当担保人也可以接受。由银行充当担保人，出具银行保函（Bank Guarantee）。银行保函是银行向权利人签发的信用证明。若被担保人因故违约，银行将付给权利人一定数额的赔偿金。银行保函是欧洲传统的担保模式，现已被大多数国家所接受。

保险公司或专门的担保公司也可充当担保人，开具担保书（Surety Bond）。美国法律规定，银行不能提供担保，90% 以上的工程担保由保险公司（保险公司有 3000 多家，大多设有担保部）承担。保险公司和专门的担保公司都由财政部批准。专门的担保公司一般规模都不大，按资金实力实行分等级担保。

工程担保的主要类型有投标保函、履约保函、预付款保函、维修保函和进口物资免税保函等。

1. 投标保函

投标人在提交标书时，应通过银行向业主开具一份经济担保书，即投标保函（Bid Bond/ Guarantee）。它表明投标人有信用和诚意履行投标义务。其担保责任为：投标人在投标截止日以前投递的标书，有效期内不得撤回；投标人中标后，必须在收到中标通知后的规定时间内去签订合同；并在签约时提供履约保函。若投标人不能履行以上责任，业主有权没收投标保证金（一般为标价的2%～5%）作为损害赔偿。

投标保函的有效期限一般从投标截止日起到确定中标人止。若评标时间过长致使保函到期，业主可以通知投标人延长保函有效期，但投标人可以拒绝。投标保函在评标结束之后应退还给投标人，一般有两种情况：未中标的投标人可向业主索回投标保函，以便向银行办理注销或使押金解冻；中标的投标人在签订合同时，向业主提交履约保函，业主即退回其投标保函。

2. 履约保函

履约保函（Performance Bond/Guarantee）是承包商通过银行向业主开具的保证，在合同执行期间按合同规定履行其义务的经济担保书。保函金额一般为合同总额的10%。履约保证金随工程进度按比例退还。履约保函的担保责任主要是担保投标人中标后，将按照合同规定按时按质量履行其义务。若发生下列情况，业主有权凭履约保函向银行索取保证金作为赔偿：施工过程中，承包商中途毁约，或任意中断工程，或不按规定施工；承包商破产等。

履约保函的有效期限从提交履约保函起，到项目竣工并验收合格止。如果工程拖期，不论何种原因，承包商应与业主协商，并通知银行延长保函有效期，防止业主借故提款。当咨询工程师认为达到竣工条件，并向业主移交工程，由业主发给竣工证书，才算正式竣工。承包商必须抓紧工程款最终结算，主动索回预付款保函和履约保函，尽早索回保留金并及时开出维修保函。

3. 预付款保函

预付款保函（Advance Payment Guarantee）又称定金保函，是承包商通过银行向业主开具的担保承包商按合同规定偿还业主预付的工程款的经济担保书。担保人向业主开具预付款保函后，业主才能根据合同规定，按合同总价的10%～15%预付给承包人，以便中标人购买有关设备材料等。其责任主要是承包商应在规定的期限内偿还预付款。预付款保函的期限由双方共同商定。预付款一般逐月按工程进度从工程支付款中扣还，而预付款保函的金额将逐月地相应减少，开具保函时应注意写明。当承包商在规定的时间内还清预付款项后，业主就需退还预付款保函。

4. 维修保函

维修保函（Maintenance Guarantee）也叫作质量保函，是工程竣工后由承包商通过银行向业主开具的担保承包商对完工后的工程缺陷负责维修的经济担保书。金额一般为合同总额的2%～10%。维修保函的担保责任主要是承包商在竣工后一定时间内对工程缺陷进行修复。若在规定时间内业主发现工程质量问题，而承包商不履行修复责任时，或承包商无力维修时，业主可凭保函提款进行自行修复。维修保函退还的条件是：承包商在规定的维修期内完成了维修任务；该工程没有发生需要维修的缺陷，业主的工程师签发维修合格证书。

5. 进口物资免税保函

进口物资免税保函（Duty-free Guarantee）是承包商通过银行向工程所在国海关税收部门开具的、担保承包商在工程竣工后将临时进口物资运出工程所在国或照常纳税后永久留下使用的经济担保书。这种保函的金额一般为应缴税款的全部金额，适用于免税工程或施工机具、可临时免税进口工程。

进口物资免税保函担保承包商仅能将该物资用于特定的免税项目，不能将其用于其他工程或出租。保函有效期满前，承包商须将临时进口的施工机具设备运出项目所在国，或经有关部门批准，转移到另一免税工程，但须通过银行将保函有效期顺延，或在缴纳关税后在当地出租、出售或永久使用。保函有效期满时，若承包商从业主那里得到了进口物资已全部用于该免税工程的证明文件，则可退回保函。如有剩余材料，则需对剩余材料缴纳关税后，才可在当地出售。

保函条文中通常只规定索赔的时间期限及索赔的最高限额，一般不涉及索赔金额与承包商违约给业主造成损失之间的关系。有时，业主的损失并非保函担保金额的全部。合同中至少应明确：当承包商违约给业主造成的损失小于保函金额时，业主只能索赔保函金额中与自己损失相当的部分。一般来说，当保函项下可支付的最高限额已用尽时，该保函即告终止，无论保函是否已退回保证人。如果在业主索赔履约保函后，承包商的雇用并未被终止，合同仍在继续履行，那么承包商就应该补足保函的金额或提交新的履约保函；如果被索赔的保函的金额不足以弥补业主遭受的损失，那么业主可以就差额部分向承包商提出索赔。

5.3 国际工程的风险分担

5.3.1 风险分担的基本原则

工程项目的特点决定了风险贯穿于项目建设的整个过程中。有效地控制风险是项目建设顺利进行的保证。从国内外工程实施阶段的实践来看，工程项目本身风险的大小以及合同各方分担项目风险的机制关系到项目是否能够顺利进行。研究表明，高质量的工程项目风险管理的前提条件包括：明晰工程项目的目的、范围和功能，辨识相关风险；项目合同各方对自己承担的风险有清楚的认识；应有足够的能力和经验来管理风险；应有管理风险的激励措施。

如何在业主与承包商之间分担项目建设过程中的风险，是国际工程风险管理的一个重要因素。总体来讲，国际工程风险分担的总体指导思想是降低交易成本，更好地完成项目。展开来讲，对于工程项目风险在合同双方（在本书中特指业主和承包商）的分担，有以下基本原则：

1）一方应对其自身的恶意或不当行为引起的风险负责。该原则是关于"不规"行为造成的风险，显然此类风险应由责任方来承担。

2）如果由一方对某风险进行保险比较经济或者方便，该风险应由该方承担。该原则针对可转移的风险，主要指的是那些可以投保的风险。理论上讲，合同双方都可以去办理保险，但应让能够以较低保险费办理保险的一方去做。国际工程的保险费可能因具体的投保人以及保险市场区域而有所不同。

3）如果一方是管理好某项风险的最大受益者，则该风险应由该方承担。该原则体现的是责任和权利对等的思想。在复杂的工程环境中，有时很难简单地判断控制好一项风险对何方经济上更有利，则需要具体项目具体分析。

4）如果一方能更好地预见和控制该风险，则该风险应由该方承担。该原则体现的是"效率优先"思想。实践中，如果能更好地控制风险的一方不能享有控制风险的相应利益，则该方可能不愿意承担此风险。

5）如果某风险发生后，一方为直接受害者，则该风险应划分给该方。该原则体现的是，当人们的自身利益可能受到损害时，更能主动地采取措施去避免这种风险，从而提高管理效率。但如何去判定哪一方是潜在的直接受害人，则要在合同中条款中加以确定。

5.3.2 国际工程风险分担的理论

目前,国际上流行的工程项目风险分担的理论主要有三种:可预见风险分担理论、可管理风险分担理论和基于法律经济学的风险分担理论,其核心思想见表5-1。

表5-1 国际工程风险分担理论

风险分担理论	核心思想
可预见风险分担理论	承包商仅仅对一个有经验的承包商能够合理预见的风险承担责任
可管理风险分担理论	强调风险应分配至可管理该风险一方和风险分配应公平
基于法律经济学的风险分担理论	损失应当由超级(低成本)风险承担者的一方来承担

1. 可预见风险分担理论

在1996年4月巴黎举办的第三届建造风险国际大会上,会议主办方将可预见风险定义为:"如果某风险可以被一个有经验的承包商合理地预见,则该风险分配至该承包商是可以接受的,否则不能。"由此可见,该理论强调风险的可预见性。如果一个有经验的承包商能够合理预见某一风险,该风险则应由承包商承担;其他风险则由业主承担。

可预见风险分担理论分别赋予承包商和业主不同的权益。对于一个有经验的承包商,当他不能合理地预见风险的发生时,承包商有权要求延长工期并获得经济赔偿。当不可预见风险发生时,业主有权利终止协议。可预见风险分担理论下的风险分担见表5-2。

表5-2 可预见风险分担理论下的风险分担

风 险	有经验的承包商是否可合理预见	风险承担方
不可抗力	否	业主
极端天气	否	业主
恶劣地质条件	否	业主
设计错误	否	业主
法律变化	否	业主
拖延交付承包商设计图	否	业主
业主方的决定延误	否	业主
承包商延误提交索赔报告	是	承包商
现场安全	是	承包商
建筑材料质量	是	承包商

2. 可管理风险分担理论

可管理风险分担理论主要强调两点:一是风险应分配给能够管理该风险的一方;二是风险分配应公平。

公平的风险分担是将风险分配至能够最佳控制风险的一方。有效率的风险分担方法是将风险分配给承担风险成本最低的一方,从而减少风险承担直接费用。由于效率和公平的风险分担具有关联性,因此要根据具体工程项目的特点来进行平衡,减少全部项目的风险费用。

可预见风险分担思想和可管理风险分担思想的不同在于:前者是业主承担政治风险和不可抗力风险,而后者是承发包双方共同承担这两类风险。可管理风险分担理论下的风险分担见表5-3。

表 5-3　可管理风险分担理论下的风险分担

风　　险	承　担　方	理　　由
不可抗力	承包商承担费用，业主承担工期	承包商可以借助保险更好地抵御此类风险
恶劣天气	承包商承担费用，业主承担工期	量化定义恶劣天气，减少争议
预算的准确性	业主	获取高质量的设计文件和有效的估算
设计的准确性	业主	进行适宜的设计限制
技术规范含糊	业主	提供充分的设计文件
管理程序变动	业主	定义清楚有效的工作程序
汇率	共担	合同列明风险共担公式
劳动力可获得性	承包商	承包商对劳动力市场更熟悉
施工设备可获得性	承包商	承包商对设备市场更熟悉

3. 基于法律经济学的风险分担理论

芝加哥大学的波斯纳（R. A. Posner）和罗森菲尔德（A. M. Rosenfield）认为，损失应当由超级（低成本）风险承担者的当事人来承担。可根据三个相关要素判断损失超级承担者的当事人：①损失程度；②可能发生的概率；③自我保险或市场保险的成本。芝加哥学派的标准效率定义是卡尔多-希克斯（Kaldor-Hicks）效率："如果一项法律制度的改变导致获利方的获得超过损失方的损失，因而获利方能够理论上在赔偿损失方损失后仍能获利，创造理论上的帕累托最优，那么这项法律制度的改变就是有效率的。"

波斯纳和罗森菲尔德基于上述理念对风险分担的原则进行了研究，认为可以正确评价概率和大小的风险应该由最能控制风险的主体承担；不能控制和评价的风险，应由具有承担能力的或者可以得到保险的主体承担。

为了更具体、更深入地理解国际工程风险的分担问题，本节分别从不同的项目管理模式和不同的支付方式两个维度展开讨论。

5.3.3　各类项目管理模式下的风险分担

工程项目的实施首先要确定项目管理模式。不同项目管理模式下的风险分担差别很大。承包商必须要熟悉和了解各类项目管理模式，才能在建筑市场中处于主动，同时也有助于其选择合适的分包模式。国际上，各个国家、各个国际组织、学会、协会以及专家学者对工程项目的管理模式分类不尽相同。本书从工程项目的合同关系与组织管理关系的角度，列出了五种模式，即传统模式、DB、EPC、DBO 和 PPP。需要说明的是，不同的组织和学者对各个模式的定义和内涵以及模式间的区别有不同的认识，目前尚无定论。本书列出的风险分担方式，仅指一般意义上的，具体项目的风险分担还要看其合同规定。

1. 传统模式

传统的项目管理模式即 DBB 模式。项目的设计、招标投标和施工之间按时间的先后顺序组织，没有工作之间的搭接。设计工作与施工工作分别由设计单位和承包商两个不同的主体承担，是相互独立分离的。咨询工程师负责对工程施工进行监督管理，确保设计方案得以正确实施，工程质量达到要求的标准。这种项目管理模式在国际上最为通用，世界银行、亚洲开发银行贷款项目和采用 FIDIC 施工合同条件（红皮书）的项目均采用这种模式。

采用传统模式时，由设计单位承担设计风险，承包商承担施工风险，业主承担工程范围、工程量的变更风险。由于设计方和施工方分离，容易出现的问题有：①可建造性风险：工程施工过程中，由于设计失误或设计配合等问题，设计方和施工方易发生争端，影响施工的正常进行；②出现质量事故时，设计方与施工方风险责任不易分清，容易造成推诿责任的现象。

传统模式下，业主方承担的风险可能包括：资金不到位；未做好开工前有关准备工作；招标文件拟定得不好；业主方管理水平低，监理工程师不称职；业主和监理引起的工期、投资和质量达不到要求；设计变更频繁；承包商水平低，不能保证工期和质量；业主方供应设备和材料导致的风险；承包商、供货商索赔；通货膨胀；不可抗力。承包商承担的风险可能包括：投标时未进行风险分析；投标时报价过低；内部管理水平低；业主资金未到位，支付能力差；监理工程师拖延和苛责；分包商的风险包括：拖期、质量、索赔等风险；供货商导致风险：设备材料供应不及时、不合格、缺配件等风险；通货膨胀风险；没收保函风险；带资承包风险；技术风险：技术规范、水文、气象、地质风险等。

2. DB

DB 模式，也称为工程总承包模式。承包商按照合同约定，承担工程项目的设计和施工，并对承包工程的质量、安全、工期、造价全面负责。与 DBB 模式相比，承包商对整个工程承担大部分责任和风险，DB 模式多被用于房屋建筑和大中型土木、机械、电力等项目中。FIDIC 生产设备和设计施工合同条件（黄皮书）即是适合此类项目的合同范本。

DB 模式下业主方的风险可能包括：专业咨询公司对项目前期的可行性研究不深入，立项不明确；工程师（或业主代表）不称职；业主不能自如地控制设计；报价可能较高；通货膨胀；不可抗力。

承包商的主要风险可能包括：业主资金不到位；投标报价过低；总承包商的管理能力差；设计风险，如错误、返工、变更等；承包商的设计单位和施工单位不协调；工程师（或业主代表）拖延或刁难；供应商风险：不及时、不合格、索赔等；施工中的技术风险等。

3. EPC

近些年来，许多业主需要一种固定最终价格和固定竣工日期的合同条件，愿意为此支付更多，有时甚至相当多的费用，EPC 模式应运而生。业主将设计、采购、施工整合交予同一家承包商或多家承包商组成的联合体，业主很少参与其中的管理。这种模式下业主责任唯一，承包商承担绝大多数风险。EPC 和 DB 从项目类型上说，本质上是一类的。FIDIC 的 EPC 合同条件（设计-采购-施工/交钥匙工程合同条件，银皮书）主要面向 PPP 项目。

DBB 是一个双方风险平衡的合同，而 EPC 是一个由承包商承担大部分风险的合同。因为 EPC 承包商要承担比传统模式大得多的风险，承包商应采取最谨慎的态度签订合同。承包商签订固定合同价格之前，要求业主给他时间和机会，使他能够得到和研究所有有关资料。他需要在合同前进行大量谈判，也就需要采用与此理念相适应的采购方法，因此业主通常采用邀请招标或议标选择合格的承包商，要求其有 EPC 项目经验和一定声誉，且承包商必须证明他的工程设备和装备的可靠性和性能。

FIDIC 合同范本中 EPC 模式下，由业主代表对项目进行较宏观的管理，不再设置工程师。业主应给予承包商按他选择的方式进行工作的自由，只要最终结果能够满足业主规定的功能标准即可。业主对承包商的工作只进行有限的控制，一般不应干预。但承包商应对"竣工验收"给予特别注意。因为这些检验经常在相当长的期间内进行，而只有在这些检验成功完成后，工程才能被业主所接受。

EPC 模式下，承包商除了承担 DB 模式下的风险外，还承担了采购风险和许多承包商不能合理预见的风险，如地质风险。采购是工程项目中很关键、很重要的一部分，如果项目周期较长，采购风险更大，则原材料、设施设备价格波动都是采购面临的风险，而 EPC 是总价包干项目，一般不允许调价，通货膨胀风险主要由承包商承担，业主一般只承担要求变更及范围变更的风险。在 EPC 合同条件中还规定，承包商不但对自己的设计负责，也要对"业主要求"中的某些错误负责。

4. DBO

DBO 模式是指承包商设计和建造一个公共设施或基础设施项目，并负责项目运营和维修保养，满足工程使用期间公共部门的运营要求。在合同期届满后，资产所有权移交回公共部门。许多发达国家的污水处理、供水工程、海水淡化等多个领域的项目均采用 DBO 模式。FIDIC 于 2008 年推出设计-建造-运营合同条件（金皮书）作为此类项目的合同范本。与其他承包模式相比，DBO 模式将项目建设阶段与运营阶段归入一份合同，授予一个承包商，大大减少了业主对竣工移交和质量保证期的管理工作，但也对承包商的能力提出了更高的要求。

采用 DBO 模式，由公共部门进行项目融资，承担融资风险，承包商承担设计、建设、运营及其之间的协调风险。

5. PPP

PPP 是公共部门与社会投资者（私人企业、营利性企业、非公共企业及外资）以某个项目为基础而形成的相互合作关系的模式。通过这种合作模式，合作各方可以得到比各自单独行动更有利的结果。合作各方参与某个项目时，政府并不是把项目责任全部转移给社会投资者，而是由参与合作的各方共同承担责任和融资风险。

PPP 项目方式的主要参与者涉及政府、特殊目的公司（SPV）、金融机构、咨询公司、工程承包公司、原材料供应商、用户等。其中，政府和 SPV 为最主要的项目双方，同时，他们也承担了 PPP 项目的大部分风险。

1）工程是否按时、按预定成本完工的风险。该风险一般都通过有固定完工时间、固定工程成本的交钥匙合同由承包商承担。合同中要注明违约赔偿和履约保证金。违约赔偿条款规定承包商在工期推迟或工程未达要求时，具体应偿付的金额。承包商在承担此项风险的同时，会要求提高一定的价格。SPV 及股份投资者承担因非承包商责任引起的项目逾期和超支的风险。

2）经营运行的风险。该风险是指项目是否按标准运行的风险。一般通过工程承包商、设备供应商和保养合同中的项目运行担保来承担。项目公司间接承担此风险。

3）现金流出量风险。该风险是指由于种种原因项目的现金流出量时高时低造成的风险。这一风险通过建立独立账户、优先支付项目债务利息来承担。政府在项目建设期间，提供附属贷款，保证偿还债务利息。项目进入经营阶段盈利后，商业银行则提供无追索权贷款。

4）通货膨胀和外汇风险。股份投资者和债权人认为，这项风险应由政府承担。政府可在长期购买合同中，根据当地通货膨胀指数，随时调整购买项目服务的价格，并保证外汇兑换自由、合理的兑换率和足够的外汇数量。

PPP 项目可对厂房、设备投灾害保险、第三方债务责任保险、工人赔偿保险和其他商业保险。美国进出口银行和美国海外私人投资公司（OPIC）也提供一定限度的商业担保。

5.3.4 不同支付方式下的风险分担

支付方式一般与设计的深度有关。如果设计只进行到概念设计阶段，可采用成本补偿合同方式进行招标和实施；如果设计进行到初步设计阶段，则可采用单价合同；如果设计进行到详细设计阶段，则可采用总价合同或者单价合同。由于工作范围的确定程度不同，不同支付方式下业主与承包商承担的风险也不一样。

1. 总价合同

顾名思义，总价合同就是约定了总价格的包干合同。这类合同一般要求业主提供详细的施工图，投标人根据设计施工图和招标文件要求进行报价，签署工程合同以前就需要确定合同总价，约束承包商以该价格完成合同规定的所有项目。总价合同一般分为固定总价合同、调价总价合同、固定工程量总价合同、附费率表总价合同、管理费总价合同以及目标合同等。

总价合同中，业主承担的风险较少，承包商承担了大量的风险。业主在很多项目上采用这种合同形式。总价合同主要适用于工程量小、工艺技术简单、工期也不太长的项目，也大量应用于 EPC 项目中。

总价合同下风险及其分担如下：

（1）工作内容的风险

在合同规定的该项工作的工作内容方面，业主承担需求和条件、工作范围和内容方面的准确性风险，风险较小；承包商则需要完成合同规定范围与要求下的全部工作，除非设计有重大变更，一般不允许调整合同价格，索赔机会很小，需要承担的风险很大。

（2）工程量的风险

在总价合同下，对于某项工作的工程量，在业主没有提出工程变更以及工程合同文件所规定的工程条件与实际条件相符时，业主基本上没有风险。

在固定总价合同、调价总价合同、固定工程量总价合同中，风险分配也有较大的差异。对于承包商而言，在固定总价合同下，工程量变化的风险主要由承包商承担，并且承包商不能索赔由于材料价格变化产生的费用超支，所以风险最大；而在调价总价合同下，承包商可以得到材料价格变化时费用超支的补偿，风险相对较小；在固定工程量总价合同下，允许根据工程内容变更和/或者材料价格变化对合同价格进行调整，风险相对最小。对业主而言，这三种价格合同类型中，风险逐渐增加。

2. 单价合同

单价合同通常是指固定单价合同，也可以叫作工程量清单合同。其主要特征是合同双方以工程量清单确定工作内容的单价，然后以工程单价为支付依据，根据实际工作量大小来确定最终总价。

单价合同适用于工期较紧、工程项目的内容和设计指标不十分确定、没有详细的施工图或工程量可能出入较大的项目。单价合同中，风险得到较合理的分摊。业主的风险主要在于工程量的不确定性，承包商则承担所报单价的变动风险。

在单价合同中，承包商工程内容方面的风险更小，业主承担了其所提供资料的准确性、正确性和充分性的风险。

与总价合同相似，承包商在单价合同中承担该项工作的工作内容的风险主要来自不可补偿的施工条件的变化、对招标文件理解错误、工作计划漏项等方面，而风险与总价合同相比更小。

承包商工程量方面的风险可能出现在以下两种情况：①业主可能在工程合同中规定，即使某项工作的工程量有很大变化，该项工作的单价也不予调整；②业主还可能在工程合同中规定，承包商根据技术规范、设计文件或其他招标文件计算得出的工程量与工程量清单中的工程量清单不一致时，风险由承包商承担。

承包商应仔细审核招标文件的内容，防止业主规避工程量风险的特殊规定。工程单价的风险通常有承包商承担。为了在投标时能够中标，并在工程实施中获得更多的收入，承包商在单价合同下常用的报价策略就是不平衡报价法。由于工程量清单作为合同文件的一部分，除非发生单价调整的条件，所报的单价在工程实施过程中一般是不予调整的。

3. 成本加酬金合同

成本加酬金合同也叫作成本补偿合同。业主除了支付承包商实际工程成本外，还需按约定的方式支付额外的酬金作为项目管理费和利润。这类合同也分为几种不同类型：成本加固定费用合同、成本加固定比例费用合同、成本加约定奖金合同、成本加约定保证最大酬金合同、最大成本加费用合同、操作工时及材料补偿合同。

在成本加酬金合同中，业主承担了大部分的成本超支风险，承包商承担的风险很小，也没有控制成本的积极性，风险分配不够合理。在适用成本加酬金合同的项目中，业主一般不能提供详细的工程施工图，或很难提供工程施工图。所以双方在签订工程合同时，没有具体、充分地描述和定义工程的内容、标准和要求，承包商在具体工作内容还不确定的情况下，签订合同并进行施工建设。与其他合同类型相比，业主应用成本加酬金合同的风险也比较大。

在成本加酬金合同的以下三种形式中，业主和承包商承担的风险差别较大：①对于成本加固定费用合同而言，承包商获得的支付除了实际发生的成本以外，还有固定的费用补偿作为利润补偿，承包商承担的风险很小。②而对于成本加固定比例费用合同，承包商成本越大，获得的固定比例的费用补偿越大，承包商赚取的利润越多，风险相对最小；反之，业主风险相对最大。③在成本加约定奖金合同中，业主通过设定不同比例的费用补偿以促使承包商控制项目成本，承包商的风险相对最大，反之业主风险相对最小。

不同支付方式对比见表5-4。

表5-4　不同支付方式对比

	总价合同		单价合同		成本加酬金合同
	固定总价合同	调价总价合同	固定单价合同	调价单价合同	
含义	承包商的报价以业主详细的设计图及计算为基础，并考虑到一些费用的上升因素，如设计图及工程要求不变动则总价固定。但当施工图或工程质量要求有变更，或工期要求提前，则总价也应改变	按招标文件的要求及当时的物价计算总价合同。在执行合同中由于通货膨胀引起工料成本增加达到某一限度时，合同总价应相应调整	固定单价合同是指双方在合同中约定综合单价包含的风险范围和风险费用的计算方法，在约定的风险范围内综合单价不再调整。风险范围以外的综合单价调整方法，应当在合同中约定	调价单价合同指在合同中签订的单价，根据合同约定的条款可做调值。可调价格包括可调综合单价和措施费等	合同中一般无合同价款，也没有工程量清单

(续)

	总价合同		单价合同		成本加酬金合同
	固定总价合同	调价总价合同	固定单价合同	调价单价合同	
适用条件	（1）招标时的设计深度已达到施工图设计要求，合同履行过程中不会出现较大的设计变更。 （2）工程量小、工期短，在工程过程中环境因素（特别是物价）变化小。 （3）工程投标期相对宽裕，承包商可以详细调查、复核工作量，拟订计划	适用于工程内容和技术经济指标规定很明确、工期在一年以内的工程项目	它适用范围比较广，特别适合于工程性质比较清楚（如已经具备初步设计图等）、但工程量计算并不能十分准确的项目	适用于施工图不全、工期长的工程项目	广泛适用于工作范围很难确定的工程和在设计完成之前就开始施工的工程
风险分担	除非合同变更，业主基本不承担风险	业主增加了物价上涨到一定幅度的风险	业主承担了工程量变化的风险，承包商承担单价变化的风险	业主增加了物价上涨到一定幅度的风险	业主承担全部风险

5.4 国际工程保险

5.4.1 国际工程保险概述

1. 国际工程保险的概念

国际工程保险是指从事国际工程的投保人通过与保险人签订工程保险合同，投保人支付保险金，在保险期内一旦发生自然灾害、意外事故或人为原因造成财产损失、人身伤亡、第三者责任造成损失时，由保险人按照工程保险合同约定承担保险赔付责任的商业行为。保险是风险转移的主要手段。国际承包商可以通过保险，以很小的代价换取很大的安全。

2. 国际工程保险的作用

保险是一种风险分摊的社会机制。由于国际工程周期很长，遇到的各种复杂情况往往是难以完全预测和防范的。特别是一些大型工程，有些灾害和重大事故会给业主和承包人带来灾难性的、无法补救的经济损失。通过引入保险，可以均衡工程建设各参与方的利益，保障工程项目的顺利实施，获得必要的社会支持。一旦出现重大风险损失，也可以通过保险公司或再保险公司将损失化解，减少对社会或某一个体的冲击，从而形成有序的风险补偿和保障机制。

保险的最主要作用是被保险人的意外损失可以得到补偿。保险还可以减少不确定性。被保险人通过购买保险，将风险转移给保险人，自身的不确定性得以消除。基于大数定律，保险人可以对期望损失做出准确的判断，并采取各种防范和应急措施，其不确定性也得以降低。

保险可以减少工程风险的发生。保险公司作为具有商业性质的承保人，除承担保险费责任范围内的赔偿责任外，还会从自身利益出发，利用多年积累的工程赔付经验，为被保险人提供工程风险识别、灾害的预防、损失评定等风险控制建议和预防措施，尽量减少风险的发生和降低损失，从而达到保险公司、投标人和被保险人共赢的局面。

保险对业主和承包商都有利。国际工程承包合同通常都强制要求办理各种保险，例如工程保险、第三方责任险、工人工伤事故险等。这种强制性的要求可以保障业主的利益，同时对承包商也是有利的。承包商可以将保险金计入投标报价和合同价格之中。

3. 工程保险的原则

保险是一种契约行为，订立合同的双方对合同各负有一定的义务，享有一定的权利。保险合同的签订和实施必须遵守下述原则：

（1）诚实信用原则

诚实信用（Good Faith）是双方必须遵守的一项基本原则。在订立保险合同以及在合同的有效期内，合同当事人必须向对方提供影响对方做出签约或履约决定的全部实质性重要事实，同时绝对信守合同订立时的约定与承诺。否则受到损失的一方可以此为由宣布合同无效或不履行合同的约定义务或责任，甚至对因此而受到的损失还可以要求对方予以赔偿。

（2）可保利益原则

可保利益（Insurable Interest）原则也称保险利益原则，是指投保人必须对保险标的具有可保利益，否则所签订的保险合同无效。可保利益指的是投保人对投保标的物具有一定的经济利益、经济权益或责任关系，投保标的一旦发生保险事故会给投保人带来经济上的损失。可保利益的产生和存在不外乎是基于所有权、占有权或者合同规定所产生的利益。订立保险合同时投保人以不具有可保利益的标的投保，保险人可单方面宣布合同无效。保险标的发生保险责任事故，投保人不得因保险而获得不属于保险利益范围内的额外利益。

（3）损害赔偿原则

损害赔偿（Compensation）原则是指当保险标的在保险期限内发生保险责任范围内的损失时，被保险人向保险人索要赔偿和申请保险金，保险人应当履行保险合同所约定的保险赔偿义务。被保险人或受益人获得的补偿不能超过实际损失或约定的保险金额。

（4）权益转让原则

权益转让（Subrogation）原则是指被保险人取得补偿后，将其原应享有的向他人索赔的权益转让给保险人。保险人取得该项权益，可以向责任方追偿。

（5）近因原则

近因（Proximate Cause）原则是处理保险赔偿时决定保险人是否承担保险赔偿与保险金给付责任的重要原则。近因是指引起保险标的损失的直接的、起决定性作用的原因。保险赔偿与保险金给付的条件是，造成保险标的损害后果的近因必须是保险责任事故。

5.4.2 常见的国际工程保险

国际上，工程保险的范围很广泛，包含各种各样的建筑/结构安装、机器、设备、材料损坏险以及第三者责任险等。不同国家和地区以及不同的保险机构对于工程保险的范畴略有不同。常见的国际工程保险包括：建筑工程一切险、安装工程一切险、第三者责任险、机器损坏险、雇主责任险、货物运输险、十年责任险/两年责任险和职业责任险等。

各保险公司会针对自己承保的险种编制相应的保险条款。总体来讲，不同保险公司的同一险种，其保险条款大体相同。我国政府支持和鼓励承包商优先选择我国保险公司的服务。我国的中国人民财产保险股份有限公司和阳光财产保险股份有限公司等均提供国际工程保险服务，具体的条款，读者可以到相关企业网站查阅。

一般来说，建筑工程一切险和安装工程一切险以及机器损坏险可以作为工程保险的主要险种，第三者责任险则作为建筑/安装工程一切险的附加险；而雇主责任险则是对雇员所遭受的人身伤亡进行赔偿。

1. 建筑工程一切险和安装工程一切险

建筑和安装工程保险属于财产保险中的重要险种。随着各国经济建设的发展，工程造价和机械设备价值也日趋升高，国际工程各方所面临的作业过程中的风险也随之增加。因而投保工程保险已成为相关利益方的自觉行为，工程保险也日趋普遍。

建筑工程一切险和安装工程一切险有着十分密切的关系，两者都属综合保险性质，集财产险和责任险为一体。两者都承担各种自然灾害、意外事故以及外来原因和人为过失所造成的损失，两者都内含有一定的工程技术，都是对动态作业中的可保风险做事先转嫁。

建筑工程一切险主要适用于土木工程和钢筋混凝土建设工程，施工建造中，工程本身或建筑机械设备及材料的意外毁损或灭失，以及对第三者人身伤害和财产损害所应承担的赔偿责任由保险人承担。安装工程一切险以承保各种钢结构、各类机械设备在安装过程中的意外毁损，以及因施工致第三者伤亡或财物损害的法定责任为主要内容。由于两种保险按顺序相连，国际上有些国家的保险公司以同一张保单承保两种险。凡是在建的厂房、商场、旅馆酒店、医院、学校、办公大楼、民居公寓、码头桥梁以及大型建设项目都离不开这两种保险。

按国际惯例，建筑工程一切险和安装工程一切险的被保险人可以由多个有关利益方充当。建筑工程项目所有人，包括承包商，分包商，参与工程设计、咨询或监督的技术顾问以及提供资金的金融机构都可以作为建筑工程一切险的被保险人。安装工程中负责提供机械设备的制造商或供应商、负责机械安装的承包商，新建工厂以及机械安装后的业主以及相关的技术顾问等都可根据自身承担的风险向保险公司投保。一般由承担工程主要风险责任的一方出面投保，即由承包商或业主进行投保。

国际上对建筑工程一切险和安装工程一切险的承保都采用谨慎、细致的态度，针对各项工程的具体情况做详尽的评估和鉴定。因此，这两个险种都没有固定费率表，而是根据承保工程的责任范围、工程本身的危险程度、承包商以及设计者的信誉和经验、施工现场的环境、安全防护措施和管理水平、施工季节和施工方法、以往同类项目的损失统计资料以及免赔额等因素，酌情制定费率。建筑工程一切险和安装工程一切险的免赔额，一般是分别对自然灾害和人为过失导致的损失做出规定的。国际上采用绝对免赔额的情况较多，绝对免赔额的确定意味着每次保险事故发生的损失赔付，被保险人都必须自己承担规定的免赔部分，超出部分才由保险公司负责赔偿。所有的被保险人可以采用一张保险单进行保险，但是各方接受损失赔偿的权利将以不超过其对保险标的的可保利益为限。

一般来说，工程保险费的费率是在综合考虑诸多因素的基础上，最终分类确定的。有的国家对在无特种巨灾风险区域内，施工期限不超过一年半（不含保证期）、工程造价在1500万美元以下、楼高不超过20层且免赔额规定为2500美元的项目，对其费率做如下分类：住宅大楼为1.4‰~1.8‰；商场办公大楼为1.7‰~2.2‰；综合性大楼为1.6‰~2.2‰；旅馆、医院、学校大楼为2.1‰~2.8‰；若项目超出上述规定条件，酌情增加费率。建筑性质为仓库、普通厂房的，则费率为2.4‰~2.8‰；道路工程为2.6‰~3.0‰；码头为3.0‰~5.5‰；水坝、隧道、桥梁、管道工程为3.2‰~4.5‰。建筑用的机器设备，其年度保险费费率也是分类确定的；易发生事故的起重机、升降机、传送设备的费率为9‰～14‰；各类挖掘机、推土机、压路机、铲车、特种车辆的费率为8‰～10‰；其他各类施工机具的费率为6‰～8‰。

安装工程一切险的费率是按行业、以工期为单位、在试车期不超过三个月的条件下，根据行业特点以及工程复杂程度确定的。有的国家将机械工业安装工程一切险的费率定为2.6‰～3‰；电子电器工业为2.8‰～3.5‰；石油化学工业为3.4‰～4.5‰；钢结构桥梁为3.5‰～4.5‰；10万kW以下的水电站、热电站分别定为3.6‰～4.5‰和3.8‰～5.5‰。

第三者责任险分别就整个保险期限有无规定累计总赔款限额以及每次事故赔偿限额的高低情况来考虑费率。人身伤亡和财产损失要分别确定限额，每次事故如有人身伤亡总赔偿限额与累计总赔偿限额的，确定费率时都应考虑。

建筑工程一切险和安装工程一切险一般都含有复杂的技术因素，而且承保的范围又十分广泛，因而国际保险界都注重对除外责任内容的概括。二者的除外责任大致相同，一般分为两类：一类为一般除外责任，其内容与其他险种有共同之处，适用于工程损失险和第三者责任险；另一类为特定除外责任，有很强的针对性。

工程本身的保险额应与工程物的价值相同。有的保险公司会要求被保险者定时（如按月）报告工程的建设速度和进度。随着建设的不断进行，被保险物的价值加大，保险费的支付应按报告的实际价值为准。

2. 机器损坏险

该险种在经济发达国家已很普遍，承保的对象为各类机器设备，包括动力机械、控制设备、生产机械、施工机械、锅炉和传送起重设备等。机器损坏险与一般财产保险互为补充，责任范围为被保险人所要求保障的各类机器设备，因人为过失或不可预料的故障（不包括战争）而导致的损失、抢修费用以及相关的财产、人身伤害赔偿责任和法律费用。人为过失包括设计错误、材料缺陷、铸造工艺不良或安装欠妥、操作失误、经验不足、疏忽以及非被保险人的恶意行为。此外，该险种还可以包括电器短路、超电压、绝缘不良以及非因化学反应造成的爆炸损失。

机器损坏险的专业技术要求特别强。国际上，许多国家都只有少数保险公司能承担此类风险责任。在实践中，有的国家将机器设备的定期检查与此种保险结合于一体，并将检查费计入保险费中，使防灾防损、安全防范与损失补偿制度有机结合，使专业技术指导更为有效。

机器损坏险的实务操作较为复杂，被保险机器都需附有详细表，列清各类机器的项目、数量、制造年份、制造商名称、容量、速度、负荷、输出功率以及电器设备的电压、电流量，蒸气设备需说明燃料、压力和温度。确定保险金额时，需分类说明当前同种容量或能量的新材料机器的重置价值，包括变压器、配电板、油费、运费、关税、转动费、安装费以及各种机座价值。同时还需说明投保标的最近三年的运转状况，是否受到损坏以及修理情况，标的是否容易遭受任何特殊危险。

机器损坏险的费率测算也较为复杂。按国际惯例，需针对每一项目的特性、用途、制造商的信誉以及以往出险的统计资料、制造年份、使用状况、重置价格等综合考虑，如属于季节性使用或储备使用的机器或定有免赔额的，费率可予以折扣；如附加间接损失责任的，要加收保险费。美国采用标的费率方式，因各类标的而异，设有数以百计的标的费率表。每个标的费率是以5万美元为每次保险事故的限额责任，超过此限额的需以超限额系数计收保险费。

国际上对于机器损坏险的赔偿是按实际损失支付现金或承担修复费用的。修复费用一般包括损坏机器的拆除费用、重装费用、运费和税款。如修理需置换零部件的，可不扣除折旧，但任何对机器进行改造、变更或彻底检修所支付的费用，保险人不予负责。赔偿总原则是对每一件机器的赔偿金额不得超过保险单列明的有关项目的保险金额，全部赔偿总额也不得超过保险单内定明的总保险金额。被保险机器如全部被损毁，保险人赔偿受损机器的保险金额需扣除残值，即使保险金额高于实际价值，也只能按实际价值赔付。

机器损坏险的第三者责任险需另外加保，其责任只限于意外责任事故所导致的被保险人照管或控制下的他人财产损失和不属于雇主责任范围的他人人身伤害。

3. 雇主责任险

承包商作为雇主为其雇员投保，使劳动者伤害的给付有所保障，不因雇主破产或停业而受影响。雇主责任险在工程保险中占据重要的位置，它是责任保险中最早进入法制实施时代的险种。

自20世纪60年代以来，投保雇主责任险已成为许多国家的雇主必需履行的法定义务。雇主责任险在工业化国家很发达，在部分发展中国家也很有市场。由于各国和地区法律制度的不同，雇主责任险的具体实施方式也各不相同。有的国家，如英国将雇主责任分为绝对责任和过失责任；前者为劳工险的保险对象，受劳工法规范，带有社会保障性质；后者作为雇主责任保险对象受雇主责任法规范。日本由政府机构办理强制的劳工保险，商业保险公司办理补充的自愿雇主责任保险。我国香港将劳工保险与雇主责任险合并，统一强制实施。

在雇主责任险中，雇主是投保人，雇员是被保险人。雇主责任险的保险期限通常为一年。最高赔偿额是以雇员若干个月的工资收入作为计算依据，并视伤害程度而具体确定的。雇主责任险的保险费费率按不同行业工种、不同工作性质分别订立。

多数国家实行的雇主责任险具有下列特点：①雇主必须投保，不因雇主停产或破产受到影响；②雇员伤害赔偿不以雇主有无过失作为必要前提；③伤害赔偿并不是基于实际损失，而是基于实际需要；④采取定期支付形式取代一次性抚恤金赔付的形式；⑤雇主可将赔付费用作为一种生产成本加以处理。

4. 货物运输险

承包商购买的机具和各种材料如果从工程所在国以外进口，材料和设备商往往报离岸价（FOB价）或成本加运费，在海运、空运和陆运工程中应当另投保运输险。通常卖方不承担运输风险责任，如果买主要求，他也可以代买主投保运输险，并将保险费计入其货物报价中。货物运输险分为海上、陆上、航空三种，保险条款大致相同。保险金额为货物到岸价格的110%，保险费费率视不同的运输方式、货物特性、运距、险别等不同因素而定。

各种运输险一般都有平安险和一切险等。运输一切险包括平安险和其他外来原因所致的损失保险，而平安险一般承保在运输过程中各种自然灾害造成的货物损失或损坏，运输工具遭受各种事故（货轮的触礁、沉没、碰撞、失火等，空运的坠毁、失火、爆炸等，陆运的碰撞、翻车、失火等）造成的损坏或灭失，以及失落、丢失等造成的损失。但是，保险公司对于装运前（运输保险责任开始之前）货物已存在的品质不良和数量短缺及货物的自然损耗、特性改变等损失不承担责任。

如果运输工具通过战争地区，除非另投战争险，承保运输一切险的保险公司不负责赔偿战争引起的损害和灭失。

5. 十年（两年）责任险

此险种在法语国家较为普遍，为承包商或分包商的一项强制性义务。法律要求在工程验收以前投保，否则不予验收，使业主的权利在较长的时间得到保障。

这一险种主要是基于建筑工程的生命周期长而承包公司的流动性强这一特点而设立的。因为承包商一旦完成工程，即撤离现场甚至离开工程所在国，而建筑工程的许多缺陷或隐患并不会都在为期一年的保修期内发生。如果工程隐患发生时承包商已离境，业主就无法为修复隐患而得到补偿。十年责任险或两年责任险可为业主提供这种保障。承包商应对其承建的建筑物的主体部分自最后验收之日起的十年或两年之内出现的因建筑缺陷和隐患而造成的损失负赔偿责任。这种赔偿责任只能由受理该种保险的保险公司来履行。在这种保险业务中，承包商是投保人，而业主或工程所有人为被保险人。

6. 职业责任险

职业责任险承保各种专业技术人员因工作疏忽或过失造成的第三者损害的赔偿责任保险。在国际上，建筑师、各种专业工程师、咨询工程师等专业人士均要购买职业责任险，由于设计错误、工作疏忽、监督失误等原因给业主或承包商造成的损失，保险公司将负责赔偿。职业责任险只负责承担相应的经济赔偿责任，不负责由此产生的其他法律责任。

根据投保人不同，职业责任险可以分为法人职业责任险和自然人职业责任险两大类。前者的投保人是具有法人资格的单位组织，以在投保单位中工作的个人为保险对象；后者的投保人是作为个体的自然人，保险对象是自己的职业责任风险。

职业责任险费率的确定应考虑下列因素：职业种类、工作场所、单位性质、业务数量、技术水平、职业素质、历史记录、赔偿限额以及免赔额等。

5.4.3 工程保险实务

1. 投保决策

投保决策主要内容包括是否投保和选择保险人。建设工程的风险可以自留也可以转移。在进行风险决策时，需要考虑期望损失与风险概率、机会成本、费用等因素。例如：期望损失与风险发生的概率高，则尽量避免风险自留；如果机会成本高，则可以考虑风险自留。当决定将建设工程的风险进行转移后，还需要决策是否投保。

在进行选择保险人的决策时，一般至少应当考虑安全、服务、成本这三项内容。安全是指保险人在需要履行承诺时的赔付能力。保险人的安全性取决于保险人的信誉、承保业务的大小、盈利能力、再保险机制等。保险人的服务也是一项必须考虑到的因素。在工程保险中，好的服务能够减少损失和公平合理地得到索赔。投保成本也是投保决策应该考虑的问题。决定保险成本最主要的因素是保险费费率，同时也要注意资金的时间价值。进行投保决策就是要选择安全性高、服务质量好、保险成本低的保险人。

2. 保险合同

工程保险合同是工程保险的核心。合同条款的约定将会影响投保人的保费费率、出险时的赔偿以及保险公司的免责事宜，与工程承包合同有着密切的关联。

保险合同的表现形式主要有：

1) 投保单。投保单又称要保单或投保申请书。投保人填写投保单，经与保险人商定交付保费的方法，并获得保险人确认承保的，保险合同即告成立。在保险期内出险时，保险人不得以未出具正式保险单为拒赔的抗辩理由。

2) 保险单。保险单即保单，是保险合同双方签订正式保险合同的书面凭证，是投保人或被保险人的索赔凭证。

3）保险凭证。保险凭证也称小保单，是证明保险人已经签发保险单、保险合同成立的凭证。

4）暂保单。暂保单是保险人签发正式保险凭证前出立给投保人或被保险人的一种临时性保险凭证，与保险单具有同等法律效力。

5）批单。批单即保险双方当事人对原保险合同做任何修改和补充时，由保险人出立的凭证，其法律效力优先于保险合同。

3. 保险义务的履行

工程保险合同约定了双方的权利和义务，权利获得的前提是履行相应的义务。投保人（或被保险人）应该根据工程保险合同的有关规定，履行应尽的义务。

保险合同订立后，当事双方必须严格、全面地按保险合同订明的条款履行各自的义务。在订立保险合同前，当事人双方均应履行告知义务。即保险人应将办理保险的有关事项告知投保人；投保人应当按照保险人的要求，将主要危险情况告知保险人。

在保险合同订立后，投保人应按照约定期限，交纳保险费，遵守有关消防、安全、生产操作和劳动保护方面的法规及规定。保险人可以对被保险财产的安全情况进行检查，如发现不安全因素，应及时向投保人提出清除不安全因素的建议。

在保险事故发生后，投保人有责任采取一切措施，避免扩大损失，并将保险事故发生的情况及时通知保险人。保险人对保险事故所造成的保险标的损失或者引起的责任，应当按照保险合同的规定履行赔偿或给付责任。对于损坏的保险标的，保险人可以选择赔偿或者修理。如果选择赔偿，保险事故发生后，保险人已支付了全部保险金额，并且保险金额等于保险价值的，受损保险标的的全部权利归于保险人；保险金额低于保险价值的，保险人取得保险标的的部分权利。

4. 保险合同的变更

工程保险合同的变更是指在保险合同的存续期间，其主体、内容及效力的改变。变更保险合同的，应当由保险人在原保险单或者其他保险凭证上批注或者附贴批单，或者由投保人和保险人订立变更的书面协议。工程保险合同中最为频繁的变更体现在合同内容和效力的变更上，由于在建工程具备的不确定性因素较多，如保险金额、保险期限、保险效力等，因而工程保险中往往采用批单的形式对合同变更进行确认。

5. 主保额、保险期限和保险效力管理

（1）主保额管理

在建设过程中，保险财产的实际价值是在不断增加的，在工程完工或工程建设合同终止时，在险财产价值达到最大。由于工程保险的保险期限一般较长，在工程的建设过程中工程的造价可能由于建筑安装材料市场价格的变化产生较大的变化，因此在工程保险中必须注意在保险合同执行的全过程中对主保额进行动态的管理，防止保额不足可能对被保险人产生不利影响。在保险期限内，被保险人应随时报告工程进展，当工程造价超出原保险工程造价时，被保险人必须主动、尽快以书面通知保险公司。被保险人在保险期限内对相应的工程有关造价的细节做出精确记录。当保险工程的建造期超过三年，被保险人必须自保险单生效日起每隔12个月向保险公司申报当时的工程实际投入金额及调整后的工程总造价。在保险单的保险期限届满后三个月内被保险人应向保险公司申报最终的工程总价值。

(2) 保险期限管理

在安排工程保险的过程中，确定保险期间的主要依据是工程施工合同。在工程建设过程中，工期往往不能按合同规定的时间完成，会出现需要调整的情况。对于正常的因工期变化而需要对保险期间进行调整，投保人要向保险人提出申请，并获得保险人的书面同意。否则，从保险单明细表中列明的建筑期保险期限终止日起至保修期终止日止，期间内发生的任何损失、费用和责任，保险人不负责赔偿。

(3) 保险效力管理

保险合同生效后，会由于某种原因，而使合同效力中止。在此期间，如果发生保险事故，保险人不负支付保险金的责任。但保险合同效力的中止并非终止，投保人（或被保险人）在一定的条件下，可向保险人提出恢复保险合同的效力。经保险人的同意，合同的效力即可恢复。已恢复效力的保险合同应视为自始未失效的原保险合同。

6. 工程保险的索赔和理赔

工程保险的索赔和理赔是指当保险标的（建筑工程和安装工程等）出险时，保险金请求权人（包括投保人、被保险人、受益人或委托代理人等）告知保险人出险，保险人经过进行事故现场勘察，核实出险情况、损失程度并计算损失金额后，由保险金请求权人提出索赔申请，并提供索赔文件，由保险人进行赔付的一系列过程。

在承包商履行合同的过程中，发生了风险事故后，承包商的相关业务人员应立即赶到事故现场，了解事故发生原因，勘察事故现场，同时组织人力、机械对事故现场采取一切必要措施防止损失的进一步扩大，并努力将损失减少到最低限度。在保险公司代表或检验人员到达事故现场进行勘察之前，承包商还应组织人员保护好事故发生现场及有关实物证据。

承包商在对事故现场详细勘察完后，应该在保险合同规定的期限内向保险公司报案。一般保险公司与承包商工地现场相距很远，承包商在以书面形式通知保险公司出险情况时可以先进行电话报案，以最快速度通知保险公司。接着向保险公司报送书面形式的出险通知单。出险通知单的报送可用多种方式，如邮寄、电传等，但要注意报送出险通知单要留有底稿，并具有法律效力的证明，以证明承包商是在合同规定的期限内报案的。出险通知单内应写明事故发生的时间、地点、原因以及承包人为减少损失采取的措施，包括组织人员、机械数量和因灾害损失的金额等内容。在出险通知单的附件中要有全面、准确反映受灾损失情况的证明资料，这些资料主要由以下几方面组成：

1) 一份详细描述事故发生过程、原因及时间、地点和损失金额，并要求保险公司赔偿的报告。

2) 由承包人绘制的事故现场平、断面图。在图中应标明原设计标高、原地面线标高、事故发生后测量的地面线标高以及大概的地形地貌变化等内容，以便于对比分析事故发生的范围，并计算受灾损失工程量。

3) 依据所绘制工程图计算直接受灾损失的工作量。可列出因此事故间接受损失的工作量。例如，雨季发生洪水冲毁施工便道，施工车辆无法通行，导致工期延误受到损失等。可将承包商为减少受灾损失、防止受灾损失进一步扩大而组织人力、机械进行抢险的工作量也计算在内。统计计算完成后，汇总为受灾损失计算书，计算书中要特别注明上述情况产生的费用，用以确定索赔金额。

4) 承包商对事故现场所拍摄的影像资料和照片。影像资料和照片要能反映事故发生后现场的情况，要全面、详细地反映受灾后的地形地貌以及有关细节的特写。照片应能反映事故现场的具体位置和时间，可在一张标示牌上写明坐标和时间，放置在现场显眼处一同拍摄入照片。

5）当地水文、地质、气象部门提供的有关出险时间当地水文资料或日时降雨量分布图等。

6）根据保险公司的要求提供作为索赔依据的其他资料、文件、单据等。

保险公司代表一般在收到出险通知单后12h以内到达事故现场，协调有关索赔事宜。保险合同规定，如果保险公司代表在48h内未到达事故现场，将被认为保险人已认可被保险人所申报的事故发生属实。在保险公司代表或检验师勘察现场并计算受灾损失后，投保人应对保险公司代表认可的受损失范围和理赔金额等进行研究，在依据保险合同的基础上，双方对有关赔款的一切争议都可以协商解决，直至达到一致意见。投保人在向保险公司提出索赔要求时要做到有理、有据、实事求是。证明资料要齐全，理赔款计算要合理，并根据保险合同的相关条款规定办理理赔工作。

双方明确受灾损失工作量和赔偿金额后，须签订一份赔款确认书，说明出险原因、过程、受损失工程量及赔款金额等情况。保险公司支付承包商理赔款后，理赔工作就完成了。在理赔工作进行中，承包商要注意整理、收集与保险公司的来往文件、通知书、出险的各类证明资料，并及时归档保存。

案例分析

柬埔寨甘再水电站项目的风险管理

1. 案例简介

甘再水电站位于柬埔寨贡布省省会城市上游约15km的甘再河干流上，距首都金边150km。工程为碾压混凝土重力坝、右岸发电厂房，装机3台，总装机容量19万kW，主体工程于2007年9月18日动工，2009年10月20日首台机组发电，2011年11月1日工程竣工，总工期约50个月。

柬埔寨甘再水电站项目是中国水电建设集团公司第一个以BOT模式开发的境外水电投资项目。该项目由中国水电建设集团国际工程公司投资2.8亿美元，以BOT方式进行投资开发。项目融资期1年，特许运营期为44年，包括施工期4年和商业运行期40年。水电八局承建该项目的土建工程及机电安装工程，工程采用固定单价合同，合同总价为11.44亿元人民币，支付方式为月进度款结算，50%以8.2的固定汇率折算为美元，另外50%为人民币支付。

2. 甘再水电站项目的风险分析

（1）外部风险

外部风险主要包括政治风险、经济风险、政策法律风险、资源供应风险和自然风险。

1）政治风险。在国际工程项目的风险中，政治风险是一种主要的风险，它是工程项目所在国的政治、经济、宗教等因素给工程带来的风险。柬埔寨实行君主立宪制，实行自由民主制和市场经济，立法、行政、司法三权分立。从1998年11月30日起，柬埔寨的政治权力格局呈现"一党主导、两党执政、三足鼎立"的态势，并一直维持至今。目前，柬埔寨处于较稳定的时期。政治权力分配很大程度上受制于各方军事实力的强弱，也就是说，政权斗争不能从制度本身得到有效的约束，容易出现诉诸武力的结果。但是首相洪森任职期间，一直致力于国内政局的稳固，所以国内政局在施工期间出现混乱的风险不大。

2) 经济风险。主要是通胀风险和汇率风险。通胀风险在经济、政局不稳定的国家是一种常见的经济风险，它是指工程所在国的物价飞涨，导致人工和材料成本上升，超出既定的预算，最终使得项目不具有盈利性，更甚会导致项目亏损。由于2007年金融危机的影响，再加上国际油价上扬，柬埔寨国内通货膨胀率为13.5%，是近五年来最高，这就使得工程的成本急剧上升，超出预算，项目进行艰难。汇率风险是指国际工程项目的业主一般要求用工程所在国的货币给承包商支付工程款，而且由于国际大型工程的施工期长，汇率在此工程期间发生大幅度变化的风险加大。甘再项目所面对的汇率风险主要在于，合同款的支付有一部分是按照1∶8.2的汇率进行美元支付的，这就造成了承包商水电八局极大的损失。至于柬埔寨瑞尔兑美元的汇率基本保持稳定，不造成主要的汇率风险。

3) 政策法律风险。它指的是工程建设过程中，公司注册国或者工程所在国的法律政策发生改变并对工程造成不良影响的风险。由于柬埔寨的政局稳定时间不长，所建立的法律不是十分完善，使得施工方面临的法律风险比较大。但是，由于柬埔寨对于电力的急需，整体的法律风险不大。

4) 资源供应风险。它主要是指工程所在国出现国际制裁、被实施禁运措施或资源配置所需时间较长，导致工程所需的资源供应出现问题，不能按时完成工程，整个工程延期，出现赔偿等。该工程项目所面临的供应风险主要是一些设备的供应准备周期长和海关方面对于某些物资扣留的风险问题。在柬埔寨历史上，从未有过甘再水电工程这样大规模的建设。因多年战乱，柬埔寨几乎没有工业，也很少有建筑材料供应，甘再工程所用95%的材料、设备需从中国、泰国、越南等国家进口。由于工程的快速上马，项目部与供货商之间还没来得及建立供应网络，在国内一个电话就能解决的问题，在这里却变得十分艰难，使得资源供应风险显著。

5) 自然风险。自然风险是指工程项目所在地发生人力不可抗拒的自然灾害给工程项目建设带来的风险，如沙尘暴、地震、洪水等。甘再位于热带地区，气候多变，毒蛇蚊虫滋生；且地质原因复杂，极易产生滑坡、塌方等不利状况。

(2) 内部风险

内部风险主要包括合同风险、勘探风险、工程建设风险和技术风险。

1) 合同风险。承包合同确定发包与承包双方的权利与义务，也确定了风险在发包和承包双方的划分，是受法律保护的契约性文件。甘再项目由于业主和承包商都是国内企业，施工合同主要以《水利水电土建工程施工合同条件》为蓝本，参照FIDIC条款的一些做法，结合本项目特点，拟定了合同的通用条款及专用条款。本项目合同约定，不可抗力造成的后果由合同双方共同承担，对于不可抗力情况的界定以及后果承担的比例依据实际情况由双方协商确定。这使得承包商水电八局所承担的风险加大。

2) 勘探风险。柬埔寨的地形环境复杂，国内勘探技术差，没有有效的数据支持，施工环境未知风险大。柬埔寨有一个特殊的风险就是遗留有大量的地雷，使得施工和勘探更加困难。

3) 工程建设风险。工程建设过程中包括对工程期限、合同、人员、设备、材料等多方位的管理。任何一方面出现疏忽都会给工程建设带来不可预计的风险。主要包括人员安全风险、工程质量风险和工期风险等，最重要的是工程质量风险。由于甘再地区地形复杂，河流湍急，导致施工难度大，并且因为施工期限较短，所以比较容易出现质量风险问题。由于甘再项目的特许经营期为44年，其中包括了4年的建设期，如果耽误了工期，就缩短了业主能够真正经营的时间，造成巨额损失，所以工期风险在甘再项目中是同等重要的。由于项目需要大量工人，项目方雇用了大量的当地民众，这些新进的工人经验不足，加上水电建设施工现场本身就容易出现危险，使得人员安全风险比较大。

4）技术风险。技术风险是指工程采用的技术标准和工程所在地的技术标准有差异，在最后工程验收时不能够达标，致使工程延期造成损失。在甘再水电站项目中，由于业主和参建各方均为中国公司，因此，在日常的沟通、交流、问题的磋商、协调等方面比较容易，这方面风险不大。

3. 风险管控措施

由于风险控制的重要性，国际大型工程项目的风险管理应该是一个完整的体系，并融入整个工程项目的管理体系。这样才能更好地对风险进行管理控制。本项目中，承包商主要采取了以下风险管控措施：

（1）增强风险意识

在工程开始前，应做好风险意识的培训，让管理者能够充分认识到风险管理在整个项目实施中的重要性。建立专业的、完善的风险管理部门，聘请专业人员从整体到细节把握工程可能出现的风险，并将风险控制的利益量化后对风险管控人员进行奖励。

为了确保工程进度，通过市场调查与分析工程特点，并借鉴巴基斯坦巴罗塔水电站建设的成功经验，水电八局确定了立足自身解决工程建设中遇到的各种问题的工作思路。在实际的运作过程中，他们也是这样操作的。例如现场管理人员、技术工人配备都是以本局人员为主，当地劳务只做些辅助性的工作；对项目工期产生直接影响的关键项目都是由自己来施工，分包商只是做些辅助性的工程；施工设备以自购为主，产品选择以性能稳定可靠为决定因素，主力设备采购的都是国际名牌产品等。通过完善项目的管理计划，提高风险的认识程度，减少风险的损失发生的可能性。

（2）增强风险识别和评估能力

风险识别是指在风险事故发生之前，人们运用各种方法系统地、连续地认识所面临的各种风险以及分析风险事故发生的潜在原因。通过风险识别，可以更加准确和完整地发现风险及其诱发的原因，从根源上杜绝风险的发生。风险评估是指在风险事件发生之前或之后，对该事件给工程项目各个方面造成的影响和损失的可能性进行量化评估的工作。通过风险评估过程能够大致知道某种风险带给工程项目的损失，从而针对性地进行风险管理。

甘再项目中，由于柬埔寨经历了长期的动乱，造成许多资料遗失，柬方提供的关于甘再水电站建设的勘察、测量资料非常有限，远远不能满足设计单位对该电站进行设计的要求。从2006年3月26日开始，水电八局就陆续派遣人员到柬埔寨，代表中国水电建设集团国际工程公司进行补勘补测的组织工作。这为进行风险的分析和识别提供了足够的依据，回避了出现勘探不足的风险。在施工过程中，多次派遣专家组进行实地的勘察和指导，确保工程安全进行。

（3）具体风险管控措施

国际工程中出现的风险各不相同，不能仅仅采用一种或几种策略去应对。应在风险分析和评估后根据公司对于风险的偏好和承受程度采取相应的策略。

1) 政治风险。对于政治风险这种特殊风险，只能加强风险识别的能力，时时关注工程所在国的局势，并且在风险发生时积极联系我国政府进行协调。甘再项目的管理措施是定期跟踪柬埔寨经济及政治环境变化并按时汇总整理，强化风险意识。由于该项目是我国援建柬埔寨的项目之一，因此政治风险不大。

2) 通胀风险。对于通胀风险，采取了预防措施：①与主要材料供应商签订保护伞协议，预付部分订金，选择多种备用渠道或者在资金允许的情况下，对关键特殊材料做好储备；②预留部分资金弥补通胀风险造成的资金缺口。由于甘再项目的特殊性，业主和承包商是上下级的关系，因此在合同正式签订前，已有大致的合同。但是水电八局的工作人员在进行环境勘探和项目研究后发现，2007年柬埔寨国内通胀严重，项目环境恶劣，使得先前拟定的《委托施工合同》不能适应工程建设和管理需要。所以承包商和业主又进行了一定的协商，解决了通胀所带来的成本上升的问题。这不失为解决通胀带来风险的措施之一。

3) 汇率风险。对于汇率风险，采取的预防手段是：尽量争取合同支付的货币和工程项目的贷款为同种货币；与银行签订远期汇率合同或者购买汇率期货进行套保；正确把握外币筹资和支付的时机，尽量降低成本；承包商严格执行集团国际工程公司的相关资金管理要求和措施，密切注意人民币兑美元汇率变动情况，合理保持人民币账户和美元账户的余额比例，并尽量用美元支付一些设备的价款，将汇率损失降到最低。

4) 政策法律风险。政策法律风险属于不可预测的风险。对于这种风险的管理应该是加强事前风险的识别，在判断这种风险发生的概率过大且后果严重时，果断回避风险，放弃项目的承包或者投资。该项目业主和承包方均为中方企业，国内的政策和法律环境比较稳定，且由于甘再水电站为柬埔寨所急需的发电站，所以在政策方面不需要有太多的管理。

5) 资源供应风险。资源供应风险主要是靠风险预防措施和风险回避措施来应对。例如在运输较通畅的时段完成所需资源的配送；在当地就地取材或购买当地的产品；提前进行大型设备的采购等。

承包商没有考虑到柬埔寨海关对于某些资源材料的审核严格程度。2009年3月，承包商自行采购的中国产粉煤灰及外加剂，在办理进口手续时被海关扣压近一个月，导致工期有所延误。

承包商为了尽可能避免设备无法按时进场给项目实施产生的不利影响，在施工组织设计未完成且资金不到位的情况下，先行由工程局依靠银行贷款采购了价值2000万元人民币的土石方施工通用设备。在2007年6月雨季前尽可能多地完成土石方开挖准备工作，减少工期压力。

承包商在物资保障上充分做好了超前计划。精确制订物资供应的年计划、半年计划、月计划以及处理各种突发问题的应变措施，确保万无一失。在经历了物资被海关扣留的事故之后，项目部派专人到海关进行沟通协调，必要时找到海关高层领导，采用非常手段进行解决，及时解决了清关难题，保障了大量物资及时出港到达工地。

6) 合同管理风险。对于合同管理风险，承包商认真分析研究合同条款对双方责权利的规定，对可能导致风险发生的问题在合同谈判时据理力争，对不清晰或概念模糊的条款要求澄清、修改或补充合同中的有关条款，完善合同条文，使合同能体现双方责权利的平衡。由于甘再BOT项目前期策划和运作情况复杂、历时较长，在筹备和临建施工阶段，中国水电建设集团国际工程有限公司与水电八局的委托施工合同未能及时签订正式合同，所以在通胀风险出现的情况下，合同谈判将原《委托施工合同》中工程量变化较大的土建部分转变成单价合同，对工程量变化较小的金属结构与机电安装部分维持原总价不变。对由于设计方案调整以及物价上涨、汇率变化等内外部因素引起的影响，发包方与承包方商定了合同变更、价差调整、汇率固定、新项与暂定项设置等多项风险分担机制。

7) 人员安全风险。对于人员安全风险，主要采取风险防范和风险转移措施。甘再项目进行过程中，承包商十分重视人员和工程安全的预防，如项目部吸取国内大型项目管理经验，对施工区进行全封闭式管理，聘请当地宪兵和警察对主要通道及重点部位进行把守，严格现场进出制度，有效地减少了施工区域的干扰，保障了员工及财产的安全。建立健全安全生产管理体系及规章制度，针对重点的、安全风险较高的施工项目编制专项施工方案和安全应急处置预案。对即将出国工作的员工进行进场教育、素质教育和国内外法律法规知识培训，以提高员工的素质，保证项目施工的顺利进行；对柬籍劳务人员，未受到进场安全教育不准上岗，坚持每位新进场柬籍劳务人员必须接受安全教育。

8) 工期风险。工期风险的管理，主要是在签订合同时通过对实际施工环境的自行探查并对工程量精确计算后确定工期，并在施工过程注意和防范各种其他风险，达到控制工期风险的目的。甘再项目实施工程中，为了在正常工期内完成，承包商进行了很多工作。为便于控制现场施工进度，施工合同约定项目进度考核目标；项目部与地方政府和谐相处，中柬纠纷得到妥善解决。项目的建设得到当地政府的大力支持，企地友好的关系为项目部对当地大量员工的管理带来了很大方便，为推动项目的建设起到了保障作用。在管理模式上进行创新，专业分局主要承担现场的施工任务，后勤保障及对外职能由项目部统一承担，让专业分局分包项目部专心从事施工生产，更有效地发挥其专业优势，使各项工作更加超前。

9) 质量风险。对质量风险，采取的风险预防措施是通过项目监理的检查和承包商管理团队对工程细节进行管理和控制。甘再项目组对于工程的质量控制十分认真。水电八局在整个工程过程中召开多次专家座谈会，以期使得工程质量达标，项目达成预期目标。同时，建立健全质量管理团队和规章制度。为了抓好工程质量和安全管理，项目公司成立了"甘再水电站工程质量管理小组"及"甘再水电站工程安全和防汛领导小组"，制定了《甘再水电站设计供图和质量管理办法》《甘再水电站工程验收规定》等，努力做到事前有措施、事中有监督、事后有总结分析，有效地监控了施工工序质量，确保了施工项目的实体质量和观感质量，使整个工程的施工质量达到了较好水平。

除此之外，甘再项目统一购买了工程一切险，涵盖了施工设备保险及参建各方境外人身意外伤害险。在施工过程通过保险理赔成功的事实证明，这种通过保险转移风险的做法是正确的。

（资料来源：《"一带一路"大实践——中国工程企业"走出去"经验与教训》，周滿东，机械工业出版社出版，2016年.）

某联合体承建非洲公路项目的失败案例

1. 项目简介

我国某工程联合体（某央企+某省公司）在承建非洲某公路项目时，由于风险管理不当，造成工程严重拖期，亏损严重，同时也影响了中国承包商的声誉。该项目业主是该非洲国政府工程和能源部,出资方为非洲开发银行和该国政府,项目监理是英国监理公司。

在项目实施的四年多时间里,中方遇到了极大的困难,尽管投入了大量的人力、物力,但由于种种原因,合同于2005年7月到期后,实物工程量只完成了35%。2005年8月,项目业主和监理工程师不顾中方的反对,启动了延期罚款,金额每天高达5000美元。

为了防止进一步损失,维护企业利益,中方承包商在我国驻该国大使馆和经商处的指导和支持下,积极开展外交活动。2006年2月,业主致函我方承包商同意延长三年工期,不再进行工期罚款,条件是中方必须出具由当地银行开具的约1145万美元的无条件履约保函。由于保函金额过大,又无任何合同依据,且业主未对涉及工程实施的重大问题做出回复,为了保证公司资金安全,维护我方利益,中方不同意出具该保函,而用中国银行出具的400万美元的保函来代替。

由于政府对该项目的干预得不到项目业主的认可,2006年3月,业主在监理工程师和律师的怂恿下,不顾政府高层的调解,无视中方对继续实施本合同所做出的种种努力,以中方不能提供所要求的1145万美元履约保函的名义,致函终止了与中方公司的合同。针对这种情况,中方公司积极采取措施并委托律师,争取安全、妥善、有秩序地处理好善后事宜,力争把损失降至最低。

2. 项目的主要风险

(1) 外部风险

项目所在地土地全部为私有,土地征用程序及纠纷问题极其复杂,地主阻工的事件经常发生;当地工会组织活动活跃;当地天气条件恶劣,可施工日很少,一年只有1/3的可施工日;该国政府对环保有特殊规定,任何取土采沙场和采石场的使用都必须事先进行相关环保评估并最终获得批准方可使用,而政府机构办事效率极低;这些都给项目的实施带来了不小的困难。

(2) 承包商自身风险

在陌生的环境特别是当地恶劣的天气条件下,中方的施工、管理、人员和工程技术等不能适应于该项目的实施。

3. 风险失控分析

项目实施之前,尽管中方公司从投标到中标的过程还算顺利,但是其间蕴藏了很大的风险。业主委托一家对当地情况十分熟悉的英国监理公司起草该合同。该监理公司非常熟悉当地情况,将合同中几乎所有可能存在的业主的风险全部转嫁给了承包商,包括雨季计算公式、料场情况、征地情况等。

中方公司在招标投标前期做的工作不够充分,对招标文件的熟悉和研究不够深入,现场考察也未能做好,对项目风险的认识不足,低估了项目的难度和复杂性,对可能造成工期严重延误的风险并未做出有效的预测和预防,造成了投标失误,给项目的最终失败埋下了隐患。

随着项目的实施,该承包商也采取了一系列的措施,在一定程度上推动了项目的进展。由于前期的风险识别和分析不足以及一些客观原因,这一系列措施并没有收到预期的效果。特别是由于合同条款先天就对中方承包商极其不利,造成了中方索赔工作成效甚微。

该项目由某央企工程公司和某省工程公司双方五五出资合作实施。项目组主要由该省公司人员组成。项目初期，中方低估了项目的复杂性和难度，设备、人员配置不到位。项目执行过程中，中方内部管理不善，现场的组织管理沿用国内模式，不符合工程的实际情况。在项目实施的四年间，中方三次调换办事处总经理和现场项目经理。在项目的后期，业主启动了惩罚程序，项目组织未采取积极措施稳定军心。中外职工情绪不稳，人心涣散。这对项目也产生了不小的负面影响。

尽管该项目有许多不利的客观因素，但是项目失败的主要原因还是承包商的失误。这些失误主要还是源于前期工作不够充分，特别是风险识别、分析管理过程不够科学。尽管在国际工程承包中价格因素极为重要而且由市场决定，但可以说，承包商风险管理（及随之的合同管理）的好坏直接关系到企业的盈亏。

资料来源：《国际工程风险管理》，刘俊颖，中国建筑工业出版社出版，2013年.）

第 6 章

国际工程合同管理

本章要点
- 合同管理基础内容及其地位和作用
- 各项合同条件的内容
- 工程变更及其索赔

◆ 引入案例

孟加拉帕克西大桥位于孟加拉国西部,横跨帕德马河。2000年7月24日,中铁大桥局集团收到孟加拉帕克西桥项目合同标段中标通知书,2000年8月17日与业主签订了施工承包合同。项目由中铁大桥局集团的派出机构——中铁大桥局集团帕克西桥项目经理部负责组织实施,大桥局集团四公司、五公司、七公司负责修建主桥工程,河道整治工程、东西岸引道及收费站工程、其他辅助工程等分别分包给外部分包商。

帕克西桥项目实施的过程,就是合同执行和管理的过程。该合同所遵循的规则是《FIDIC 土木工程施工合同条款 1987 年版本》,在帕克西桥的施工过程中,项目团队经过摸索、研究与实践,逐步掌握了 FIDIC 合同条款,探索出切实可行的合同管理经验,取得了明显的收益,为大桥局在孟加拉国市场上树立了形象,争得了荣誉。

6.1 工程合同概述

想管理好合同,首先要知道什么是合同,合同由哪些文件和内容构成。在这一问题上,很多人错误地把工程招标投标文件当成合同。诚然,招标投标文件是合同的基础,但两者绝非等同。并非所有的招标投标文件都转化成合同。通常,招标文件中的通用条款和特殊条款及施工规范、标准和设计图会转化成合同的一部分。但必须注意，这些内容并非原封不动地转化成合同，往往合同双方会对某些内容进行修改，修改的部分作为变更协议加入到合同中。

合同是平等主体的自然人、法人、其他组织之间设立、变更、终止民事权利义务关系的协议。

合同法是调整平等主体的自然人、法人、其他组织之间设立、变更、终止民事权利义务关系的法律规范的总称。合同法的基本内容是由合同当事人确定的。

合同争议的解决方式主要有协商、调解、仲裁和诉讼等。

合同分配着工程任务，项目目标和计划的落实是通过合同来实现的。合同详细、具体地定义与工程任务相关的各种问题，确定项目的组织关系和运作规则，规定项目参加者各方面的经济责权利关系，确定项目的各种管理职能和程序，所以它直接影响着整个项目组织和管理组织的形态和运作。

6.1.1 合同管理在国际工程项目中的地位和作用

合同确定了工程施工和工程管理的主要目标，是合同双方在工程施工过程中进行各项经济活动的依据。合同是协调和调解双方关系的核心手段和依据。合同是工程施工过程中双方的最高行为准则，因为工程施工活动就是为了履行合同。一个项目合同体系反映同时也决定了该项目的管理机制。

6.1.2 合同管理的目标

工程合同管理为工程项目总目标服务，合同管理不仅是项目管理的一部分，而且贯穿于项目管理的全过程，合同管理的目标就是项目管理的目标。

保证项目三大目标（质量、成本、进度）的实现，使整个工程在预定的投资、预定的工期范围内完成，达到预定的质量和功能要求。合同中包括了进度要求、质量标准、工程价格以及双方责权利关系，贯穿了项目的三大目标。

成功的合同管理还在于能使合同各方都感到满意，使合同争执降到最低而顺利履行合同，而不是钻合同的空子或利用合同迫使对方让步。

由于现代社会化大生产和专业化分工，一个规模较大的工程项目，其相关的合同就有几十份、几百份，甚至几千份。这些合同都是为了完成项目目标，定义项目的活动。它们之间存在复杂的关系，形成项目的合同体系。

在这个体系中，业主和承包商是两个最重要的节点。

1. 业主的合同管理

业主必须将经过项目结构分解所确定的各种工程活动和任务通过合同委托出去，由专门的单位来完成。与业主签订的合同通常被称为主合同。根据项目管理模式的不同，业主可能订立许多份合同，因此对一个具体的工程项目，订立合同的数量变化很大，一份合同的工程范围的差别也很大。例如 DBB 模式下通常业主签订的合同有勘察设计合同、供货合同、工程施工合同、贷款合同等。

所以，对业主来说，进行合同管理，需要考虑多方面的问题，例如：①分阶段单独招标与设计建造总承包招标的选择；②工程施工项目的分标（横向分标）；③合同类型的选择；④招标方式的确定；⑤合同条件的选择；⑥关键性合同条款的选择；⑦承包商的选定标准；⑧施工阶段的合同管理工作。

2. 承包商的合同管理

承包商要承担合同所规定的责任，包括工程量表中所确定的工程范围的施工、竣工及保修，并为完成这些责任提供劳动力、施工设备、建筑材料、管理人员、临时设施，有时也包括设计工作，当然它可以将一些专业工程和工作委托出去。因此，围绕着承包商常常会有复杂的合同关系，如承包商签订的合同有工程分包合同、设备和材料供应合同、运输合同、加工合同、租赁合同以及劳务合同等。

（1）投标前

该阶段承包商的合同管理工作包括：投标项目的选择和合作方式的选择。

（2）投标阶段

该阶段承包商的合同管理工作包括：

1）对面临的合同困境的处理。

2）对合同文件的研究。

3）合同风险分析和防范。

（3）项目实施阶段

该阶段承包商的合同管理工作包括：按时提交各种保证；按时开工；提交施工进度实施计划；保证工程质量；设计、协商、分包和保险、安全的合同管理内容；合同当中对承包商提交报表的要求。

3. 工程师的合同管理

根据 FIDIC 合同条件，工程师的层次划分为工程师、工程师代表和工程师助理。工程师进行施工承包合同管理的内容包括：①按承包商的工程进度计划对项目进行进度控制；②工程计量与支付管理；③工程质量监督与验收；④工程变更管理；⑤工程索赔管理；⑥分包管理；⑦合同文件的澄清。

合同管理是工程项目管理的重要内容之一，主要包括合同归口管理制度、授权委托制度、合同会签和审批制度、合同专用章管理制度、合同报表和分析制度、合同纠纷处理制度、合同归档制度、合同信息化建设制度、合同管理人资质制度、合同法务人员奖惩制度等，在这里不再一一展开讨论了。

6.1.3　国际工程建设常见的合同文本

国际工程建设合同范本是国际工程界多年工作实践和智慧的总结，体现了一些国家或地区工程建设的惯例。英美法系的法律制度至今影响着世界许多国家，尤其是英联邦国家。世界通用的合同文本基本上来自英国和美国，深深地打上了英美法的烙印。经过长期的工程实践，国际上逐渐形成了三个有重大影响的合同文件体系：国际咨询工程师联合会（FIDIC）合同体系、英国土木工程师学会（ICE）合同文件体系和美国建筑师学会（AIA）合同范本体系。总体而言，FIDIC、ICE、AIA 合同系列范本基本上代表了当前国际工程总承包领域理论与实践研究的最高水平。然而，迄今为止，在世界范围内，国际建筑工程领域并没有形成统一的合同文本。

1. FIDIC 合同条件

（1）FIDIC 简介

FIDIC（Fédération Internationale Des Ingénieurs Conseils）是国际咨询工程师联合会（International Federation of Consulting Engineers）的法文名称缩写，是指各国咨询工程师联合会这一独立的国际组织。FIDIC 创建于 1913 年，最初是由欧洲几个国家的独立咨询工程师协会创建的，其目标是共同促进成员协会的专业影响，并向各成员协会传播他们感兴趣的信息。第二次世界大战后，成员数目迅速增加，现在已经成为拥有遍布全球 67 个国家和地区的成员协会，是世界上最具权威性的国际咨询工程师组织。

(2) FIDIC 系列合同条件

FIDIC 于 1999 年出版的四种新版的合同条件，在继承了以往合同条件优点的基础上，在内容、结构和措辞等方面做了较大修改，进行了重大调整。2002 年，中国工程咨询协会经 FIDIC 授权将新版合同条件译成中文本。

1)《施工合同条件》。《施工合同条件》（Conditions of Contract for Construction），简称"红皮书"。该文件推荐用于由雇主或其代表——工程师设计的建筑或工程项目，主要用于单价合同。在这种合同形式下，通常由工程师负责监理，由承包商按照雇主提供的设计施工，但也可以包含由承包商设计的土木、机械、电气和构筑物的某些部分。

2)《生产设备和设计——施工合同条件》。《生产设备和设计——施工合同条件》（Conditions of Contract for Plant and Design-build），简称"新黄皮书"。该文件推荐用于电气和（或）机械设备供货和建筑或工程的设计与施工，通常采用总价合同。由承包商按照雇主的要求，设计和提供生产设备和（或）其他工程，可以包括土木、机械、电气和建筑物的任何组合，进行工程总承包。但也可以对部分工程采用单价合同。

3)《设计采购施工（EPC）/交钥匙工程合同条件》。《设计采购施工（EPC）/交钥匙工程合同条件》（Conditions of Contract for EPC/Turn-key Projects），简称"银皮书"。该文件可适用于以交钥匙方式提供工厂或类似设施的加工或动力设备、基础设施项目或其他类型的开发项目，采用总价合同。这种合同条件下，项目的最终价格和要求的工期具有更大程度的确定性；由承包商承担项目实施的全部责任，雇主很少介入。即由承包商进行所有的设计、采购和施工，最后提供一个设施配备完整、可以投产运行的项目。

4)《简明合同格式》。《简明合同格式》（Short Form of Contract）简称"绿皮书"。该文件适用于投资金额较小的建筑或工程项目。根据工程的类型和具体情况，这种合同格式也可用于投资金额较大的工程，特别是较简单的、重复性的或工期短的工程。在此合同格式下，一般都由承包商按照雇主或其代表——工程师提供的设计实施工程，但对于部分或完全由承包商设计的土木、机械、电气和（或）构筑物的工程，此合同也同样适用。

此外，FIDIC 还陆陆续续地发布了一系列适应于不同类别工程的合同条件，每种合同条件都以某种颜色作为简称，因此，FIDIC 把所有合同条件统称为"彩虹套装"（the Rainbow Suite）。其他合同条件还包括：

1)"白皮书"（the White Book），即《业主/咨询工程师合同条件》。目前已经出版第四版，适用于项目前期、调研、设计和工程监督等咨询工程师的服务内容。

2)"蓝皮书"（the Blue Book），特别针对挖泥及填海工程（Dredging and Reclamation Projects），也可称为"乌龟合同条件"，特点是简单、篇幅短，仅有 16 页，使用灵活。

3)"粉皮书"（the Pink Book），是根据某些银行和金融机构（如世界银行）的要求修改的粉皮书，与"粉皮书"相比，强调了银行的作用和角色。

4)"金皮书"（the Gold Book），适用于公私合营（如 PPP、BOT 等方式）的项目，由于这种项目的合同期包括了项目运营期，一般长达数十年，因此在双方的权利义务分配、风险分担和争议解决方面有其自身的特点，需要专门的合同条件来予以规范。

2. ICE 合同条件

ICE 合同条件由英国土木工程师学会、咨询工程师协会、土木工程承包商联合会共同设立的合同条件常设联合委员会制定，适用于英国本土的土木工程施工。现行者为 1991 年第 6 版的 1993 年 8 月校订本，全文包括：合同条件 1991 年第 6 版原文、1993 年 8 月发行的勘误表、合同条件索引、招/投标书格式及附件、协议书格式和保证书格式。合同条件共 23 章 71 条。

3. AIA 合同条件

（1）AIA 简介

美国建筑师学会（AIA）成立于 1857 年，是重要的建筑师专业组织，致力于提高建筑师的专业水平。AIA 出版的系列合同文件在美国建筑业及国际工程承包领域具有较高的权威性。

经过多年的发展，AIA 合同文件已经系列化，形成了包括 80 多个独立文件在内的复杂体系，这些文件适用于不同的工程建设管理模式、合同类型以及项目的不同方面，根据文件的不同性质，AIA 文件分为 A、B、C、D、F、G、INT 系列。

1）A 系列是关于业主与承包人之间的合同文件。

2）B 系列是关于业主与建筑师之间的合同文件。

3）C 系列是关于建筑师与提供专业服务的咨询机构之间的合同文件。

4）D 系列是建筑师行业所用的有关文件。

5）F 系列财务管理报表。

6）G 系列是合同和办公管理中使用的文件和表格。

7）INT 系列是用于国际工程项目的合同文件（为 B 系列的一部分）。

AIA 合同条件主要用于私营的房屋建筑工程，在美洲地区具有较高的权威性，应用广泛。

（2）施工合同通用条件

AIA 系列合同中的文件 A201，即施工合同通用条件，类似于 FIDIC 的土木工程施工合同条件，是 AIA 系列合同中的核心文件。

1）关于建筑师。AIA 合同中的建筑师类似于 FIDIC 红皮书中的工程师，是业主与承包商的联系纽带，是施工期间业主的代表，在合同规定的范围内有权代表业主行事。建筑师的主要权力如下：

① 检查权：检查工程进度和质量，有权拒绝不符合合同文件的工程。

② 支付确认权：审查、评价承包商的付款申请，检查证实支付数额并签发支付证书。

③ 文件审批权：对施工图、文件资料和样品审查批准。

④ 编制变更指令权：负责编制变更指令、施工变更指示和次要变更令，确认竣工日期。

尽管 AIA 合同规定建筑师在做出解释和决定时对业主和承包商要公平对待，但建筑师的"业主代表"身份和"代表业主行事"的职能实际上更强调建筑师维护业主的一面，相应淡化了维护承包商权益的一面，这与 FIDIC 红皮书强调工程师"独立性"和"第三方"的特点有所不同。

2）由于不支付而导致的停工。AIA 合同在承包商申请付款问题上有倾向于承包商的特点。例如，规定在承包商没有过错的情况下，如果建筑师在接到承包商付款申请后 7 日不签发支付证书，或在收到建筑师签发支付证书情况下，业主在合同规定的支付日到期 7 日没有向承包商付款，则承包商可以在下一个 7 日内书面通知业主和建筑师，将停止工作直到收到应得的款额，并要求补偿因停工造成的工期和费用损失。与 FIDIC 相比，AIA 合同从承包商催款到停工的时间间隔更短，操作性更强。三个 7 日的时间限定和停工后果的严重性会促使三方避免长时间扯皮，特别是业主面临停工压力，要迅速解决付款问题，体现了美国工程界的效率，这也是美国建筑市场未造成工程款严重拖欠的原因之一。

3）关于保险。AIA 合同将保险分为三部分，即承包商责任保险、业主责任保险、财产保险。与 FIDIC 红皮书相比，AIA 合同中业主明显地要承担更多的办理保险、支付保费方面的义务。AIA 合同规定，业主应按照合同总价以及由他人提供材料或安装设备的费用投保并持有财产保险，该保险中包括了业主以及承包商、分包商的权益，并规定业主如果不准备按照合同条款购买财产保险，业主应在开工前通知承包商，这样承包商可以自己投保，以保护承包商、分包商的利益，承包商将以工程变更令的形式向业主收取该保险费用。比较而言，承包商责任保险的种类较少，主要是人身伤亡方面的保险。

4）业主义务。在 AIA 合同文本中对业主的支付能力做出了明确的规定，AIA2.2.1 规定，按照承包商的书面要求，工程正式开工之前，业主必须向承包商提供一份合理的证明文件，说明业主方面已根据合同开始履行义务，做好了用于该项目的资金调配工作。提供这份证明文件是工程开工或继续施工的先决条件。证明文件提供后，在未通知承包商前，业主的资金安排不得再轻易变动。该规定可以对业主资金准备工作起到一定的推动和监督作用，同时也说明 AIA 合同在业主和承包商的权利义务分配方面处理得比较公正合理。

6.2 工程合同的变更

在工程管理实务中，因工程合同本身的缺陷、合同履约环境的复杂性，以及人的有限理性，工程合同履行过程中存在诸多变化因素。它无法事先做出具体预测，而在开工后，又无法避免。因此会涉及合同变更等问题。

6.2.1 工程变更的概念

无论在口头还是在书面交流中，人们将"变更"称为"工程变更"。但在理解上，变更应包括两方面含义：一是工程变更，二是合同文件变更。

构成变更的前提条件是工程师必须为变更的内容发出书面变更指示，否则不能视为变更。

工程变更是指监理工程师认为有必要对工程或其中任何部分的形式、质量或数量做出任何变更（必要时报业主批准）并指令承包商实施这些变更的工作。按 FIDIC 条款，这些工作有：

1）增加或减少合同中所包括的任何工作的数量。
2）省略任何这类工作。
3）改变这类工作的性质、质量或类型。
4）改变工程任何部分的标高、基线、位置或尺寸。
5）实施工程竣工所必需的任何种类的附加工作。
6）改变工程任何部分规定的施工顺序或时间安排。

工程变更对合同价格和合同工期具有很大的"破坏性"，良好的工程变更管理有助于建设目标的实现。业主和工程师在项目实施阶段应区别不同种类的变更，采用不同的控制方法，从而实现对工程变更的有效控制。

工程变更依据变更内容，可划分为工作范围变更、施工条件变更、设计变更、施工变更和技术标准变更等。工作范围的变更是最为普遍的工程变更现象，通常表现为工作量的增加或减少。

合同条件变更是指依法对原合同进行修改或补充。但合同条件的变更通常不能免除或改变承包商的合同责任，但对合同实施影响很大。主要表现在：

1）导致设计图、成本计划、工期计划等变化。
2）引起合同双方之间合同责任的变化。
3）有些变更还会引起一些已完工程的返工、现场工程施工的停滞、施工秩序打乱、已购材料的损失等。

6.2.2 工程变更的原因和影响

工程变更的原因包括：①施工条件发生变化，经常是出现不利的自然条件，导致施工现场条件恶化，无法按原方案施工；②工程范围发生变化，经常是根据业主的要求增加或删减某些项目、改变质量标准等导致原工程范围发生较大变化；③设计原因，由于设计考虑不周，不能满足工程施工或业主的需要，或发现计算错误等；④合同文件本身有缺陷，如招标文件提供的资料有缺陷；⑤工程项目所在国法律法规的变化；⑥由于合同实施出现问题等。

工程变更的影响表现在：定义工程目标和实施情况的各种文件都应做相应的修改；引起合同双方、总承包商和分包商之间合同责任的变化；有些工程变更还会引起已完工程的返工且造成已购原材料的浪费。工程变更导致的最直接的结果是工程项目费用增减和工期的变化。

承包商往往将工程变更视为向业主索赔费用和工期的大好机会，在实施项目过程中，只要发生与原合同不符的工作内容，都想方设法让工程师发布变更指示，使索赔合法化。而业主希望在满足设计和功能要求的前提下，使变更的范围缩小到最低限度，以减少其投资。业主和承包商在主观愿望上，背道而驰，这就增大了变更管理的难度，有时会对项目的实施产生不利影响。

6.2.3 工程变更的程序

工程的任何变更都必须获得工程师的批准，工程师有权要求承包商进行其认为是适当的任何变更工作，承包商必须执行工程师为此发出的书面变更指示。如果工程师由于某种原因必须以口头形式发出变更指示，承包商应遵守该指示，并在合同规定的期限内要求工程师书面确认其口头指示，否则，承包商可能得不到变更工作的支付。

FIDIC 合同条件对变更程序做了如下的规定：

1. 提出变更要求（承包商、业主和工程师）

工程师、业主和承包商均可提出工程变更请求。

工程师提出变更多数是发现设计中的不足或错误。变更工作的设计可以由工程师承担，也可以指令承包商完成。

业主提出工程变更，则常常是为了满足使用上的要求。业主提出的变更同样需要说明变更原因，提交设计图和相应的计算书。

承包商提出的工程变更主要是考虑便于施工，同时也考虑在满足项目相同功能要求的前提下，降低工程费用，缩短工期。承包商提出变更时，除说明变更原因外，尚需提交变更后的设计图和相应的计算书。

2. 工程师审查变更

对工程的任何变更，工程师必须与项目业主进行充分的协商，最后由工程师发出书面变更指示。项目业主可以授予工程师一定的批准工程变更的权限，在此权限内，工程师可自主批准工程变更，超出此权限则须由业主批准。工程师批准变更的原则如下：

1）变更后的工程不能降低使用标准。
2）变更项目在技术上可行。
3）变更后的工程费用业主可以接受。
4）变更后的施工工艺不宜复杂，且对总工期的影响保持在最低限度。

3. 编制工程变更文件

工程变更文件包括工程变更令、工程量清单、设计图和其他有关文件。

4. 发出变更指示

工程师签发变更指示。

5. 发出因变更工作导致的费率或价格调整的意向通知

这是进行估价的先决条件，必须在发出下列通知之一后，进行变更工作的估价，否则不予估价。

1）由承包商将其对变更工作索取额外付款或变更费率或价格的意图通知工程师。承包商在收到工程师签发的变更指示时，应在指示规定的时间内，向工程师发出该通知，否则承包商将被认为自动放弃调整合同价款的权利。

2）由工程师将其改变费率或价格的意图通知承包商。工程师改变费率或价格的意图，可在签发的变更指示中进行说明，也可单独向承包商发出此意向通知。

6. 变更工作的估价

估价就是确定费率和价格。估价的程序如下：

1）如果工程师认为适当，应以合同中规定的费率和价格进行估价。

2）如果合同中未包括适用于该变更工作的费率和价格，则应在合理的范围内使用合同中的费率和价格作为估价的基础。

3）如果工程师认为合同中没有适用于该变更工作的费率和价格，则工程师在业主和承包商进行适当的协商后，由工程师和承包商议定合适的费率和价格。

4）如果未能达成一致意见，则工程师应确定他认为适当的费率和价格，并相应地通知承包商，同时将一份副本呈交业主。

上述费率和价格在同意或决定之前，工程师应确定暂行费率和价格以便有可能作为暂付款，包含在当月发出的证书中。当合同中规定以多于一种的货币进行支付时，应说明以不同货币进行支付的比例。

7. 变更工作的费用支付

如果承包商已按工程师的指示实施变更工作，工程师应将已完成的变更工作或已部分完成的变更工作的费用，加入合同总价中，同时列入当月的支付证书中支付给承包商。

6.2.4 工程变更应注意的问题

1）对业主（工程师）的口头变更指令，按施工合同规定，承包商也必须遵照执行，但应在 7 天内向工程师索取书面确认。

2）业主和工程师的认可权必须受到限制。

3）虽然对业主和工程师的变更指令承包商必须坚决执行是国际承包工程的惯例，但作为承包商必须注意工程变更不能超过合同规定的范围。

4）应注意工程变更的实施、价格谈判和业主批准三者之间在时间上的矛盾性。

5）在施工过程中，承包商不能擅自进行工程变更。

6.3 工程的索赔管理

6.3.1 工程索赔概述

国际工程承包业中的施工索赔工作，是在承包施工实践中产生出的一门独立的管理行为和专业知识。从 20 世纪 70 年代开始，由于土建工程承包施工领域内的竞争逐渐激烈，承包企业竞相压低价格以求中标，因而在施工过程中的亏损现象逐年增多，施工索赔便被提到国际工程承包界的议事日程上来，并逐渐成为承包施工必不可少的管理行为，成为承包企业保护其经济利益唯一的、最基本的管理行为。

索赔是当事人在合同实施过程中，根据法律、合同规定及惯例，对不应由自己承担责任的情况造成的损失，向合同的另一方当事人提出给予赔偿或补偿要求的行为。

建设工程索赔通常是指在工程合同履行过程中，合同当事人一方因非自身因素或对方不履行或未能正确履行合同而受到经济损失或权利损害时，通过一定的合法程序向对方提出经济或时间补偿的要求。

在国际工程施工索赔的实践习惯上，工程界将承包商向业主的施工索赔简称为"索赔"，将业主向承包商的索赔称为"反索赔"。

索赔是发包方、监理工程师和承包方之间一项正常的、大量发生而且普遍存在的合同管理业务。建设工程索赔包括狭义的建设工程索赔和广义的建设工程索赔。

狭义的建设工程索赔是指人们通常所说的工程索赔或施工索赔。工程索赔是指建设工程承包商在由于发包人的原因或发生承包商和发包人不可控制的因素而遭受损失时，向发包人提出的补偿要求。这种补偿包括补偿损失费用和延长工期。

广义的建设工程索赔是指建设工程承包商由于合同对方的原因或合同双方不可控制的原因而遭受损失时，向对方提出的补偿要求。这种补偿可以是损失费用索赔，也可以是索赔实物。它不仅包括承包商向发包人提出的索赔，而且还包括承包商向保险公司、供货商、运输商、分包商等提出的索赔。

6.3.2 工期索赔

1. 工期索赔的目的和原则

工期索赔就是取得发包人对于合理延长工期的合法性的确认。

在工程施工中，常常会发生一些未能遇见的干扰事件使施工不能顺利进行，使预定的施工计划受到干扰，结果造成工期延长。导致工期延长的原因有：任何形式的额外或附加工程；合同条款所提到的任何延误理由，如延期交图、工程暂停、延迟提供现场等；异常恶劣的气候条件；由业主造成的任何延误、干扰和阻碍；非承包商的原因或责任的其他不可预见的事件。

工期索赔的目的是免去或推卸承包商对已经产生的工期延长合同责任，使自己不支付或尽可能少支付工期延长的违约金，或进行因工期延长而造成的费用损失的赔偿。对已经产生的工期延长，发包人通常采用两种解决办法：一是不采取加速措施，将合同工期顺延，工期施工仍然按原定方案和计划实施；二是指令承包商采取加速措施，以全部或部分地弥补已经损失的工期。

工期索赔的原则有：

1）凡是业主方责任造成的延误，当这些延误处于项目施工的关键路线上时，业主方应给承包商相应的工期延长以及延期期间的承包商支付的额外的延期费用。

2）凡是承包商责任造成的延误，且这些延误处于关键路线上时，承包商既不能获得工期延长，也不能得到费用补偿。承包商应采取积极措施挽回这些工期延误，否则要承担支付延期损害补偿的责任。

3）凡是客观原因引起的工期延误，一般的处理是：给承包商工期延长，不给予费用补偿。但是，如果遇到的是"不可预见的外界条件"，则承包商有权索赔此类费用及工期。

4）在双方共同延误时，如果业主责任的延误在非关键路线上，而承包商责任的延误在关键路线上，则承包商不能得到工期延长。

5）如果业主责任的延误和承包商责任的延误同时发生在两个并列的关键路线上时，而两个延误中的任何一个均可使工程施工延误相同的时段，则承包商可得到相应的工期延长。

2. 工期索赔的分析计算

在工期索赔计算的时候，要厘清几个问题：

（1）分清工期延误的性质

由于承包商的原因所造成的工期延误称为不可原谅的工期延误。这种工期延误是不能索赔的，当然也就不能得到工程延期。

不是由于承包商的原因和责任造成的工期延误，称为可原谅的工期延误。允许承包商进行工期索赔，并得到工程延期。这种延期如果同时也造成了承包商的经济损失和费用增加，则承包商还可得到费用补偿。

（2）工期延误的所指

在实际工作中工期延误总是发生在一项具体的工序或工作上，因此工期索赔分析必须要判断发生在工序或工作上的延误是否会引起总工期或重要阶段工期的延误。

一般说，发生在关键路线上关键工序的延误，会影响到总工期，因此是可以索赔的。反之是不能索赔的。

可以索赔的工期延误指的是总工期的延误，也包括重要阶段工期的延误。

对于这个问题分析的基本思路是：假设工程施工一直是按原网络计划确定的施工顺序和工期进行的，现发生了一件或一些干扰事件，使网络中的某个或某些活动受到干扰而延长了持续时间。将这些活动受干扰后的持续时间代入网络中，重新进行计算，得到一新的工期，则新工期与原工期之差即为干扰事件对总工期的影响，也即为工期索赔值。

通常如果受干扰的活动在关键路线上，则该活动的持续时间的延长即为总工期的延长值。如果该活动在非关键路线上，则这个干扰事件则对工期无影响，故不能提出工期索赔。

（3）事件重叠影响工期延误的分析

当同时发生几个事件，都引起了工期延误，在具体日期上出现了重叠的情况时，这时分析原则是：当不可原谅的工期延误与可原谅的工期延误重叠时，以不可原谅的工期延误计；当可原谅延误互相重叠时，工期延长只记一次。

发生共同延误，可能有承包商方面的责任，也可能有业主方面的责任，也可能是外界因素引起的，如恶劣天气等。发生共同延误后，合同双方必须寻找每一个延误的责任方。施工实践中，共同延误的形式因现场条件不同而千变万化，下面列举三种共同延误的主要形式：

1）两种延误同时分别发生在关键路线上和非关键路线上。
2）两种延误同时发生在两个平行的、相互独立的关键路线上。
3）两种延误同时发生在项目施工进度计划唯一的关键路线上。

对于共同延误条件下延误责任的判断，是施工索赔管理工作的一个难题。根据国际承包施工的合同管理著作，以及索赔纠纷的仲裁裁决案例，在解决共同延误的责任判断方面，有不少的理论或方法，如：

1）有效期法。
2）主因法。
3）分摊法。

（4）合理选用参数及计算方法

【例6-1】 某工程在一段时间中发生了设备损坏以及大雨、施工图供应延误三个事件，都造成了工期延误，分别是6天（7月1—6日）、9天（7月4—12日）和7天（7月9—15日）。试分析其应延长工期的天数。

【解题思路】
分清工期延误属于可原谅的还是不可原谅的。
具体分析三个事件的重叠影响期。
最后计算出应补偿的天数，即延长竣工期的天数。

【分析计算】
设备损坏是承包商的过失，属于不可原谅的工期延误，后两事件为不可预见的及工程师的差错，属可原谅工期延误，应予以工期赔偿。

①1—3日为不可原谅的工期延误，不予补偿；②4—6日为不可原谅的工期延误与可原谅的工期延误的重叠期，按不可原谅工期延误计，不予赔偿；③7—8日为可原谅的工期延误，补偿2天；④9—12日为两个可原谅的工期延误重叠，可予赔偿，但只计一次，故补偿4天；⑤13—15日为可原谅的工期延误，补偿3天。

故总计应赔偿9天，即延长竣工期9天。

（5）工期索赔后的总进度计划更新

当由于非承包商方面的原因而导致工期延误时，承包商可以根据合同规定提出工期索赔。计划部门和工程师可以协助配合合同管理部门启动工期索赔程序，包括估算延误工期、准备和提交索赔报告、参加与业主咨询工程师的索赔谈判等。其中，索赔报告主要内容包括叙述性报告、事件记录、合同依据、关键路线分析、资源分析、横道图及附录的相关证据文件。

工期索赔部分或全部获得业主的书面同意后，一般情况下要相应地顺延原合同的最终竣工日期和剩下的其他相关工期目标。在新的工期目标下，再对原总进度计划进行更新，获批后下发执行。

伴随工期索赔的通常还有经济索赔，属于合同管理的范围。经济索赔成果的大小，对计划更新后剩余工程的成本产生影响。

6.3.3 费用索赔

1. 费用索赔的定义

费用索赔是指承包商非自身因素影响下而遭受经济损失时向发包人提出补偿其额外费用损失的要求。

实际上费用索赔的存在是由于建立合同时还无法确定的某些应由发包商承担的风险因素导致的结果。

索赔费用不应被视为承包商的意外收入，也不应视为发包人的不必要开支，因为承包商的投标报价中一般不考虑应由发包人承担的风险对报价的影响，所以一旦风险发生并影响承包商的工程成本时，承包商提出费用索赔是一种正当合理的行为。

费用索赔是整个施工阶段索赔的重点和最终目标。

2. 费用索赔的原则

1）赔偿实际损失原则：实际损失包括直接损失（成本增加和实际费用的超支等）和间接损失（可能获得利益的减少）。

2）合同原则：通常是指要符合合同规定的索赔范围和条件，符合合同规定的计算方法等。

3）符合通常的会计核算原则。

4）符合工程惯例原则：费用索赔的计算必须采用符合人们习惯的、合理科学的方法。

3. 费用索赔的原因

在每一项承包商提出的索赔中必须明确指出索赔产生的原因，根据国际工程承包的实践，具体索赔原因有：①发包人违约索赔；②工程变更；③发包人拖延支付工程款或预付款；④工程加速；⑤发包人或工程师责任造成的可补偿费用的延误；⑥工程中断或终止；⑦工程量增加（不含发包人失误）；⑧发包商指定分包商违约；⑨合同缺陷；⑩国家政策及法律、法令变更等。

4. 费用索赔的构成

索赔费用应与投标合同价的每一项费用相对应，包括直接费、间接费、利润等。

(1) 直接费

直接费包括人工费、材料费、施工机械费等。

1）人工费是工程成本直接费主要项目之一，包括施工人员的工资、补助费、奖金、加班费以及法定的安全福利等费用。对于索赔费用而言，其中的人工费是指：完成合同计划以外的额外工作所花费的人工费用；由于非承包商责任的劳动效率降低所增加的人工费用；超过法定工作时间加班劳动以及法定人工费的增长所增加的人工费用等。

2）材料费的索赔包括两个方面：一是材料实际用量由于索赔事项的原因而大量超过计划用量；二是材料价格由于客观原因而大幅度上涨。在这两种情况下，增加的材料费应计入索赔额。材料费中应包括运输费、仓储费，以及合理破损比率的费用。

3）施工机械费包括机械闲置费、额外增加的机械使用费和机械作业效率降低费等。

(2) 间接费

间接费包括现场和公司总部管理费、保险费、利息及保函手续费等项目。

现场管理费又称工地管理费，一般占直接费的10%~20%。在分析确定索赔款时，有时把现场管理费划分成可变部分和固定部分。前者一般是指在延期过程中可以调到其他工程部分上的那一部分管理设施或人员、如监理人员；固定部分是指在施工期间不易调动的那一部分设施或人员，如办公、食宿设施等。

（3）利润

利润是承包商的纯收益。

对于不同性质的索赔，利润索赔的成功率是不同的。在编标报价时，承包商一般将3%～10%的直接费作为该工程项目的利润。当发生索赔时，承包商可在所赔款的直接费部分上增加原报价单的利润率，作为该索赔款的利润。

按照工程惯例，承包商的索赔准备费、索赔金额在处理期间的利息、仲裁费用、诉讼费用等是不能索赔的。

在计算索赔款额时，首先应分析索赔款的组成部分，分辨哪些开支是可以索赔的。从原则上说，凡是承包商有索赔权的工程承包增加，都可以索赔。这些费用都是承包商为了完成额外的施工任务而增加的开支。

5. 费用索赔的计算

（1）总费用法

总费用法即总成本法，就是当发生多次索赔事项以后，重新计算出该工程项目的实际总费用，再从这个实际总费用中减去投标报价时的估算总费用，即为要求补偿的索赔总款额。

$$索赔款额 = 实际总费用 - 投标报价估算费用$$

该方法要求承包商必须出示足够的证据，证明其全部费用是合理的，否则业主将不接受承包商提出的索赔款额，而承包商要想证明全部费用是合理的支出并非易事。在计算索赔款时，只有当分项费用法难以采用时，才会用总费用法。采用总费用法时，一般要有以下条件：

1）由于该项索赔在施工时的特殊性质，较难或不可能精准地计算出承包商损失的款额，即额外费用。

2）承包商对工程项目的报价是比较合理的。

3）已开支的实际总费用经过逐项审核，认为是比较合理的。

4）承包商对已发生的费用增加没有责任。

5）承包商有较丰富的工程施工管理经验和能力。

采用总费用法应注意以下问题：

1）由于非承包商的原因，施工过程受到严重干扰，造成多个索赔事件混杂在一起，导致承包商难以准确地进行分项记录和搜集证据资料，也无法分项计算出承包商产生的损失。

2）承包商投标报价是合理的。所谓合理，是指承包商投标报价计算合理，其价格应接近业主计算的标价，并不是采取低价中标的策略，导致标价过低。

3）承包商发生的实际费用证明是合理的。对承包商发生的每一项费用进行审核，证明费用的支出是实施工程必需的。承包商对费用增加不负任何责任。

总费用法在实际应用中，又衍生出一些改进的方法。其总的想法是承包商易于证明其索赔款额，同时，便于业主和工程师核实、确定索赔费用。例如：

1）按多个索赔事件发生的时段，分别计算每时段的索赔费用，再汇总出总费用。

2）按单一索赔事件计算索赔的总费用。

（2）分项费用法

分项费用法是先对每个引起损失的索赔事件和各项费用项目单独分析计算，最终求和。这种方法反映实际情况,虽计算复杂,但仍被广泛使用。对于分项费用法,在明确责任的情况下,由于费用分项列出,加上承包商提供的相应记录、收据、发票等证据资料,业主和工程师可以在较短时间内分析、核实索赔报告,确定最终索赔款额,并在较短时间内与承包商达成一致意见,顺利解决索赔事宜。

1)人工费索赔额的计算方法。人工费索赔额计算有以下两种情况:

① 由增加或损失的工时计算:

额外劳务人员雇用、加班人工费索赔额 = 增加工时 × 投标时人工单价

闲置人员人工费索赔额 = 闲置工时 × 投标时人工单价 × 折扣系数(一般为0.7)

② 由劳动生产率降低额外支出人工费的索赔值的计算:

a. 实际成本法与预算成本比较法。这种方法是用受干扰后的实际成本与合同中的预算成本比较,计算出由于劳动生产率降低造成的损失金额,计算时须有详细的施工记录和合理的估价体系。

b. 正常施工期与受影响施工期比较法。这种方法是分别计算出正常施工期内和受干扰时施工期内的平均劳动生产率,求出劳动生产率的降低值,而后求出索赔值。其计算公式如下:

$$人工费索赔额 = 计划工时 \times \frac{劳动生产率降低值}{正常情况下平均劳动生产率} \times 相应人工单价$$

2)材料费索赔额的计算方法。材料费索赔包括两个方面:实际材料用量超过计划用量部分的费用索赔和材料价格上涨费用的索赔。

在材料费索赔的计算中,要考虑材料运输费、仓储费以及合理破损比率的费用。其计算方法如下:

$$额外材料使用费 = (实际用量 - 计划用量) \times 材料单价$$

$$某种材料价格上涨费用 = (现行价格 - 基本价格) \times 材料量$$

式中　基本价格——在递交投标书截止日期以前第28天该种材料的价格;

现行价格——在递交投标书截止日期以前第28天后的任何日期通行的该种材料的价格;

材料量——在现行价格有效期内所采购的该种材料的数量。

3)施工机械费索赔额的计算方法:

$$机械闲置费 = 计日工表中机械单价 \times 闲置持续时间$$

$$增加的机械使用费 = 计日工表或租赁机械单价 \times 持续时间$$

增加的材料运输费、仓储费按实际发生的费用与报价费用的差值计算。

$$机械作业效率降低费 = 机械作业发生的实际费用 - 投标报价的计划费用$$

4)现场管理费索赔额的计算方法。其索赔额用下式计算:

$$现场管理费索赔额 = 索赔的直接成本 \times 现场管理费费率$$

现场管理费费率的确定可选用下列的方法:①合同百分比法:采用合同规定的现场管理费费率;②行业平均水平法:选用公开认可的行业标准现场管理费费率;③原始估价法:如果是承包模式,采用报价时确定的现场管理费费率;④历史数据法:采用以往相似工程现场管理费费率。

注意管理费的不同分摊基础:①管理人员工资及相关费用分摊基础为直接人工工时;②固定资产使用费分摊的基础为总直接费用;③利息支出分摊基础为总直接费用;④机械设备配件及各种供应分摊的基础为机械工作时间;⑤材料的采购分摊的基础为直接材料费。

6. 小结

一般情况下，工程费用索赔大多是直接费的索赔。

利润与管理费的索赔是有条件的：现场管理费的索赔内容是承包商完成额外工程、可进行索赔的工作和工作延长期间的现场管理费；利润索赔通常是针对工程变更、工程延期、中途终止合同使承包商产生利润损失的情况。

间接费索赔还要考虑工程延期的时间长短、损失大小等因素。

因此，工程索赔并不一定包含利润与管理费。

案例分析

非洲某国道路升级项目

在非洲某国112km道路升级项目中，业主为该国国家公路局，出资方为非洲发展银行（ADB），由法国BCEOM公司担任咨询工程师，我国某对外工程承包公司以1713万美元的投标价格第一标中标。该项目旨在将该国两个城市之间的112km的道路由砾石路面升级为行车道宽6.5m、两侧路肩各1.5m的标准双车道沥青公路。项目工期为33个月，其中前3个月为动员期。项目采用1987年版的FIDIC合同条件作为通用合同条件，并在专用合同条件中对某些细节进行了适当修改和补充规定，项目合同管理相当规范。在工程实施过程中发生了若干件索赔事件，由于承包商熟悉国际工程承包业务，紧扣合同条款，准备充足，证据充分，索赔工作取得了成功。下面将在整个施工期间发生的三类典型索赔事件进行介绍和分析：

1. 放线数据错误

按照合同规定，工程师应在6月15日向承包商提供有关的放线数据，但是由于种种原因，工程师几次提供的数据均被承包商证实是错误的，直到8月10日才向承包商提供了被验证为正确的放线数据，据此承包商于8月18日发出了索赔通知，要求延长工期3个月。工程师在收到索赔通知后，以承包商"施工设备不配套，实验设备也未到场，不具备主体工程开工条件"为由，试图对承包商的索赔要求予以否定。对此，承包商进行了反驳，提出：在有多个原因导致工期延误时，首先要分清哪个原因是最先发生的，即找出初始延误，在初始延误作用期间，其他并发的延误不承担延误的责任。而业主提供的放线数据错误是造成前期工程无法按期开工的初始延误。在多次谈判中，承包商根据合同第6.4款"如因工程师未曾或不能在合理时间内发出承包商按第6.3款发出的通知书中已说明了的任何施工图或指示，而使承包商蒙受误期和（或）招致费用的增加时……给予承包商延长工期的权利"，以及第17.1款和第44.1款的相关规定据理力争，此项索赔最终给予了承包商69天的工期延长。

2. 设计变更和施工图的延误

按照合同谈判纪要，工程师应在8月1日前向承包商提供设计修改资料，但工程师并没有在规定时间内提交全部施工图。承包商于8月18日对此发出了索赔通知，由于此事件具有延续性，因此承包商在提交最终的索赔报告之前，每隔28天向工程师提交同期记录报告。项目实施过程中主要的设计变更和施工图延误情况记录如下：①修订的排水横断面在8月13日下发；②在7月21日下发的道路横断面修订设计于10月1日进行了再次修订；③钢桥图在11月28日下发；④箱涵图在9月5日下发。根据FIDIC合同条件第6.4款"图纸误期和误期的费用"的规定,"如因工程师未曾或不能在合理时间内发出承包商按第 6.3 款发出的通知书中已说明了的任何施工图或指示,而使承包商蒙受误期和(或)招致费用的增加时,则工程师在与业主和承包商做必要的协商后,给予承包商延长工期的权利",承包商在最终递交的索赔报告中提出索赔 81 个阳光工作日 (Sunny Working Day)。最终,工程师就此项索赔批准了 30 个阳光工作日的工期延长。在有雨季和旱季之分的非洲国家,一年中阳光工作日的天数要小于工作日 (Working Day),更小于日历天,特别是在道路工程施工中,某些特定的工序是不能在雨天进行的。因此,索赔阳光工作日的价值要远远高于工作日。

3. 借土填方和第一层表处工程量增加

道路横断面的两次修改造成借土填方的工程量比原 BOQ (工程量清单) 中的工程量增加了 50%,第一层表处工程量增加了 45%。根据合同第 52.2 款"合同内所含任何项目的费率和价格不应考虑变动,除非该项目涉及的款额超过合同价格的 2%,以及在该项目下实施的实际工程量超出或少于工程量清单中规定之工程量的 25% 以上"的规定,该部分工程应调价。但实际情况是业主要求借土填方要在同样时间内完成增加的工程量,导致承包商不得不增加设备的投入。对此承包商提出了对赶工费用进行补偿的索赔报告,并得到了 67 万美元的费用追加。对于第一层表处的工程量增加,根据第 44.1 款"竣工期限延长"的规定,承包商向业主提出了工期索赔要求,并最终得到业主批复的 30 天工期延长。

(资料来源:建设工程教育网,http://www.jianshe99.com/new/66_161/2010_6_7_li407514027176010222632.shtml,2010-06-07.)

第 7 章

国际工程跨文化管理

本章要点
- 国际工程中的文化影响
- 主要地区的工程文化特点
- 规避国际工程文化风险的措施

◆ 引入案例

大连国际合作（集团）股份有限公司苏里南道路项目初期面临跨文化管理问题，由于对当地市场不够熟悉，东道国的文化观念、风俗习惯、思维方式、生活方式等与国内差异很大，造成了国内外派人员与异国工作环境之间的矛盾、项目组织沟通上的矛盾、项目领导方式上的矛盾等。之后，大连国际合作（集团）股份有限公司与当地政府部门、社会团体、当地企业及中国使馆、中资公司建立了密切的联系，真正实现了跨文化的融合，创造了巨大的经济效益，成为苏里南的一个著名品牌。

7.1 国际工程中的文化影响

国际工程是一项跨国经营活动，即在有着不同的政治哲学、法律传统、价值观念以及民族心理的国家中经营活动，面对的是与其本国、本企业完全不同的文化环境和背景，以及由其所决定的价值观念和行为准则。这种文化背景的差异必然会对国际工程项目的顺利实施产生巨大影响。

国际工程项目团队文化差异对国际工程项目的实施具有很大的影响，主要体现在项目进度、项目质量、项目成本等方面。文化差异引发的国际工程项目团队成员之间的冲突甚至会延误工程进度，造成工程延迟，会对工程质量产生影响，进而影响项目产品的寿命以及安全性，以至于会增加项目成本费用，对项目各利益相关方产生额外负担。无论在哪个方面产生影响，都会在整体上对项目的顺利进行产生负面作用。

7.1.1 国际工程管理中的文化差异

国际工程项目管理实践中最大的挑战就是理解和克服文化差异。国际工程由于地处国外，参与项目的相关方和个人通常来自世界不同民族和地区，其项目文化具有自身的特点。文化不仅具有群体性、历史性，而且还有民族性和区域性。不同的民族和地区形成的文化各具特色，换句话说，相互间存在文化差异。

国际工程项目文化的突出特点是文化差异性，这种差异性表现在两个方面：一是项目文化与周围其他群体文化的差异；二是项目内部成员间文化背景的差异。文化差异自然会导致文化冲突，造成彼此误解和矛盾，增加了人际交往和关系处理的困难。举一个简单的例子，在对外人际交往中，中国人通常表现得比较含蓄，对双方探讨的问题无论内心是赞同还是反对，一般不会直接明确表示出来，而是一笑而过。这在一些外国人看来是非常不严肃的行为，甚至误以为你是在嘲笑他，结果往往因此而闹得不欢而散。

7.1.2 文化差异导致的沟通障碍

国际工程项目团队的组织寿命一般为数年，通过承包合同或聘任合同来明确每个成员的权利、责任和义务。项目团队的使命随着项目的竣工也宣告结束，其项目本身的一次性和项目组织的临时性，决定了国际工程项目团队是一种以项目为中心、以承包任务为目标的短期性组织，势必在其内部组织结构与沟通渠道上存在诸多矛盾和冲突。项目团队往往是一个相对松散的组织，其内部结构通常存在权力重叠、职责不清、组织沟通混乱等诸多管理问题。而在国际工程项目团队这样一个多元文化的工作环境下，更会由于东西方国家语言的差异和沟通方式的不同引起沟通不畅，以至于导致团队成员之间信息交流不充分，进而对项目目标、技术方法等产生偏差，在实际工作中体现在工程技术方法使用不当、项目目标理解错误等问题，从而造成工程项目质量不达标、项目进度拖延、项目费用超支等问题。

语言、文字是文化非常重要的组成部分，不同的语言、文字是不同文化之间最大的问题和障碍，在跨文化交流中尤为突出。语言、文字不仅是传递信息的工具，也是对客观现实的感知，会影响到我们的思维。不同国家或民族的语言、文字是人类相互沟通的主要手段，具有其深层的含义和文化烙印，体现一个社会的文化，表达一种文化的思维模式。在日常生活中我们的语言会把经验分析变成惯用的思维定式，语言、文字的深层内涵及其表达方式上的不同，往往会造成沟通上的误会，这也是文化冲突发生的最常见原因。

由于项目团队内部人员来自不同文化背景，人们对同一事物的描述和表达有着不同的方式。有些团队成员喜欢使用直接直观的交流方式，而另一些团队成员使用非直接或提问的方式指出项目中存在的问题。在西方国家的文化背景下，沟通通常是直接并清晰的。听众只要听懂字面意思，不需要去考虑字里行间和说话者隐藏的内在含义。但在东方文化背景下，一句话的真正含义是通过某种信息传达的。在跨文化环境下，东方人可以明白西方人直接的沟通方式，但西方人往往很难理解东方人间接的沟通方式。

另外，人们在通过翻译对同一事物进行交流时，往往只是语言符号的一一对应，而对包含在事物深层的各国、各民族、各地区在其长期生产实践中所形成的风俗习惯则无法用语言准确表达。

7.2 我国承包国际工程主要分布地区的文化与市场环境对比

我国承包的国际工程主要集中在亚洲、非洲和中东地区。中东地区工程项目业主一般要求采用欧美标准，项目材料、设备主要购自欧、美等工业发达国家。而非洲和亚洲国家，部分物资从国内出口、部分在第三国采购和在当地采购。可见国际工程项目货物采购面对的是范围广阔的供应市场、不同文化背景的供应商群体和不同制度背景下的机构或部门。

7.2.1 日本

日本受中国儒家思想影响很深，道德意识已深深积淀于日本人的内心深处，并在行为方式中处处体现出来，同时在中国文化的基础上创造出其独特的东西。

1）日本人具有强烈的群体意识，集体决策。受群体意识的影响，日本人在提出建议之前，须与公司其他成员商量决定，日本人的商务决策时间很长，合同条款也是集体商议、各部门都同意的集体决定的结果。而且一旦决定下来，行动十分迅速。

2）日本人注重建立个人之间的关系。他们常认为，双方既然已经十分了解和信任，一定会通力合作，即使做不到合同所保证的，也可以再坐下来谈判，重新协商合同条款。合同在日本一向被认为是人际协议的一种外在形式。如果周围环境发生变化，使得情况对公司利益不利，若对方坚持合同中的惩罚条款，或是不愿意放宽合同条款的规定，日本人就会感到极为不满。

3）日本是个礼仪社会，有许多严格的礼仪，尊重并理解日本人的礼仪，并能很好地适应，并尊重他们的行为，是与日本人商业交往的基础。

4）日本人含蓄、自尊心强，从不直截了当地拒绝对方，说话总是转弯抹角，含糊其词。

5）日本人在商务活动中很有耐心，主要表现在准备充分、考虑周全、洽商有条不紊、决策谨慎小心上。

7.2.2 欧美国家

欧美国家是国际工程项目货物采购，尤其是设备采购的主要货源地。与欧、美供应商打交道，东西方文化碰撞的问题更加突出。欧美文化是西方文明的代表。欧美人崇尚智慧和理性，讲求科学和民主，信仰宗教力量，追求道德与灵魂的净化。欧美国家文化的特点如下：

1）信奉竞争、和平，注重结果，追求实际利益，对礼仪性的问题看得较淡，而对实质性的内容都非常敏感。在商务谈判中，欧美人一般只有一两个人出场，但其身后却往往有一个高效而灵活的智囊群体或决策机构，决策机构赋予谈判者个体以相应的权限，智囊群体辅助其应对谈判中的复杂问题。主谈人员被决策机构赋予相应的权限，能够对谈判中涉及的多数问题当场做出决定。

2）美国人交流比较注重现在、自我和实际行动。个人完全可以代表公司做出决策。在国际商务活动中如果发生冲突，他们愿意将矛盾公开，投入大量的时间和努力，对有争议的问题进行专门沟通，以达到预期目的。美国人强调问题的客观存在，注重事实和数据，在沟通中公开阐述自己的不同意见。如不能很快地达成协议，他们则会感到失意或失败。

3）欧美人的法律价值观念使得他们对于纠纷的处置通常采用法律的手段，而不是靠良心和道德作用。欧美人对协议/合同内容规定得十分详尽，会针对突发事件和可能发生的事件制定尽可能多的条款。

4）欧美文化认为人作为社会的存在物，具有双重性。强调自我价值，喜欢标新立异，独树一帜，在国际商务活动中，又比较侧重于强调集体的权力，强调个人的责任。

5）欧美人十分看重时间，认为时间是有限的，时间就是金钱和财富。其时间观是直线形的。为充分利用有限的时间，商务活动的每个环节都应制订计划，时间单位被划分得很细。在国际商务谈判中，美国人严格遵守双方约定的最后期限，并将其写进合同中，运用法律手段来要求双方遵守所订的时限。他们习惯按照顺序开展复杂的谈判工作，从一个阶段过渡到另一个阶段。对美国人来说，衡量一个谈判的成功与否就是看解决了多少小问题。

6）欧美人注重个人隐私，讲究个人空间，不愿意向别人过多提及自己的事情，更不愿意让别人干预。

7.2.3 中东地区阿拉伯国家

中东地区大多数国家特别是阿拉伯国家在民族特征、语言、宗教、风俗、商务礼仪等方面具有广泛的共同性。中东的地域特征使得阿拉伯人具备适应环境的超强能力和对群体强烈的依赖性。阿拉伯人大多信奉伊斯兰教，伊斯兰教影响着国家的政治、经济活动和日常生活。宗教伦理原则成为人们待人接物的准则和道德行为的评判标准。

阿拉伯人信奉"君子一言，驷马难追"，认为口头协议是具有约束力的。所以在中东开展商务活动，如果能同当地供应商交朋友，结下友谊，是交易成功的一半，尤其是能够与王室成员建立某种特殊关系，或结交权贵可获得更多的商业机会。

在阿拉伯国家开展商务活动需要通过代理进行。如果没有合适的阿拉伯中间商，商务活动举步维艰。在中东地区进行商务活动应注意以下问题：

1）谨慎选择代理。几乎所有政府承包工程项目都实行公开招标，在项目投标过程中，普遍采用当地公司代理制。例如科威特，其法律规定，任何外国公司在科威特进行的任何商务活动，或是采取与当地公司合资的方式，或是必须由当地公司作为代理。因此，无论承包工程还是货物采购，应谨慎选择当地代理，考虑代理的政治、社会背景，以及与政府部门、业主及中央招标委员会的关系等。

2）部分阿拉伯国家实行自由贸易政策，部分国家对进口货物实施技术性贸易壁垒。例如沙特阿拉伯，根据沙特阿拉伯标准组织的有关规定，部分进口产品必须依据沙特阿拉伯国际规范认证标准获得认证，方可进入沙特阿拉伯市场。

3）海湾国家的供应商习惯于信用证支付。对于大额度采购，甚至要求全额滚动式信用证，这将增大项目资金账户的流动资金占用，加大合同执行成本。

4）顺应伊斯兰宗教信仰对商业活动的影响。伊斯兰教教规中最重要的礼拜、施舍、斋戒和朝觐等活动可能占据部分商业活动时间，这对工程项目的实施和货物采购周期、通关等会产生影响，在制订采购计划时应予以充分考虑。另外，进口许可证或其他官方文件的申领、批复较缓慢，承包商要有足够的心理准备。总之，在阿拉伯国家的商务活动日程不能排得太紧，应留有余地。

5）注意阿拉伯人的交流特点。与阿拉伯人进行商务谈判，尤其是重要议题的谈判，自备翻译是明智的选择。阿拉伯人合同文件一般使用详细和重复的语言，修饰词较多。为避免误解，尽量把所有内容都写到合同中。与阿拉伯供应商议价时，明智的做法是，开价时应留有足够余地，为谈判过程留出议价空间。

6)阿拉伯人普遍认为耐心是一种美德,其谈判风格有两个突出特点:一是"从来不急",二是"当面不争"。进展速度非常慢。不能期望一两次就能谈成,也切忌以施加压力的方式促使其快速做决定,否则欲速则不达。

7.2.4 非洲国家

非洲大多是发展中国家,除政府官员,特别是高官的文化程度较高外,受教育水平总体较低。个别非洲国家政治形势不太稳定,法律制度不健全,商业信誉度不高。因经济发展水平的制约,技术较为落后,工业化程度不高,在当地采购的数量和金额在整个国际工程项目货物采购总额中所占比例不高。

由于非洲地区经济技术相对落后,路途遥远,交通不便,因此,运输成本较高。此外,部分非洲国家实行货物装船前检验制度,在实际操作中增加了承包商的费用,延误交货期。在非洲进行商务活动应注意以下问题:

1)非洲国家长期经济落后、政治不独立,非洲人内心深处具有很强的自尊心和敏感性,在与非洲人打交道时,应避免谈论对方国家的政治体制、宗教信仰、种族等敏感性话题。

2)非洲总体受教育程度较低,但商人不同。非洲商人精于商务谈判,既会讨价还价,也能妥协让步。

3)就宗教信仰而言,90%的非洲人有宗教信仰,主要有基督教、伊斯兰教和原始宗教。不同信仰的人,礼俗不同。非洲地区还曾是英法比葡等西方国家的殖民地,长期殖民统治,受到较多西方文化的影响,尤以城市最为明显。国家虽已独立,而仍以用原殖民国家的语言为官方语言,如东非大多用英语、西非大多用法语。

4)非洲人的时间观念淡薄。无论职务和受教育程度高低,守时的观念相对淡薄,主要是因为非洲国家基本仍然处于初级农业社会阶段,生活节奏缓慢,交通不便。对于时间,如果不是书面约定,其可信度很低。对此,应有必要的耐心,适应其生活节奏,不能操之过急。

5)由于历史的原因,整个非洲从事商务谈判的人员对业务不一定很熟悉,因此与其洽谈时,应把所有问题乃至各个问题的所有细节都以书面确认,以免日后产生误解或发生纠纷。但只要形成文字,订立了合同,非洲人一般会守信用。非洲人的权力意识很强,服饰在非洲人心目中往往是身份和经济实力的表现形式,他们注意不同场合的着装,也尽可能将汽车擦得十分干净。

6)非洲人办事效率较低,技术、管理手段落后,因此对供应商的选择不但要考察他的资信情况,同时考察其教育背景和层次,所受文化教育程度越高,双方合作、管理的理念越易于沟通和达成共识。

7)在非洲许多国家十分重视形式上的规范。例如表示感谢、问候、祝贺、道歉等均使用正式信函,送别、告别也要写送别信、告别信等。而且此类信函要求称谓得体,行文通俗易懂,谦称或敬称语恰当,格式要规范等。在非洲,大部分人已经习惯了接受别人的礼物。

8)非洲国家的很多经济法规和经济制度复杂程度不亚于中国。其法律有西方大陆法体系、外来宗教法体系、英美法体系,以及当地习惯法体系。法律制度的差异是产生法律冲突的一个主要原因,某项交易应受何国法律支配、发生争议时当事人应到哪国法院寻求救助,并不是只要在合同中加入法律选择条款或法院管辖条款,即可解决上述问题。由于其法律制度的多样性,承包商很难根据该国法律透彻了解对合同当事人权利和义务是如何规定的。

9)由于当地法律的不规范,在非洲国家的工程建设和一般商业活动中,存在支付佣金的现象，这导致采购成本的增加。

10）国际上通用的贸易结算方式，在非洲往往得不到很好的利用，中国的银行普遍不接受非洲银行开出的信用证，须由西方银行担保。对于从我国采购的设备，由于当地银行的信用度较差，常常发生无法兑付的情况。因此不能仅凭当地银行出具的信用证明发货。发运前，须要求对方提供欧洲银行或信用度较高银行的信用担保，否则将存在收款风险。此外，非洲人计划性较差，即便与其商谈的贸易条件从理论上讲已没有风险，但实际履约时，也经常会出现意外，如无法按时交货等。应积极利用当地的支付习惯，采用寄售、付款交单的方式，降低采购成本。

11）非洲当地货币与美元的汇率兑换是经常变动的，存在较高的汇率风险，如果工程进度款、货款以当地货币结算，要实时掌握该国金融市场的变化情况，利用时间差进行控制、降低风险。此外，非洲各国均实行不同程度的外汇管制，承包商需充分了解项目东道国相关规定，做到心中有数，谨慎交易，避免进口物资付款和对非洲出口物资收款的风险。

12）非洲大多数国家的工业非常落后，工程施工所需要的材料和施工机具大部分要从国外进口，且价格高、采购周期长，需要承包商做好施工计划管理，认真编制施工组织设计和施工方案，特别是材料使用和机具使用计划要提前编制。此外，部分非洲国家实施全面进口装船前检验计划，可能会增加承包商货物采购的交易成本和周期，承包商应了解当地政府对进口货物实施装船前检验计划的指定机构及该机构在中国的办事处，以及供应商所在国办事处的联络方式等。

13）由于非洲地区经济技术落后，工业化程度不高，在当地采购的数量和金额在整个工程货物采购总额中所占比例不高，大部分从我国出口。因此，承包商应认真考察从中国至项目东道国的运输路线、运输方式、运输周期、目的港卸货条件等。

7.3 规避跨文化风险的措施

7.3.1 跨文化管理

跨文化管理又可以称为"交叉文化管理"，它是一个全新的管理理念，是公司在全球范围内活动的产物，指对不同文化背景的人、物、事进行管理。它是指在克服不同异质文化之间差异的基础之上重新塑造公司的独特文化，是一种跨越国界和跨越民族界限的文化管理，而消除文化差异是打造卓有绩效的管理行为首先要解决的核心问题。

跨文化管理并不是一个新的事物，早在古代，古埃及人、腓尼基人、古希腊人就开始了国际商贸往来，并懂得了如何与不同文化背景下的人们做生意。当丹麦人、英国人以及其他一些欧洲国家的商人在文艺复兴时期与自己文化环境以外的人们进行贸易时，他们就会对不同文化背景下产生的语言、信仰以及习惯保持敏感，并避免发生冲突以期顺利实现交易。这些事实上就是在从事跨文化的经营与管理活动，不过那时候的跨文化管理活动主要来自于从事贸易活动的不同文化背景下商人们的个人经验，有关文化及文化差异的研究也只有人类学家才会关心，跨文化管理还并没有真正成为一门独立的科学。

文化差异是一种客观存在，为减少和降低文化差异导致的国际工程项目货物采购风险，承包商应加强跨文化意识，正确识别、认识和理解文化差异，采取必要的措施和进行跨文化管理。

1）在缺乏对文化差异的根本认识之前，承包商不能根据自己的文化观念"自作主张"。应克服"自我参考准则"，观察由外部事件引起的各种变化和应采取的策略，控制民族优越感的影响，宽容不同文化，谨守中立。

2) 进行跨文化诊断，分析对方和己方的文化状况。

3) 正确选择商务人员，以适应文化差异。国际工程项目货物采购的文化风险主要在于具有不同文化的"人"，在于隐含于"人"的大脑中的"文化"。因此，参与国际采购的工程师必须能执行项目战略，忠实地代表和维护承包商的利益，同时具有丰富的专业知识和对异域文化的适应能力，并具备在多元文化环境下工作所必需的特定素质。

4) 进行跨文化培训。

7.3.2 消除文化差异，走出新路子

1. 了解和消除文化差异，形成新的优势

在项目管理实施过程中，由于文化差异的了解和适应需要相当长的时间，并依靠丰富的实践经验，人才培养问题就非常突出，在培养懂项目管理、懂语言、懂当地文化、懂当地法律、懂成本和财务控制、懂客户管理的复合型人才的同时，应更注重培养由多种专业人才构成的复合型团队，通过加大公司集中控制力度与项目管理规范化程度，提高决策水平，实现管理理念的转变，形成国际工程项目在管理输出方面新的优势。

与此同时，通过与当地各类具有相当高专业服务水准人员的磨合，以及与当地雇员工作方法的沟通了解和管理方法的融合，摸索出一套属地化的经营机制，提高内部管理运作效率，降低经营风险。

2. 探索新方法，走出新路子

国际工程承包所面临的市场环境错综复杂，地域文化差异很大，给工程项目的实施造成了很大困难；同时，新的地域市场开拓也需要强大的本地化支持。作为承包商，一定要重视当地市场的本地化经营。不断探索新的管理模式和项目运作方式，包括在当地寻找战略合作伙伴、与当地政府或企业进行资本合作、成立独立的地区分公司等。

7.3.3 强化思考，优化沟通方式

项目管理过程中，沟通的对象因人而异，沟通所采取的手段也不尽相同，最终的目的只有一个：各方在最短的时间达成共识，碰撞出思想火花，找到问题的方案。

1. 习惯换位思考

要做到理性沟通。语言上要给予对方尊重，既要使对方舒服，又要将自己的意思表达清楚。

1) 沟通中通常会遇到这样的情况：事情很急迫，急需引起对方的重视，此时往往一不小心就会口气上有些强硬，让对方接受不了。实际上，在沟通中，我们要学会"以礼待人，以理服人"，营造和谐的沟通氛围。既让对方接受，又能让对方充分明白你的困难，认识到业主与承包商不是对立而是合作关系，如此一来，对方才会心甘情愿地帮助你。

2) 在向业主提出要求或者某些支持时，不要首先表明自己的目的，先应该肯定业主对我方的支持，再次表达自己为此做出的努力，让业主时刻感到承包商的全身心付出，最后再表达自己的困难并寻求支持。

3) 面对面的沟通更需要真诚。谈判的目的不是如何压制对方，而是如何使双方分歧得以化解，满足各自需要，达成共识。

2. 注重特点，有针对性地变换沟通方式

在整个沟通过程中，创造一种积极向上且容易被接受的沟通方式。有效的沟通需要对自己

的沟通目标有明确的认知，适当的沟通更需要对自己、对他人、对情景有清晰的认知，以便确定在什么时候、什么场合，对什么样的人、以什么样的方式进行沟通，以便达成沟通目标。

3. 了解沟通对象，做到有的放矢

了解合作对象，选择其更容易接受的沟通方式。如果沟通对象是一个严谨而又认真的人，在沟通过程中就要特别注意信息的准确性，因为反复变更的信息容易让对方认为我方做事毛躁，从而产生信任危机。

7.3.4 充分发挥当地代理人的作用

代理人除了帮助承包商寻找工程项目外，还向承包商提供当地的政治、经济、法律、文化等信息。承包商企业应选择具有当地文化背景或熟悉当地背景，具有良好而广泛的人际关系网络的当地代理人。这样的代理人可成为承包商与当地社会的桥梁，有助于承包商实施跨文化管理。

7.3.5 遵守共同的市场交易规则

在国际商务活动中，虽然各国供应商企业都有适合自己经营的操作规范，但还存在国际上约定俗成的惯例。为使合同双方相互信任和理解，进行成功的交往，必须建立一个相互承认的交往条件，如双方都能接受的、相互之间共同遵循的市场交往规则，以弥补商业交往中的文化差异。

7.3.6 注重双方的心理沟通

加强双方心理沟通，既包括与员工间的心理沟通，从各方面帮助员工，确保员工全身心地投入工作中；也包括了解客户的心理状态，创造最佳的沟通时机。

沟通在项目管理中必不可少，也至关重要，是决定项目成功与否的关键因素之一，随着经济全球化和企业跨国经营的发展，越来越多的项目成员经常要到国外出差或者在海外工作，几乎每天都要与世界各地的人们进行沟通。因此，无论是在国内还是在境外，都必须了解不同文化之间的差异，并掌握有效的沟通技巧，增强沟通能力。

案例分析

非洲某国社会住房项目与当局的沟通管理

工程项目为非洲某国社会住房项目建设，资金由非洲银行提供，属于技术援助项目，招标范围仅为土建工程的施工项目。

1. 投标过程

我国某工程承包公司获得该国建设社会住房项目的招标信息，考虑到要在该国长期的发展，决定参与该项目的投标。由于我国与该国尚未建立正式外交关系，几经周折，投标小组到达该国后距离投标截止期限还有不到一个月的时间，投标小组还没有对该国的建筑市场做全面的调查研究，对当局一些政策法规也缺乏了解，由于时间紧迫，投标小组就买了标书，仓促投标报价。待开标后，发现报价低于正常价格的20%，开标后，业主代表、监理工程师进行了投标文件的分析，对是否授标产生了分歧。监理工程师坚持中国公司的标为废标，因为报价太低肯定吃亏，如果授标肯定完不成。但业主代表却坚持将标授予中国公司，并坚信中国公司信誉好，工程一定很顺利。最终中国公司中标。

2. 分歧的问题

中标后承包方分析了招标文件，调查了市场价格以及环境情况，发现报价太低，而且受环境因素影响，如果承接下来，至少要亏损2000万元人民币，同时，合同中还有如下问题：

1）没有固定汇率条款，合同以当地货币计算，后来经调查，汇率一直变动不稳。

2）没有预付款的条款，按照合同所确定的付款方式，承包商要投入很多自有资金，这不仅造成自有资金投入加大，而且财务成本也增加了不少。

3）该国天气变化不稳，而项目开工期间正好是雨水旺季，很有可能延误，施工造成的损失还需要由中国公司支付。

4）合同条款规定不免税，工程的税收约为合同价格的12%，而按照非洲银行与该国政府的经济援助协议，本工程应该免税。

3. 与当局、业主的沟通

中国公司首先找到业主说明以上问题，承包商与业主代表进行了多次接触，一方面感谢对方的支持和信任并保证做好工程，另一方面又讲述了遇到的困难——由于报价低，亏损是难免的，希望业主给予以下几方面的支持：

1）按照国际惯例将汇率以投标截止前28天的中央银行的外汇汇率固定下来，以减少承包商的汇率风险。

2）尽管双方约定虽没有预付款，但作为非洲银行的经援项目通常有预付款，由于没有预付款承包商将无力进行工程，因此要求支付预付款。

3）由于环境天气等原因造成的误工等损失，要由该国承担，中国公司概不负责。

4）通过调查了解获悉，在非洲银行与该国政府的经济援助协议上本项目是免税的，而本项目必须执行免税协议，因此合同规定由承包商缴纳税务是不对的，应予以修改。

4. 最终状况

由于业主代表坚持将标授予中国公司，如果这个项目失败，他将承担相关责任并付出沉重的代价，因此对承包商提出的上述四点要求，对方将尽最大努力与政府交涉，此时，中国承包商也协助业主提供有力证据。最终，承包商的四点要求都得到了满足，扭转了本工程的不利局面。最后在本工程中，承包商顺利地完成了工程任务，业主满意，承包商在经济上不仅不亏损而且略有盈余。本工程中业主代表的立场以及所做出的努力起到了十分关键的作用。

5. 几个注意点

1）承包商到国外承接工程必须谨慎，特别在国际工程中，必须进行详细的环境调查，学习政府的法规法律，掌握非洲交流的语言，本工程取得较好的结果与公司人员的素质是分不开的。

2）本工程中承包商与业主代表的关系是关键：能够说服业主、当地政府和监理工程师，让业主支持，让当地政府按照法律法规办事，让监理工程师没有意见，这其中的沟通是很关键的，也是很有必要的。

（资料来源：《国际工程咨询设计与总承包企业管理》，汪世宏、陈勇强，中国建筑工业出版社出版，2010年.）

第 8 章

国际工程计量与估价

本章要点
- 国际工程计量
- 国际工程估价

◆ 引入案例

某公司在参与南亚某国一公路改造项目的施工投标时,发现由于招标文件的错误,将60km长、3.6m宽的现有混凝土路面铲除估算为20000m²。经过现场踏勘后,该公司投标人员更进一步证实招标文件中的20000m²是错的,应为200000m²。承包公司在编制投标文件时,将铲除旧路面的单价提高,按400当地币/m²报价;同时将沥青混凝土路面单价按230当地币/m²(正常价位应为265当地币/m²)报价,开标时,该公司以最低价中标。

项目执行中,监理工程师才发现这个问题,业主和监理工程师试图通过变更设计挽回被动局面和损失,拟取消铲除旧路面项目,然而在工程量清单中再找不出其他可以代替铲除的子项目,若不进行铲除直接在旧路面上铺设基层,经试验,又会发生滑移。无奈中,业主只能付出较昂贵的费用作为代价。

国际工程估价是国际工程承包中的一个重要环节。无论对业主还是承包商而言,都直接影响到工程的成功与否。没有准确的估价,业主不可能以合理的价格获得最好的承包商,而承包商则可能失去承包权,或者即使获得承包权但却无利可言甚至赔本。国际工程估价的过程包括两大部分:工程计量和估价。它们的计算都遵循一定的规则。

8.1 国际工程计量

工程量是以一定计量单位表示的工程实物数量。在国际工程招标投标中，工程量具有极重要的意义，它是业主编制标底、承包商进行报价的重要依据之一。在国际招标投标工程的招标文件中，尤其是单价合同中，工程量清单（BOQ）是其中的一个重要组成部分。

8.1.1 国际上常用的工程量计算规则

对于工程量的计算方法，世界各国目前还没有统一的规定。国际上现在通常采用的有英国皇家特许测量师协会编制的《建筑工程标准计量规则》（SMM7）、FIDIC 制定的工程量计算规则和国际建设项目计量标准。

1. 建筑工程标准计量规则（SMM7）

英国国内原有两大测量师组织：英国皇家特许测量师组织（SI）和英国皇家特许工料测量师协会（QSA）。它们都是皇家特许的解决建筑工程量计算中纠纷的组织。但由于计算口径不同，承包商和估价师都无法准确了解工程量清单中的项目含义以及如何报价。

为确保计算工作的精确性和统一性，QSA 在 1909 年任命一个委员会专门筹备制定工程量计算规则，SI 也派出了专门小组为委员会关于正确的计算方法以及经常出现争端部分提供专家建议，并于 1912 年 6 月成立了联合委员会（SJC）。1918 年英国建筑业不同行业的代表也受全国建筑业行业雇主联合会（NFBTE）和建造者协会（CIOB）的任命加入了联合委员会（SJC）帮助制定标准计算规则。这样，联合委员会中有 6 个人来自测量师组织（SI）和工料测量师协会（QSA），4 位承包商来自全国建筑业行业雇主联合会（NFBTE）和建造者协会（CIOB），1922 年，SI 和 QSA 合并成立了英国皇家特许测量师协会（RICS），并终于出版了第一版的《建筑工程标准计量规则》（SMM）。

随着建筑业的发展，SMM 体系也多次改版，直到 1988 年 7 月 1 日，SMM7 正式问世。SMM7 以崭新的面貌引进了许多新的工程分类体系，并吸纳了一批新的工程科技进步成果，自颁布以后，被英联邦体制下的上百个国家广泛接受和使用，一些 WTO 成员在 SMM7 基础上编制了本地区的规则，以适应国际经济全球化和知识经济时代的浪潮。

SMM7 之前，一直使用的是 1979 年出版的 SMM6。SMM7 在 SMM6 的基础上做了几个重大改变：

1）根据项目信息联合委员会（CCPI）制定的建筑工程一般分类法重新对 SMM 进行了分类，使得 SMM7 和联合委员会的其他标准文件、标准更有兼容性。

2）SMM7 改变了原来平铺直叙地讲述规则的方法，系统地运用了章、节、类、分项及分项条件的分类表格，使得使用者可以更快、更方便地使用 SMM7。而且也更适合用于计算机编程，这样的改变也不影响那些喜欢用叙述方法编制清单的估价师。

3）在工程项目划分上做了大范围的精细调整，将建筑工程量的计算由 SMM6 的 18 项划分为 23 个部分，增加了通信系统、保安系统、控制系统、电子设备计算、使用指南及其各章节部分，基本囊括了建筑工程红线以内所需的建筑工程项目。

2. FIDIC 工程量计算规则

使用 FIDIC 合同条款时一般配套使用 FIDIC 工程量计算规则。FIDIC 工程量计算规则是在 SMM7 的基础上，根据工程项目合同管理中的要求由皇家特许测量师协会指定的委员会编制的,以适用于没有适宜规则和根本没有规则的地方。但是要正确地使用 FIDIC 工程量计算规则还需提供详细的技术规范和设计图。总的来说,工程量计算规则和 SMM7 之间的差别不大,但 FIDIC 的计算规则在执行中和在技术方面更具灵活性。

3. 国际建设项目计量标准

建筑业的全球化增加了国际各组织,尤其是世界银行集团、国际货币基金组织、各区域开发银行、非政府组织和联合国等对国际建设项目费用进行有效对比分析的需求,标准的应用将为建设项目费用管理带来显著效益。研究表明,建设项目费用计量方法和标准的不同会导致建设项目费用差异达到 25%~30%,由此产生了统一全球建设项目费用构成标准的需求。

2015 年 6 月在国际货币基金组织的一次会议上,成立了国际建设项目计量标准联盟(以下简称"联盟"),截至 2017 年 7 月,联盟包括国际测量师联合会(FIG)、美国国际工程造价促进会(AACE)、中国建设工程造价管理协会(CECA)等 45 个成员组织。联盟成员对推动国际建设项目计量标准(International Construction Measurement Standards,ICMS)实施达成了一致意见,以鼓励世界各国家和地区接受并采用 ICMS,作为统一全球建设项目费用构成的首份标准。联盟成立了独立的标准制定委员会(Standards Setting Committee,SSC),委员会包括来自 16 个国家的技术专家,专业知识覆盖 47 个不同领域,经过多次磋商,SSC 于 2017 年 7 月正式发布了第一版 ICMS。

ICMS 旨在为世界各国家和地区的建设项目提供全球统一的费用分类、定义、计量、分析和构成标准。ICMS 是一套全球统一的建设项目费用分类体系。ICMS 对建设项目费用进行分类、定义、计量、分析及呈现的结构分为四个层级:

一级:项目或子项目。
二级:费用类别。
三级:费用集。
四级:费用子集。

所用项目或子项目的二级和三级结构相同,四级结构的内容可以根据使用国的实际情况调整。

8.1.2 工程量计算规则简介

目前国际上计算建筑工程量,使用英国的 SMM7 的较多,因此本部分主要对 SMM7 进行简要的介绍。

1. 工程量的计算原则

SMM7 对工程量的计算原则主要包括以下几个部分:

1)"工程量"一词的含义与我国国内建筑业与预算定额中所提出的"工程量"一词的含义有一定的区别,它是属于广义工程量的概念。

2)工程量计算项目的内容划分得很细,一个工程往往少则几百项,多则上千项,使得工程量计算项目繁多而细致。

3)工程量应以安装就位后的净值为准,每一笔数字至少应计量至最接近 10mm 的零数,此原则不适用于项目说明中的尺寸。

4)工程量的计算单位一般与我国国内的相同,基本都是采用 m、m^2、m^3、t 等国际单位制单位。

5) 工程量计算项目，有些与国内预算定额的规定相同，有些是名称相同但内涵不同，有些则是国内预算定额中没有的。工程量的计算方法与国内的一般规定也有一定的差异。计算时，普遍遵循"以净方为准，没有虚方、重叠或相互抵消情况"的原则。

6) 规则中限定了工程量的计算部位、计量单位，甚至计算条件，但对于具体的计算公式并不限定。

7) 除有其他规定外，以面积计算的项目，小于 $1m^2$ 的空洞不予扣除。

8) 最小扣除的空洞以该计量面积内的边缘为限，对位于被计量面积边缘上的这些空洞，不论其尺寸大小，均必须扣除。

9) 小型建筑物或构筑物可另行单独规定计量规则。

2. SMM7 的主要内容

（1）工程量项目划分

SMM7 将建筑工程工程量的计算划分成 23 个部分，见表 8-1。其中为了避免字母与数字混淆，没有使用 I 和 O 两个字母。

表 8-1　SMM7 的项目划分

序号	项目	内容
A	开办费、总则	列举一些开办费中的费用项目和一些基本规则。费用项目划分为业主的要求和承包商的要求 业主的要求包括：投标、分包、供应的费用，文件管理、项目管理费用，质量标准、控制的费用，现场安全保护的费用，特殊限制、施工方法的限制、施工程序的限制、时间要求的限制费用，设备、临时设备、配件的费用，已完工程的操作、维修费用等 承包商的要求包括：现场管理和工作人员费用、现场住宿费用、现场设备、设施费用、机械设备费用、临时工程费用 还对业主指定分包商、指定供应商、国家机关如煤气自来水公司等工作规定、计日工工作规则等进行了说明
B	完整的建筑	—
C	拆除、改建、翻建	拆除结构物，区域改建，支撑，修复，改造混凝土、砖、砌块、石头，对己存在墙的化学处理，对金属工程的修复、更改，对木制工程的修复、更改，真菌、甲虫根除器等
D	地面工作	即基础工程的计算规则。具体包括：地质调查，土壤稳定处理，现场排水，土石方开挖和回填，钻孔灌注桩，预制混凝土桩，钢板桩，地下连续墙，基础加固
E	现浇混凝土、大型预制混凝土构件	即混凝土工程的计算规则。具体包括：混凝土工程，集中搅拌泵送混凝土，混凝土模板，钢筋工程，混凝土的设计接缝，预应力钢筋，大型预制混凝土构件等
F	砖石工程	即砖石工程的计算规则。具体包括：砖石墙身，砖石墙身附件，预制混凝土窗台、过梁、压顶等
G	结构、主体金属工程、木制工程	金属结构框架，铝合金框架，独立金属结构，预制木制构件等
H	幕墙、屋面工程	幕墙玻璃，结构连接件，水泥板幕墙，金属板幕墙，预制混凝土板幕墙，泥瓦，混凝土屋面等
J	防水工程	沥青防水层，沥青屋面，隔热层，粉饰液体防水面层，沥青卷材屋面等
K	隔墙面板、衬板	石膏板干衬板，硬板地面，护墙板，衬砌，挡面板工程，檩子，栏杆内部衬砌，木地板地面，护墙板，衬砌，挡面板工程，窄木条地面，衬砌，可拆隔墙，石膏板固定型隔墙板，内墙及衬砌，骨料板材小室隔墙板，混凝土、水磨石隔墙，悬挂式顶棚，架高活动地板

(续)

序号	项目	内容
L	窗、门、楼梯	木制窗扇、天窗、钢制窗扇、天窗、木制门、钢质门、卷帘门、木制楼梯、扶手、钢制楼梯、扶手、一般玻璃、铅条玻璃等
M	表面粉刷	水泥、混凝土、花岗石面层、大理石面块、地毯、墙纸、油漆、抹灰等
N	家具、设备	一般的器具、家具、设备、厨房设备、卫生洁具等
P	建筑杂项	各种绝缘隔声材料、门窗贴脸、踢脚板、五金零件、设备的沟槽、地坑、设备的预留孔、支撑、盖子等
Q	人行道、机械、围墙、现场装备	石头、混凝土、砖砌人行道、三合土、水泥道路基础、围墙、各种道路、机械设备等
R	下水道系统	雨水管、天沟、地下排水管、污水处理系统、泵、中央真空处理系统、夯具、浸渍机、焚化设备等
S	管道系统	冷热水的供应、浇灌水、喷泉、游泳池压缩空气、医疗、实验用气、真空消防管、喷淋系统等
T	机械供热、制冷、冷气	燃油锅炉、燃煤锅炉、热泵、加热制冷机械等
U	通风、空调系统	厕所、厨房、停车场通风系统、烟控系统、低速空调、通风管道、盘管风机、终端热泵空调、独立式空调机、窗、墙悬挂式空调机气瓶等
V	电气、照明系统	发电设备、高压供电、配电、公共设施供应、低压供电、配电、公共设施供应、附加低压电供应、直流电供应、电气地下供热、动力（小规模）等；应急灯、路灯、一般照明
W	通信、安保、控制系统	电信系统、公共地址扩音系统、无线电、电视、中央通信电视、幻灯机设备、广告展示设备、钟表、数据传输系统、接口控制系统、安全探测与报警系统、接地保护避雷系统、电磁屏蔽系统、中央控制系统等
X	运输系统	直梯、自动扶梯、井架和塔吊、机械传输系统、风动传输系统等
Y	机械和电子设备计算	管线、泵、水箱、热交换器、存储油罐、加热器、清洁及化学处理设施、空气管线及附属设施、空气控制机、风扇、空气过滤设施、消声器、终端绝缘装置、机械安装调试装置、减振装置、机械控制装置、电线管和电缆槽、高低压电缆和电线、母线槽、电缆支撑装置、高压电开关设备、低压电开关设备和配电箱、接触器与点火装置、灯具、电气附属设施、接地系统、电气调试装置、杂项等

(2) 工程量计算时的注意事项

1) 整体计算。在计算工程量时应有这样的理念：一个建筑物是一个群体，计算时应从整体出发。某些项目可以先计算出大致的工程量，精确的结果在计算过程中进行调整。例如墙身工程，开始计算时不论有无门窗、洞口先按整个墙身计算，在算到门、窗或其他相关部分时再在墙身工程中扣除这部分洞口工程量。抹灰工程和粉刷工程也可以用同样的方法来计算，如果门窗工程和粉刷工程由不同的人来计算，那么最好由计算门、窗工程的人来做墙身工程量的扣除和调整。

采取这种整体式的工程量计算方法比一个个分部单独计算独立完成更为简捷、方便、准确，尤其是发生了计算错误的时候。例如，在门、窗工程中忘了计算窗的工程量，本应扣除的窗洞处的墙身和粉刷的成本至少可以弥补一部分窗的成本，这比扣除了窗在墙身中的体积但却忘了计算窗的工程量要好得多。

2)项目描述时应注意的问题:

① 项目描述应该简明清晰。承包商报价的时间一般很短,而且往往压力很大。如果遇到很长很烦琐的项目描述,那会浪费他们很多时间。如果项目描述含义不清,那么承包商的估价师还要判断该项目描述究竟是什么含义,因而估价师在编制工程量清单写项目描述时应尽量小心使用明确的词语,正确地使用技术用语。最好能使用 SMM7 中的描述,但不能牵强地去套用不合适的标准描述。

② 项目描述时要注意用词的连贯性。在不同部位的相同工作,描述时应使用相同的字句,如果采用不同的字句,会给报价人员造成一种印象,这些项目是不同的。如果同一个项目分别出现在不同的地方,则一定要使用相同的或相似的字句或者注明该项目与前述项目相同。

③ 计算纸上的项目描述要与工程量清单相符。对于经常出现的项目可以在分部"工程概要"中描述,在具体项目时只需注明参考"工程概要"即可。

3)示意图的使用。SMM7 规定在提交工程量清单时,应提交相应的设计图,在一些特殊情况下,还应用标签尺寸的示意图来帮助详尽说明项目描述。估价师可以将这些示意图罗列成清单,附在工程量清单中,或者单独放在每个项目的项目描述中。

4)有关额外项目的使用。有些分项工程被注明是其他项目的"额外项目",这表明计算单价时不应考虑这个项目的全部人工和材料的造价,因为其一部分造价已经在其他项目中计算过了。例如,排水管道的弯头和接头或者天沟的端头和转角处都被注明"额外项目"。这说明计算排水管道或天沟时是按其全长进行计算的,没有扣除构件所占的长度。计算排水管道和天沟项目单价时,把构件按管道的单价进行计算,在计算额外项目单价时,只需计算构件比管道贵的那部分造价,因此在排水管道项目后面紧跟着的"额外项目",很明显是计算上述管道中弯头比管道贵的那部分成本的。在工程量清单中额外项目一般都紧随着主项目,这样在计算时可以一起考虑。

3. 主要工程量计算规则

(1)地下结构工程

在计算地下结构工程的工程量之前,应先核对施工图,确信已充分掌握了有关地面标高的所有数据。地下结构工程主要计算的工程量包括场地准备、土方工程、土臂支撑、工作空间和桩基础等部分。

1)场地准备。场地准备主要包括表土(Topsoil)去除和场地平整(Leveling)。

当新建工程建造在自然土上时,需要单独立一个项目,项目单位为平方米,项目内容为保存去除的表土草皮,并在工程结束后回填,工程量按基础建筑面积计算。如果场地太小需要场外堆放时,还需要设立一个立方米项目计算表土外运的工程量,并在项目描述中写明对方地点。

场地平整是指将场地平整至设计室外地坪标高,一般按平均地面标高计算就地挖填工程量。

2)土方工程。土方工程主要包括土方开挖(Excavating)、土方回填(Backfilling)和外运。开挖工程量的计算不考虑土体开挖后的膨胀因素,按开挖尺寸以体积为单位计算。如果开挖的土方全部外运,则外运的工程量与土方开挖的工程量相同。如果部分回填部分外运,外运的工程量等于开挖的工程量减去回填部分的工程量。

3)土方支撑(Earthwork Support)。如果开挖深度大于 0.25m 或土方面与水平面角度大于 45°时,需要计算土方支撑工程量,按照所需要支撑的土方表面积计算。

4)工作空间(Working Space)。工作空间以平方米为单位计算,工程量为整个工作面的长度乘以工作面的高度，工作面的高度按开挖面到防水层底部的距离计算。

5) 桩基础（Piling）。桩基础可以分为钢板桩（Steel Piling）、预制混凝土桩（Preformed Concrete Piling）和现浇混凝土桩（Cast in Place Concrete Piling）。钢板桩按照打入深度乘以桩的宽度以平方米为单位计算，如果需要接桩，则接桩的数量以根为单位计算。预制混凝土桩和现浇混凝土桩的工程量都是按照桩的数量以根为单位计算，项目描述中应明确说明桩的长度以及桩打入或钻孔的起始标高。现浇混凝土桩还应描述插筋和螺旋箍筋的直径和桩的直径；泥浆处理单位按桩的截面积乘以混凝土长度以立方米为单位计算。

(2) 混凝土工程（in Situ Concrete/Large Precast Concrete）

混凝土工程主要包括混凝土、钢筋和模板三部分，还可以包括预制混凝土构件。

1) 混凝土。混凝土应区分混凝土板、墙、柱、梁等分别列项，工程量以立方米为单位计算，不扣除钢筋和小于 $0.05m^3$ 的洞口体积。

2) 模板。模板一般以与混凝土实际接触的表面积以平方米为单位计算，但是对于钢筋混凝土基础边模和地梁、底板边模，当其高度≤1m 时按模板长度以延长米为单位计算，若楼板的板厚不超过 250mm，则其周边模板工程量按照楼板的周边长度以延长米计算。

3) 钢筋。钢筋以延长米为单位计算，在工程量清单中以不同直径分类，并最终以吨数计价。不同级别与强度的钢筋应分别计算，并注明其规格要求。

4) 预制混凝土构件。预制混凝土构件的计算一般是按个数计算，但有时根据预制构件特点按延长米或面积计算。

(3) 钢结构工程（Structure Steel）

钢结构工程可以分为两种形式：独立结构的钢结构工程和框架结构形式的钢结构工程。编制工程量清单时，应在分部工程概要中说明钢材、钢构件的等级、安装允许误差、制作的方式、现场连接的方法、材料测定、质量测试要求以及完工验收的方法。

1) 钢结构的连接。钢结构的构件连接方法不同，其工程量计算方法和价格也不同。一般钢结构的连接以个数为单位计算，并且在项目描述中说明连接的种类、尺寸、等级以及表面涂料等；焊接的工作包含在构件安装项目中，不单独计算。

2) 钢结构的安装。钢结构的安装工程量一般按重量单位以吨计算。通常在钢构件和连接配件计算完毕后，将它们的重量相加，得到的即是需要安装的重量。

3) 钢结构的零配件。钢结构的零配件根据其特点，有的可以附在构件中，不单独计算；有的则需要单独列项计算，如节点的连接板、托座、柱帽、柱脚等，并且要根据材料的种类和等级分别计算。

4) 钢结构的表面处理。钢结构的表面处理一般以面积为单位计算。

(4) 屋面工程（Roofing）

1) 斜屋面。斜屋面应首先计算覆盖层，工程量按覆盖的面积以平方米为单位计算。木制斜屋面的结构层部分均以延长米为单位计算。屋面板和托架单独计算，托架入屋面板中；固定件和橡木垫块按个计算，在项目描述中说明其长度和尺寸。屋檐、屋脊、封檐板、挡风板的粉刷按延长米计算，在项目描述中说明其尺寸，宽度大于 300mm 的应按平方米计算。

2) 平屋面。平屋面的覆盖层及防水层均按平方米计算。踢脚板、天沟、侧边石排水管等周长小于 2m 的均按延长米计算；屋面排水口上盖、水落等按个数计算；封檐板、披水、天沟的内衬等都按延长米计算，并根据宽度和周长分类；沥青结点、圆形修边等按延长米计算。

混凝土女儿墙按立方米计算，如果高度小于1m，应按延长米计算边模，混凝土表面刮平按平方米计算。

3）雨水管系统。雨水管按延长米计算，不扣除配件长度，在项目描述中说明管道是否固定在找平层、混凝土或管道井上。雨水天沟的计算与雨水管相似，项目描述中应包括尺寸、连接方法、固定形式以及固定基础；雨水落斗按个计算，在项目描述中说明材料、等级等。

(5) 楼梯工程（Stairs）

现浇混凝土楼梯工程量的计算主要包括混凝土、模板、钢筋和粉刷及栏杆工程量。

1）混凝土。现浇楼梯混凝土以立方米为单位计算，梯段、踏步、平台均归于同一个项目。

2）模板。现浇楼梯模板工程量计算一般分为梯段模板和楼梯平台模板两部分。梯段模板项目应包括梯段、楼梯斜梁、踏步处的模板，工程量按照楼梯段的斜长以延长米为单位计算；楼梯平台模板以平方米为单位单独计算，计算时按平台板的厚度和距离地面或支撑面的高度分类。

3）钢筋。若楼梯施工图中有详细的配筋，应按图计算，直筋、弯筋分别列项，以吨为单位计算；水平钢筋大于12m、竖筋大于6m的都应在项目描述中说明。

4）粉刷及栏杆。楼梯各部分的粉刷均按延长米为单位分别列项计算，但楼梯平台粉刷工程量可不必单独计算。楼梯栏杆以延长米为单位计算。

(6) 门窗工程

1）门工程。门的工程量以个数为单位计算，并配上尺寸图，在项目描述中应详细说明门的尺寸形状、镶板面数、开启方式等特性。

门框的工程量是考虑门的尺寸加上木框的厚度以长度为单位计算，在工程量清单中应注明每种尺寸的门框套数。

门缘饰以延长米为单位计算。

门的油漆按面积计算。装有玻璃的门，应注明玻璃的尺寸；门框、门缘饰如果周长超过300mm，油漆按面积计算，未超过300mm的按延长米计算。

2）窗工程。木窗、铁窗和塑钢窗等一般以个数为单位计算，并且附上注明尺寸的图表。不同类型、不同材料的窗应分别计算，在项目描述中应详细说明窗的开启方式、材料要求等；窗框的垫层和勾缝、木制窗台板和盖缝嵌条等均以延长米计算。

窗格玻璃如果采用标准平玻璃，当厚度<10mm，且面积不超过$4m^2$时，以m^2为单位计算；如果采用厚度和尺寸超过以上范围的非标准玻璃，则按照个数计算并注明尺寸；如果采用双层玻璃，除在项目描述中注明以外，工程量也应乘2。

窗五金的工程量一般按个数为单位计算，应在项目描述中注明被安装部位的质地。对窗框等部分的油漆以平方米为单位计算。

窗洞尺寸应在计算墙体和装修时扣除。预制混凝土过梁以根数计算，尺寸、形状和钢筋应在项目描述中注明；现浇混凝土过梁则按独立梁的计算方法计算混凝土、模板和钢筋的用量；门窗中外露墙侧面的抹灰如果不超过300mm宽，按延长米计算。

(7) 装饰工程

通常情况下，装饰工程的计算分为楼地面、顶棚（包括附梁）、墙体（包括附柱）、独立柱、墙裙、踢脚板等。

1）楼地面饰面。各种面层均按实际覆盖面积计算，扣除墙、柱、电梯井、管道等所占的面积；凸出地面的构筑物、设备基础等不做面层部分的面积也应扣除。

2）顶棚饰面。顶棚的面积按照每个房间的结构尺寸计算，扣除墙、柱、电梯井、管道等所占的面积，附梁的装修需另外调整；层高超过 3.5m 时，天花板装修的描述部分应注明层高，并以 1.5m 递增分类。

3）墙体饰面。墙面、墙裙的长度以主墙间的净长计算，墙面高度按室内地坪面至顶棚底净高计算，墙裙的高度按室内地坪面以上的图示高度计算，墙面抹灰面积应扣除墙裙和踢脚板的面积。

4）独立柱、墙裙、踢脚板。柱抹灰、镶贴块料按结构断面周长乘以高度计算；墙裙、护墙板均按净长乘以净高计算；踢脚板以延长米计算，并应在项目描述中注明尺寸、形状。

以上为 SMM7 中对主要工程量的计算方法，在实际工程中应根据招标人的要求，结合招标文件中的技术说明书，计算每一项工程量并分析工程量清单中每一个项目的具体内容，才不致在计算单价时失误。

8.2 国际工程估价

8.2.1 国际工程估价的工作程序

国际工程估价是正确进行投标报价决策的重要依据，其工作内容繁多，工作量大，而时间往往紧迫，因而必须周密考虑，统筹安排，遵照一定的工作程序，使估价工作有条不紊、紧张而有序地进行。估价工作在投标者通过资格预审之后并获得招标文件后即开始，国际工程估价的工作程序如图 8-1 所示。

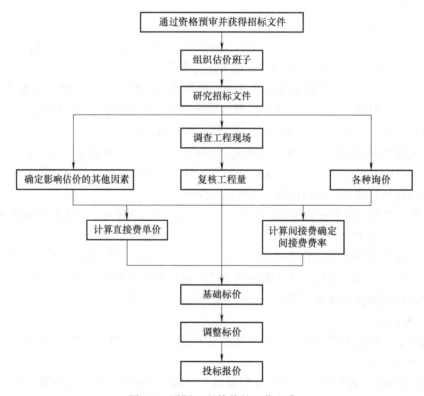

图 8-1 国际工程估价的工作程序

1. 组织估价班子

（1）估价班子组织的原则

国际工程估价，不论承包方式和工程范围如何，都涉及承包市场竞争态势、生产要素市场行情、工程技术规范和标准、施工组织和技术、工料消耗标准或定额、合同形式和条款以及金融、税收、保险等方面的问题。因此，需要有专门的机构和人员对估价的全部活动加以组织和管理，组织一个业务水平高、经验丰富、精力充沛的估价班子是投标获得成功的基本保证。一般来说估价班子的成员应该由经济管理类人才、专业技术类人才、商务金融类人才、合同管理类人才组成。

（2）估价人员的素质要求

经济管理类人才是指直接从事工程估价的人员。他们不仅应对本公司各类分部分项工程工料消耗的标准和水平了如指掌，而且对本公司的技术特长和优势以及不足都应有客观的分析和认识，同时应当熟悉竞争对手和生产要素市场的行情和动态。他们能够运用科学的调查、统计、分析、预测的方法，对所掌握的信息和数据进行正确的处理，使估价工作建立在可靠的基础之上。另外，对于常见工程的主要技术特点和常用的施工方法，他们也应当有足够的了解。

专业技术类人才主要是指工程设计和施工中的各类技术人员，如建筑师、结构工程师、电气工程师、机械工程师等。在国际工程承包中，还有可能要求承包商完成部分设计工作，因此要求专业技术类人才应掌握本专业领域内最新的技术知识，具备熟练的实际操作能力，能解决本专业的技术难题，以便在估价时能够从本公司实际技术水平出发，根据投标工程的技术特点和需要，选择适当的各项专业实施方案。

商务金融性人才是指从事金融、贸易、采购、保险、保函、贷款等方面的专业人员。他们应当掌握税收、保险、涉外财会外汇管理和结算等方面的知识，特别要熟悉工程所在国有关方面的情况，根据招标文件的有关规定选择有关的工作方案，如材料采购计划、贷款计划、保险方案、保函业务等。

合同管理类人才是指从事合同管理和索赔工作的人员。他们应熟悉国际上与工程承包有关的主要法律和国际惯例，熟悉国际上常用的合同条件，充分了解工程所在国有关法律和规定。他们能对招标文件所规定采用的合同条件进行深入分析，从中找出对承包商有利和不利的条款，提出要予以特别注意的问题，并善于发现索赔的可能性及其合同依据，以便在估价时予以考虑。

一个估价班子仅仅做到个体素质好往往是不够的，各类专业人员既要有明确的分工，又要能通力合作，及时交流信息。为此，估价班子的负责人就显得相当重要，他不仅要具有比估价班子一般人员更全面的知识和更丰富的经验，而且要善于管理、组织和协调，使各类专业人员都能充分发挥自己的主动性和积极性以及专业特长，按照既定的工作程序开展估价工作。

另外作为承包商来说，要注意保持估价班子成员的相对稳定性，以便积累和总结经验，不断提高其素质和水平，提高估价工作的效率，从而提高本公司投标报价的竞争力。一般来说，除了专业技术类人员要根据投标工程的内容、技术特点等因素而变动，其他三类的专业人员应尽可能不做大的变动。

2. 研究招标文件

研究招标文件是为了正确理解招标文件和业主的意图，是使投标文件满足招标文件要求、投标有效的前提。估价人员应对投标者须知、合同条件、技术规范、设计图和工程量清单分别进行研究分析，以便在编制投标书和计算标价时做到心中有数，防止投出不符合业主要求的报价，或者报价不合理的投标或"漏项"的投标。

招标文件包含的内容很广，招标文件中的每一个字都可能会涉及承包商的利益，因此承包商要全面消化招标文件的内容，不可放过任何一个细节。在投标过程中，对招标文件理解不透彻、对条件理解错误，将不可避免地导致投标失误或造成承包商的经济损失。在研究招标文件的过程中，如果发现招标文件中有含糊不清的问题时，承包商可以书面的方式，在标前会议时当面向业主或咨询工程师质疑。

承包商在研究招标文件时，应着重对以下重点问题给予足够的重视：

(1) 核准关键日期

承包商应当认真核准投标截止日期和时间、报价有效期、签订合同到开工的允许时间、总工期和部分工程的关键工期、缺陷通知期等。

(2) 保函

承包商应了解业主对投标保函、履约保函、预付款保函、维修保函、保留金保函、施工设备临时进口保函等的有效期要求、开具银行的限制以及保函的性质等。在投标阶段估价人员要着重注意招标文件对投标保函形式、机构、数额和有效期的规定，其中任何一项不符合要求，均可能被视为对招标文件未做出实质性反应而判定为废标。

(3) 保险要求

承包商应研究招标书要求提供的保险的种类，如工程一切险、第三者险、现场人员的人身事故和医疗保险、施工设备险等。承包商还应了解最低保险金额、保期、免赔额、索赔次数要求以及对保险公司限制等内容。

(4) 付款条件

承包商应了解：是否有预付款、预付款金额及其扣还时间和方法；运抵现场的永久设备和材料的预付款及其金额；永久设备和材料是否按订货、到港和运抵现场进行阶段付款；工程进度付款的支付方法、支付比例、签发账单到付款的时间、拖期付款的利息支付；扣留保留金比例最高金额和退还条件。

根据付款条件和预计的施工进度计划，估价师可绘出在本工程上的现金流量图，计算出占用资金的数额和时间，从而可计算出需要支付的利息数额并计入估价。如果合同条款中关于付款的有关规定比较含糊或明显不合理，应要求业主在标前答疑会上澄清或解释，最好能修改。

(5) 物价调整条款

承包商应研究招标文件中是否有对材料、设备价格和工资的价格调整规定。如果有，还应核准调整公式、调整方法、调整时间、调整的起点等内容。

(6) 货币

招标文件中有关报价货币和支付货币的规定、支付货币的种类和比例、外汇兑换规定、汇款规定、支付国外订货付款手续、报价汇率、汇率调整条款等内容是承包商应当重点关注的内容。

招标文件中一般对投标货币都有明确规定，不外乎三种形式：①单一货币报价，通常是工程所在国货币、资金提供机构所提供的货币、国际上最常用的某种货币（如美元）；②投标者自行决定选择某种货币报价，如投标者所在国货币（当然必须是国际上流通的硬通货）；③混合货币报价，如根据材料、设备采购来源地的货币、工程所在国货币、投标者本国货币分别对相应内容报价。但不管采用哪种报价方式，评标时都按照规定的汇率，如投标截止日之前28天的国际外汇市场的汇率换算成单一货币。估价人员了解投标货币的规定，首先是避免因投标货币选用不当而定为废标。其次，若招标文件规定投标货币即为中标后合同付款的货币，则投标货币的选择就更加重要，保守的做法是选择币值稳定的货币以避免汇率风险，冒险的做法是利用汇率投机。

（7）税收

承包商应了解：永久性设备和材料是否免税；临时进口的设备和机具是否征收海关税及其相应税率；预提税税率和征收方式；增值税税率和征收方式；企业所得税税率；个人所得税税率和缴纳方式。

（8）误期损害赔偿

承包商应研究合同如何规定误期损害赔偿费及其比例、误期损害赔偿费的最高限额、竣工奖励的规定等。

（9）外籍劳务

对外籍劳务的法律规定和外籍劳务的限制性规定也是承包商应重点关注的内容。

（10）不可抗力

承包商应明确不可抗力的范围、发生不可抗力后的通知程序以及不可抗力的补救措施等规定。

（11）争议的解决

承包商应明确有关争议解决的程序、仲裁的地点、法律诉讼程序和适用的法律等。

3. 调查工程现场

（1）调查工程现场的重要性

调查工程现场是估价前非常重要的一项准备工作。投标者在估价前必须认真、全面、仔细地对工程现场进行调查，以了解工地及其周围的政治、经济、地质、气候、法律等方面的情况，这些内容在招标文件中是不可能完全包括在内的，也是招标文件所不能替代的，而对估价和报价的结果有着至关重要的影响。

调查工程现场是投标者必须经过的投标程序。业主在招标文件中会明确注明投标者调查工程现场的时间和地点。按照国际惯例，投标者所提出的报价一般被认为是在审核招标文件之后并在工程现场调查的基础上编制出来的。一旦报价提出，投标者就无权因为现场调查不周、情况了解不细或其他因素考虑不全面而提出修改报价、调整报价或给予补偿等要求。因此，调查工程现场既是投标者的权利，又是投标者的责任，必须慎重对待。

（2）调查工程现场应注意的问题

调查工程现场所要了解的情况很多，而时间非常紧迫。因此，调查之前一定要做好充分的准备。首先，应仔细研究招标文件，但调查安排的时间往往不允许估价人员全面而深入地研究招标文件，这就要求估价师在研究招标文件时分阶段进行：第一阶段针对现场调查所要了解的内容对招标文件的内容进行研究，主要是工作范围、专用合同条件、设计图和说明等；第二阶段再对招标文件进行全面研究和分析。其次，为使调查工程现场有的放矢，防止遗漏并提高效率，应拟定尽可能详细的调查提纲，确定重点要解决的问题，调查提纲应尽可能标准化、规格化、表格化，以减少工程现场调查的随意性，避免因选派的调查人员不同而造成调查结果的明显差异。

调查工程现场的经费由投标者自行承担。业主应对现场调查进行统一组织并做总体性的介绍，业主还应协助办理调查人员出入工程所在国境签证和居留许可证。

4. 确定影响估价的其他因素

国际工程估价除了要考虑招标工程本身的内容、范围、技术特点和要求、招标文件的有关规定、工程现场情况等因素之外，还受许多其他因素的影响。其中最主要的是承包商自己制订的工程实施计划，包括施工总进度计划、施工方法、分包计划、资源安排等。

（1）施工总进度计划

国际工程施工中的间接费并不是简单地按直接费的某一固定比例计取，而是尽可能分别列项计算，其中有许多费用和时间长短有关。显然，施工总进度计划不同，间接费的数额就不同，就直接影响到估价的最终结果。因此，国际工程估价必须以既定的施工总进度计划为前提。

（2）施工方法

同一分部分项工程可以采用不同的施工方法，而不同的施工方法需要不同的施工机械、辅助设备、劳动力，相应的费用有时会有较大差异。尤其是土方工程、基础工程、围护和降低地下水措施、主体结构工程、混凝土搅拌和浇注方法等。施工方法对估价的影响相当大，施工方法的选择既要考虑技术上的可行性，满足施工总进度计划的要求，又要考虑其经济性。

（3）分包计划

分包是国际工程承包中的常见形式。分包商企业通常规模较小，但在某一分部分项工程领域具有明显的专业特长，如某些对手工操作技能要求较高或需要专用施工机械设备的分部分项工程。总包商或主包商企业一般规模较大，综合施工能力较强，且具有较高的施工管理水平。选择适当的分包商有利于总包商或主包商将自身优势与不同专业分包商的优势结合起来，降低工程报价，提高竞争能力。由此可见，分包是影响工程估价的重要因素之一。

（4）资源安排

资源安排是由施工进度计划和施工方法决定的。资源安排涉及劳动力、施工机械设备、材料和工程设备以及资金的安排。资源安排合理与否，对于保证施工进度计划的实现、保证工程质量和承包商的经济效益有重要意义。

5. 询价、估价与报价

（1）询价

询价是国际工程估价非常重要的一个环节。在国际市场中，建筑材料、施工机械设备（购置或租赁）的价格有时差异较大，"货比三家"对承包商总是有利的。但询价时要特别注意两个问题：一是产品质量必须可靠并满足招标文件的有关规定；二是供货方式、时间、地点、有无附加条件和费用。如果承包商准备在工程所在地招募劳务，则劳务询价是必不可少的。劳务询价主要有两种情况：一是成建制的劳务公司，相当于劳务分包，一般费用较高，但素质较可靠，工效较高，承包商的管理工作较轻；另一种是在劳务市场招募零散劳动力，根据需要进行选择，这种方式虽然劳务价格较低，但有时素质达不到要求或工效较低，且承包商的管理工作较繁重。估价师应在对劳务市场充分了解的基础上决定采用哪种方式，并以此为依据进行估价。分包商的选择也往往通过询价来决定。如果总包商或主包商在某一地区有长期稳定的任务来源，这时与一些可靠的分包商建立相对稳定的总分包关系可能是有益的，分包询价工作也可以大大简化。

（2）估价

估价与报价是两个不同的概念，实践中常常将两者混为一谈。

估价是指估价师在施工总进度计划、主要施工方法、分包商和资源安排确定之后，根据本公司的工料消耗标准和水平以及询价结果对本公司完成招标工程所需要支出的费用估算价格。其原则是根据本公司的实际情况合理补偿成本。不考虑其他因素，不涉及投标决策问题。

（3）报价

报价则是在估价的基础上，考虑本公司在该招标工程上的竞争地位（要分析竞争对手的情况），从本公司的经营目标出发，确定在该工程上的预期利润水平。不难看出，报价实质上是投标决策问题，还要考虑运用适当的投标技巧或策略，与估价的任务和实质是不同的。因此，报价通常是由承包商主管经营管理的负责人做出的。

8.2.2 国际工程估价费用的构成

估价是为报价服务的，因此在国际工程估价时，对哪些费用进行估算，应根据投标报价的需要确定。国际工程投标报价的具体组成应随投标的工程项目内容和招标文件要求进行划分，一般包括直接费、间接费和暂定金额。

1. 直接费

直接费是指成为工程实体即工程施工所用的人工费、材料和永久设备费、施工机械费。

（1）人工费

人工费又称为劳务费，包括对施工作业人员的一切津贴和所有各种支付，一般按工人每个工作日的平均费用计算。其计算公式如下：

$$人工费 = 单位工程的工日数量 \times 工日基价$$

式中　工日基价——承包商从国内派出的工人和在工程所在国招募工人的每个工作日的平均工资，在计算时可分别确定这两类工人的工资单价，再考虑人数、工效和其他相关因素以后，加权平均即可计算出工日基价。

国内派出人员的费用包括：

1）国内工资。可按承包商向劳务派遣公司支付的工人工资计算。

2）派出人员的企业收取的管理费。一般的做法是根据项目规模和报价预测等情况与派出工人的单位协商确定具体的金额。

3）置装费。按热带、温带、寒带等不同地区发放。在承包商与劳务公司签订劳务派遣合同的情况下，承包商可与劳务公司商定相关的费用。

4）国内旅费。包括工人出国和回国时往返于国内工作地点之间的旅费。

5）国际旅费。包括工人开工的出国、完工后回国及中间回国探亲所开支的旅费。

6）国外零用费及艰苦地区的补贴。按各公司现行规定计算。承包商与劳务公司签订派遣合同时，也可将该笔费用计入劳务费总额中。

7）国外伙食费。按各公司情况和规定执行。

8）人身意外保险费和税金。不同公司收取的保险费不同，如果业主没有规定保险公司时，应争取在国内办理保险。个人所得税按国内和工程所在国的有关法律规定执行。

9）加班费和奖金。

在不同的国家或地区雇用不同的人员，承包商应支付的费用不尽相同。但一般而言，雇用当地人员的费用包括：
1）日或周或月基本工资。
2）带薪法定假日、带薪休假日工资。
3）夜间施工或加班应增加的工作。
4）按规定应由雇主支付的税金和保险费。
5）招募费和解雇时需支付的解雇费。
6）上下班交通费。
7）其他各种补贴和津贴等。

另外人工费中还可考虑的因素有：额外劳力雇用、劳动工时效率降低、人员闲置以及其他不可预见的人工费支出等。

目前，在亚洲大部分国家和地区以及广大非洲国家，承包商从国内派出的工人工资单价和当地雇用工人的费用相差较大，中国工人的费用往往高于当地雇用工人的费用。对于一般土木工程项目而言，人工费用占工程总支出15%～20%左右，因此承包商如果想提高竞争力，应当从劳务输出型向管理型转变，力争多雇用当地的工人，以减少人工费。

在发达国家市场，由于移民、签证和劳工限制，承包商通常只能派出少量的管理人员，需要从当地聘请大量的管理人员和劳务人员，从事工程项目的施工工作。对于这些国家和地区的工程项目，承包商在报价时应摸清当地各类管理人员和工人的工资、福利水平，详细认真计算人工费，才能准确报出人工费的价格。

（2）材料和永久设备费

材料费包括材料及安装部件的采购价格及销售税、使用税、运费、保险费、码头费、关税及其他费用。永久设备费是指成为工程实体一部分的永久性设备的采购费用及其他相关费用。

$$材料费和永久设备费 = \sum 单位工程材料或设备消耗量 \times 材料或设备的单价$$

在国际工程项目中，材料和设备的来源有三种渠道：当地采购、国内采购和第三国采购。在实际工程中，采用哪一种采购方式需要根据材料和设备的价格、质量、供货条件及当地有关规定等因素确定。在确定采购策略后，投标人应向国家询价或通过招标的方式，确定材料和设备的单价。

1）当地采购的材料、设备单价。如果由当地材料商供货到现场，可直接用材料的报价作为材料设备单价；如自行采购，可采用下列公式计算：

$$材料或设备单价 = 市场价 + 运杂费 + 运输保管费$$

2）国内和第三国采购材料、设备单价，可采用下列公式计算：

$$材料或设备单价 = 到岸价 + 海关税 + 港口费 + 运杂费 + 保管费 + 运输保管损耗 + 其他费用$$

上述费用可细化为海上运输费、海上运输保险费、港口装卸费、提货、清关、商检、进口许可证相关费用、关税、其他附加税（如增值税）、港口到工地的运输装卸费、保险费、临时仓储费、银行信用证手续费、材料设备的采购费、样品费、试验费等。投标人可根据材料和设备的采购方式，详细计算相关的费用。

（3）施工机械费

施工机械费是指用于施工的机械和工器具的费用，工程建成后不构成业主的固定资产。其计算公式如下：

$$施工机械费 = 单位工程的施工机械台班数量 \times 机械台班基价$$

在国际工程项目中，承包商可通过自行购买或租赁的方式解决施工机械问题。采用租赁机械时，机械台班基价可根据事先调查或询价所得的租赁价格确定。承包商自行购买的机械台班基价应包括：

1) 折旧费。如果是新购设备，则应考虑在本工程中摊销的折旧比率。对于大型施工机械，通常可按五年摊销计算。对于中小型机械或价值较低而又易损的设备、二手设备以及在工程中使用台班较多的机械或车辆等，可以一次性折旧。

2) 安装拆卸费。对于需要安装拆卸的设备，如混凝土搅拌站等，可根据施工方案按可能发生的费用计算。至于设备在本工程完工需拆卸装运至其他工地所需的拆卸和运杂费用，既可计入下一个工程中，也可列入本次工程中，由承包商根据实际情况决定。

3) 维修费。维修费可参照国内的定额估算。工程期间的维修、配件、工具和辅助材料消耗等，可按定额中规定的比率计入。

4) 机械保险费。机械保险费是指施工机械设备的保险费，具体根据工程所在国的情况确定。

5) 燃料动力费。按当地的燃料和动力计价和消耗定额的乘积计算。

6) 机上人工费。按工日计价与操作人员数量的乘积计算。

以上各项费用项目中，前四项可按实际采用的设备总数计算，后两项则按台班计算。

2. 间接费

间接费是指直接费以外的其他经常性费用。由于国际工程承包市场的不断变化，投标人应根据招标文件的规定对间接费的构成基础进行增删。

(1) 开办费

有些国际工程招标项目的报价单中有开办费（或称初期费用）一项。开办费是指正式工作开始之前的各项现场准备工作所花费的费用。有的招标文件规定这些内容可以单独列成分项。如果招标文件中没有规定单列，则所有开办费应与其他管理费用一起摊入工程量清单的各计价分项中。开办费在不同的招标项目中所包括的内容可能不同，一般应包括以下内容：

1) 现场勘察费。业主移交现场后，应进行补充测量或勘探，可根据工程场地的面积计算。

2) 现场清理费。包括清除树木、旧有建筑构筑物等，可根据现场考察实际情况估算。在有些招标项目中，业主可能会将此项内容单独列项，投标人可就此项内容单独报价。

3) 进场临时道路费。对投标人而言，应详细考察现场的地质条件，是砂性土质还是黏性土质，考虑其长度、宽度，是否有小桥、涵洞及相应的排水设施等，确定修建临时道路的技术方案和措施，然后在此基础上进行报价。对于不同国家、不同地区和不同地质条件，修建临时道路的费用可能会有较大的差别。

4) 业主代表和现场工程师设施费。根据招标文件规定的内容和具体情况计算报价。

5) 现场试验设施费。如招标文件有具体规定，应按其要求计算。对于混凝土配料试块等，可按工程规模考虑试验设施计算其费用。而其他材料、成品的试验可送往附近的研究试验机构鉴定，考虑一笔试验费用即可。

6) 施工用水、电费。根据施工方案计算水电用量，结合现场考察调查，确定水电供应设施，如水源地、储水设施、供水管网、外接电源或柴油发电机站、供电线路等，并考虑水费、电费或发电的燃料动力费用。

7) 施工机械费。在上文中已计算出施工机械的基价，一般可将机械的折旧费和安拆费计入本项中。燃料动力、操作人工和维护修理费等，则计入台班费用，分摊到各工程单价中。

8）脚手架。根据施工方案，考虑脚手架的需用量并计算总费用。

9）承包商临时设施费。根据施工方案中计算的施工人员数量，计算临时住房、办公用房、仓库和其他临时建筑物等，并按简易标准计算费用。另外，还应考虑生活营地的水、电、道路、电话、卫生设施等费用。

10）现场保卫设施和安装费用。按施工方案中规定的围墙、警卫和夜间照明等计算。

11）职工交通费。根据生活营地远近和职工人数，计算交通车辆和职工由住地到工地的往返费用。

12）其他杂项。例如恶劣气候施工设施、职工劳动保护和施工安全措施等，可按施工方案估算。

（2）现场管理费

不便列入上述开办费中的其他一切开支，均列入现场管理费，按一定系数摊入各项工程量中。现场管理费一般包括以下内容：

1）投标费用。投标费用包括招标文件购置费、投标人员差旅费和工资、外事活动费等。

2）保函手续费。保函包括投标保函、履约保函、预付款保函和维修保函等。可按各项保证金金额乘以银行保函年费率，再乘以各种保函有效期即可。

3）保险费。保险费包括工程一切险、第三方责任险、车辆保险等，至于施工人员的人身事故和医疗保险及强制性的社会福利保险可计入施工人员的工资内，材料设备运输工程中的保险计入材料设备计价内。

4）税金。税金包括合同税、印花税等。所得税（包括国内派遣工人的个人所得税和公司利润所得税）是否列入成本中，则由投标人根据情况决定。

5）当地法律顾问、会计师或审计师聘用费。作为国际承包商，在当地聘请常年法律顾问是必不可少的，可按月付给法律顾问酬金。会计师和审计师则按每会计年度聘用一次，协助审查年度会计账目，使其符合当地财税部门的报表要求，其聘请费用也是按每会计年度支付一次。

6）管理人员费。从生产和辅助生产劳务数量按比例（国外工程一般8%～10%）配备管理人员，并结合各管理人员工资和费用计算总的管理人员费。如果工程所在国规定必须雇用一部分当地的工程技术人员，则根据可能雇用数量和当地工资水平，计算其总费用。

7）行政办公费。行政办公费包括管理部门的文具、纸张、表册、邮电用品，办公室用家具、器具和日常使用低值易耗品及水电、空调、采暖等开支。

8）生活设施费。生活设施费包括厨房设施、卫生设施、洗澡和环境清洁等设施的费用。

9）交通车辆使用费。交通车辆使用费包括办公人员的交通工具（如卧车、面包车等）折旧、保险、维修和油料费用等。

10）劳动保护用品费。

11）办公人员差旅费。办公人员差旅费包括在工程所在国和其他国外必要的公务差旅和津贴费用等。

12）广告宣传、会议、外事活动和交际费用等。

13）其他固定资产使用费。如必要时，需购买复印机、晒图机、打字机及其他仪器、照相机等，根据工程规模和工期，该费用可按折旧或一次摊销计算。

14）竣工清理费用。竣工清理如未列工程量清单，则可计入现场管理费中。

15）其他费用。凡在开办费中不能列出，而又必须支出的各项费用均可计入。也可总计列入一笔不可预见费用。

(3) 其他待摊费用

其他待摊费用是指除现场管理费之外的其他各项费用。它们可根据不同的条件确定其比例，也应同现场管理费一样，摊入工程量清单的各细目价格中。

1）流动资金利息。该利息可根据资金流量计算。承包商只靠工程预付款（当前各国的工程项目预付款一般不超过合同总价的10%），肯定难以维持工程的正常施工，而需要先垫付一笔流动资金；没有预付款的项目，承包商垫付的资金量更大。这笔流动资金大都是承包商从银行借贷的。因此，应当将流动资金的利息部分计入投标价格中。流动资金或其他垫付资金的利息，应当在编制资本流量表的基础上，根据承包商获得的资金来源的利率和资金占用时间详细核算。对于占用时间较长的资金，还应当考虑采用复利方式计算。如果承包商从银行获得的贷款货币与将来获得的付款货币有所不同，承包商还应当计算换汇汇率的变化可能带来的风险。至于竣工后分期分批支付的延期付款，应当在合同中明确规定付款利率。假若承包商借贷资金的利率高于业主可接受的延期付款利率，则其差额一般也摊入工程报价项目之中。

2）上层机构管理费。除了现场管理费外，为保证工程顺利实施，承包商的公司总部和地区办事处也要做大量组织管理工作，因此，在工程项目中提取一定的上层机构管理费是必要且合理的。其比例大小可由各公司自行规定。

3）代理人佣金。可根据代理协议的佣金规定计算摊入各项计价工程项目中。

4）利润。投标人可事先提出预计利润率进行计算。由于国际工程承包市场竞争激烈，承包商不得不不断降低自己的预计利润率，有些承包商不惜采用"无利润算标"，以求竞争胜标。所谓"无利润算标"，是指在计算投标报价时，完全按实际成本报价，不考虑任何利润。中标之后，承包商再想办法将工程分割，并分别转给成本较低的小公司分包，从而使中标的承包商至少可以获得一定比例的管理费用。即使工程不能转包或分包出去，承包商也想尽办法加强管理和降低成本，或者采取措施向业主索赔，以争取赚取微利。哪怕最后只能保本，承包商也认为是成功的，因为至少可以在市场萧条时期维持公司的正常运转营业，不致破产倒闭。

5）风险系数和降价系数。国际工程承包是一项风险事业，各种意外不测事件难以完全避免。为应对工程施工过程中偶然发生的事故而预留一笔风险金，有时是必要的。另外，在承包商中标后，在议标和商签合同过程中，业主可能还会施加压力，要求承包商适当让价。有些承包商在算标时考虑了一个降价系数，这样，在业主议标压价时，虽然适当让步，但也不致影响预期利润。投标人需要根据招标项目的具体情况和竞争对手的报价水平估算和确定风险系数的数值。有时，承包商在算标时考虑了风险系数和降价系数，但在投标前感到自己的报价过高，有可能输给竞争对手，于是在最后报送的投标函中，宣布降价，这其实不过是将原来的降价系数提前除去而已。在投标函中宣布降价，这也是承包商一种常见的投标策略。

6）物价上涨系数。在工期较长的总价合同中，如果没有调价条款，投标人应当在调查物价上涨趋势的基础上确定一个合理的系数。

3. 暂定金额

暂定金额也称待定金额或备用金。这笔费用是业主在招标文件中明确规定了具体数额的一笔费用，它实际是业主在筹集资金时考虑的一笔备用金。承包商在报价时应将此笔暂定金额按招标文件要求列出,并计入工程总报价,但承包商无权使用此项费用。暂定金额可用于工程施工、提供物料、购买设备、技术服务、指定增加的子项以及其他意外开支等,暂定金额的动用需安装工程师指令决定,可能全部或部分动用这笔款项,也可能完全不用。

鉴于暂定金额的这种性质,对承包商来说,除非业主或工程师指示使用这笔款项,否则承包商无权使用,也无法在工程账单中结算这笔费用。

8.3 国际工程报价决策

所谓报价决策,是指经过一系列的计算、评估和分析之后,由决策人应用有关决策理论和方法,根据自己的经验和判断,从既有利于中标而又能盈利这一基本目标出发最后决定投标的具体报价。投标报价的决策由管理层负责做出决定,通常采取审议会议的形式进行。

8.3.1 国际工程投标报价决策的影响因素

(1) 期望利润

承包商首先需要确定一个预期利润率,它不受工程自身因素的影响。

(2) 竞争程度

竞争程度对一个投标人的投标成功与否显然是一个极为关键的因素。可以通过对竞争对手进行"SWOT分析"来评价竞争程度。"SWOT"代表企业优势(Strength)、劣势(Weakness)、机会(Opportunity)和威胁(Threats),其实质是对企业内外部条件的各方面内容进行归纳和概括,进而分析组织的优劣势、面临的机会和威胁的一种方法。

在投标报价前应对参加投标的潜在竞争对手进行调查,在确定最后的投标决策时,可以针对已调查的资料进行重点分析,找出几家可能急于想获得此项工程的对手,再对其进行SWOT分析。例如,如果对手公司在当地已有工程正处于施工阶段,它很可能利用现有设备和其他设施为此项新投标的工程服务,从而可降低投标报价,那么投标人也应设法调入和利用自己的现有旧设备和工器具,尽量少采购新的施工机具设备,以便降低施工设备费用以增加竞争优势。所有关于各种优劣势的分析,不能仅停留在概念上,应当对每项各自的优劣势适当评分,并计算其在投标中的权重,从而可以算出其对投标的影响。

另外还可以从工程的难易程度和心理因素方面对竞争对手进行分析,估计对手的心态,找出真正的潜在对手,从而更有针对性地分析各方的优势和弱点,与之竞争。投标人如果能在竞争中做到知己知彼,就有可能制定合适的投标策略,发挥自己的优势而取胜。

(3) 风险偏好

风险系数和降价系数的具体数值需根据招标项目具体情况、内外部条件、竞争对手报价水平的估计,以及承包商自身对风险的承受能力与风险偏好,慎重研究后决定,尤其在外部商务环境较差,工程本身因资料不多潜伏较大风险,工程规模较大、技术难度较高时,应格外慎重。

8.3.2 国际工程投标报价的策略

投标报价策略是指投标人在投标过程中从企业整体和长远利益出发,结合企业经营目标,并根据企业内部的各种资源和外部环境而进行的一系列谋划。投标人在激烈的投标过程中,如何制定适当的投标报价策略是决定其投标成功的关键。

虽然国际工程市场上各个公司的最终目标都是盈利,但是由于投标人的经营能力和经营环境的不同，出于不同目的的需要，对同一招标项目，可以有不同投标报价目标的选择。

（1）生存策略

投标报价是以克服企业生存危机为目标，尽量争取中标，可以不考虑种种利益原则。

（2）补偿策略

投标报价是为补偿企业任务不足，以追求边际效益为目标。

（3）开发策略

投标报价以开拓市场、积累经验、向后续投标项目发展为目标。投标带有开发性，以资金、技术投入为手段，进行技术经验储备，树立新的市场形象，以便争得后续投标的效益。其特点是不着眼于一次投标效益，用低报价吸引投标人。

（4）竞争策略

投标报价是以竞争为手段，以低盈利为目标，是在精确计算报价成本的基础上，充分估计各个竞争对手的报价目标，以有竞争力的报价达到中标的目的。

（5）盈利策略

投标报价充分发挥自身优势，以实现最佳盈利为目标，投标人对效益无吸引力的项目热情不高，对盈利大的项目充满自信，也不太注重对竞争对手的动机分析和对策研究。

不同投标报价目标的选择是依据一定的条件进行分析后决定的，竞争策略是投标人追求的普遍形式。

8.3.3 国际工程投标报价方法

（1）不平衡报价法

不平衡报价（Unbalanced Bid）法也称为前重后轻（Front Load）法，是指一个工程项目的投标报价，在总价基本确定的前提下，通过调整内部各个单项的报价，实现既不提高总价又能在结算时得到更理想的经济效益的方法。通常可以在以下几个方面考虑采用不平衡报价法：

1）能够早日回收工程款的项目（如开办费、土石方工程、基础工程等）可以适当提高报价，以利资金的周转；后期完成的项目，如机电设备安装、装饰和油漆工程等可以适当降低报价。

例如，某公司参与非洲某国一个工程项目投标，由于该公司初次进入非洲工程承包市场，因此在制定投标报价策略时选择的是开发策略，利润较低。为了能够尽早回收资金，对投标报价进行了调整，见表8-2和表8-3。

表8-2 单价调整前的价格表

序号	项目名称	单位	数量	单价（美元）	合价（美元）
1	机械开挖基坑	m³	2888	5.37	15508.56
2	人工开挖基坑	m³	722	10.48	7566.56
3	满堂脚手架	m²	1444	13.42	19378.48
4	双排外脚手架	m²	2448	4.80	11750.40
5	刷沥青一遍	m²	2520	10.12	25502.40
6	刷沥青增一遍	m²	2520	4.80	12096.00
7	抹水泥砂浆	m²	3948	8.30	32768.40
8	水池渗漏试验	m³	10000	2.55	25500.00
9	合计				150070.80

表 8-3 单价调整后的价格表

序号	项目名称	单位	数量	单价（美元）	合价（美元）
1	机械开挖基坑	m^3	2888	6.71	19378.48
2	人工开挖基坑	m^3	722	13.10	9458.20
3	满堂脚手架	m^2	1444	12.81	18492.40
4	双排外脚手架	m^2	2448	4.70	11505.60
5	刷沥青一遍	m^2	2520	9.62	24242.40
6	刷沥青增一遍	m^2	2520	4.70	11844.00
7	抹水泥砂浆	m^2	3948	7.89	31149.72
8	水池渗漏试验	m^3	10000	2.40	24000.00
9	合计				150070.80

2）经过工程量核算，预计日后工程量将会增加的项目，可以适当提高单价；而预计日后工程量会减少的项目，可以适当降低单价，以期在最终结算时获得更多的工程款。

3）设计图不明确或有错误的项目，如果预计修改后工程量会增加，可以适当提高单价；对于内容说明不清楚的项目可以适当降低单价，待日后澄清时通过索赔获得更多的工程款。

4）工程量清单中没有工程量只需要填写单价的项目，可以适当提高单价，既不影响投标报价，又可能在日后结算时尽量多获利。

5）暂定金额项目，如果预计未来实施的可能性大，则单价可以适当提高；反之，如果未来实施的可能性小，或者可能由其他承包商施工时，则可尽量降低单价。

6）零星用工（计日工）如果不计入总价，投标人可以适当提高单价，以便在日后业主额外用工或使用机械时可以多盈利。但如果计日工要计入总报价时，则需要具体分析是否提高价格，以免抬高总报价。

采用不平衡报价法一定要建立在对工程量清单中的工程量仔细核对分析的基础上，特别是对于报低单价的项目，如果后期工程量增多将造成承包商的重大损失。不平衡报价过多或过于明显，可能会引起业主的反感，甚至会被列为废标。有时业主还会挑选出报价过高的项目，要求投标人进行单价分析，并会对过高报价项目压价，导致承包商得不偿失，甚至会造成经济损失。

(2) 多方案报价法

投标人如果在招标文件中发现工程范围不明确、条款不清楚或不公正、技术规范要求过于苛刻时，可采用多方案报价法。即按照原招标文件要求报一个价，然后再提出："如果某条款（或某规范规定）做出某些变动时，报价可以降低多少……"，并报出一个较低的价格以吸引业主修改说明书或合同条款。

(3) 增加建议方案法

有的招标文件规定，承包商在对招标方案进行报价的同时，还可以提出新的合理化建议方案。新方案应有利于缩短工期、减少投资、提高项目的综合效益。承包商可以利用这一机会，组织有经验的工程师提出更为经济合理的设计和施工方案，以吸引业主采用自己的方案中标。但投保人一定要对原方案进行报价。

增加建议方案时，不必将方案写得太具体，保留方案的技术关键，防止业主将此方案交给其他承包商，同时需要强调的是，建议方案一定要比较成熟或过去有这方面的实践经验。由于投标时间有限，如果仅为中标而匆忙提出一些没有把握的建议方案，可能会引起很多后患。

(4) 突然降价法

突然降价法是在投标截止日期前，投标人通过递交投标函或降价函的方式，突然降低自己报价的一种方法。鲁布革水电站引水系统工程招标时，日本大成公司得知其主要竞争对手是前田公司，因而在临近开标前将报价突然降低了 8.04%，为最后中标打下了基础。

采用这种方法时，一定要在准备投标报价的过程中考虑好降价的幅度，在临近投标截止日期前，根据情报信息与分析判断，再做出最后的决策。采用突然降价法中标，因为只能降低总价，在签订合同后可以采用不平衡报价的方法调整工程量清单内的各单项价格，以期获得更高的效益。

(5) 低标价夺标法

有的承包商，为了开拓新的市场，依靠国家、财团或自身的雄厚资本实力，采取不惜代价、只求中标的低价报价方案。承包商可能往往不期望通过初入市场时的项目获利，而是寄希望于进入市场后，通过后续项目的开发经营来获取利润。

采用这种方法，承包商一般应具有较好的资信条件，并且提出的实施方案应当先进可行，否则即使标价低也不一定能够中标。

(6) 联合保标法

当市场竞争比较激烈、估计单独夺标有困难时，可采取联合保标法。即 2~3 家主营业务类似或相近的公司联合起来，涉及专利技术时，可以以保密协议或排他性协议的形式明确双方的合作关系，做到利益共享、风险共担。由于双方具有不同的优势而规避劣势，相对提高了竞争性，增加中标的概率。这种方式在目前国内许多大型项目中使用。

(7) 分包商报价的采用

由于现代工程的综合性和复杂性，承包商不可能将全部工程内容完全独家包揽，特别是有些专业性较强的工程内容，必须分包给其他专业工程公司施工。在实践中，还有些招标项目，业主规定某些工程内容必须由他指定的几家分包商承担。因此，承包商通常应在投标报价前先取得分包商的报价，并增加承包商应摊入的管理费，而后作为自己投标总价的一个组成部分一并列入报价单中。但是需要注意的是，分包商在投标前可能同意低报价，在承包商中标后可能会以某种借口要求提高分包价格，使承包商处于被动地位。因此，承包商在投标前找 2~3 家分包商分别报价，从中选择一家信誉好、实力强和报价合理的分包商签订协议，将该分包商列入投标文件，并要求该分包商提交分包工程的相应保函。这样既可以避免分包商事后涨价，也可以促使分包商为共同中标而合理报价。

(8) 提供优惠条件

有些国际承包商为了吸引业主，会在投标报价中附带优惠条件或合同谈判时许诺提供优惠条件。业主方评标时，除了考虑投标人投标报价的综合实力、信誉等状况之外，还需要考虑其他条件，如工期、支付等。因此，在投标时主动提出缩短工期、降低支付条件、赠与业主设备、免费转让技术专利、培训操作人员等合同要求以外的优惠条件，往往可以起到吸引业主、帮助投标人中标的辅助作用。

案例分析

某公路工程施工投标报价

本节以某公路工程施工投标报价为例说明国际工程的报价方法，需要说明的是，本例只作为计算方法的介绍，并无实际引用价值。

1. 项目简介

中东某国家拟新建一条公路，路长20km，总宽30m。其中街心岛宽3m，两侧车道各9m，路缘石及散水0.5m，人行道各4m。

公路结构：车行道为压实土上铺大块碎石基层，再铺碎石次面层，上面浇筑铺有钢筋网的水泥混凝土。人行道为压实土上铺碎石垫层，再做沥青混凝土面层。路侧设雨水进水井，经钢筋混凝土管流向铺在街心岛下面的钢筋混凝土干管。人行道外有排水明沟。道路两侧的给水管和消火栓、街心岛下的电缆和照明等均不在报价范围之内。

2. 研究招标文件

招标文件有招标书、投标须知、合同条件、工程量清单、技术说明书和工程详图等。招标文件中主要内容如下：

1) 应在投标的同时递交投标保函，其价值为投标者报价额的2%，有效期90天。
2) 签订合同后60天内开工，开工后20个月竣工。
3) 履约保函值为合同额的10%。
4) 预付款为合同额的10%，按同样的比例从每月工程进度款中扣除。
5) 每次付款扣10%的保留金，保留金总额不超过合同总价的5%。保留金在竣工验收合格后退还，但须提交一份一年期的相当于合同总价3%的维修保函。
6) 工程材料到达现场并经化验合格后支付材料款的60%。无材料涨价和货币贬值的调价条款或补偿条款。
7) 施工机具设备可以允许临时进口，应提交银行出具的税收保函。保函值为进口设备值的20%，以保证竣工后机具设备运出境外。
8) 各种工程材料均不免税。公司按政府规定缴纳各种税收。

3. 工程现场调查

（1）施工现场条件调查

现场施工条件较好，交通运输方便。项目所在地距海运港口仅数十公里。附近可供应砂石。填方区需供土，运距约6km。

（2）资源供应情况调查

用于公路建设的主要材料当地货源充足，价格便宜，因此决定主要材料在当地购买。但应根据工期考虑一定的涨价系数。当地施工机具租赁费用高，因此决定自其他工地调入或购置。当地劳务价格不高，引进本国劳务不仅工资偏高，需要增加工人生活营地、往返动员等的费用，因此决定采用当地劳务，操作手也在当地招募。

（3）商务情况调查

工程所在国货币可自由兑换，金融基本稳定。当地税收较多，因无免税条件，须缴纳合同税，相当于合同总价的4%。公司利润税较高，约为35%。工程保险、人身意外险及第三方责任险在当地保险公司投保。

（4）社会情况调查

工程所在国政局稳定，无战争或内乱迹象，与我国关系基本友好。经济形势稳定。

4. 复核工程量并估算成本

原招标文件有主要工程量清单，经按施工图和设计说明书校核，业主提供的工程量基本准确，可作为报价依据。

(1) 计算直接费

1) 计算基础单价。

① 工日基价。雇用当地工人。当地一般熟练工月工资180美元，操作手月工资220美元。工期为20个月，考虑工资上升系数10%。另考虑招募费、保险费、各类附加费和津贴、劳动保护费等加20%。故工日基价如下：

一般熟练工：180美元/月×1.3÷25工日/月=9.4美元/工日

操作手220美元/月×1.3÷25工日/月=11.4美元/工日

② 材料基价。材料均从当地市场购买，根据其报价和交货条件统一转换为施工现场价。以水泥为例，其基价的计算如下：

a. 水泥出厂价：85美元/t。

b. 运输费：水泥厂采用散装水泥车运送0.2美元/(t·km)×30km=6美元/t。

c. 装卸费：5美元/t。

d. 运输装卸损耗：3%×(85美元/t+6美元/t+5美元/t)=2.9美元/t。

e. 采购、管理及杂费：2%×(85美元/t+6美元/t+5美元/t+2.9美元/t)=2.0美元/t。

水泥到场价格：85美元/t+6美元/t+5美元/t+2.9美元/t+2.0美元/t=100.9美元/t。

经过计算主要材料的基价见表8-4。

表8-4 主要材料基价

序 号	材料名称	单 位	运到现场基价（美元）
1	水泥（散装）	t	100.9
2	碎石6cm以上，用于基础垫层	m^3	6.3
3	碎石2~4cm，用于次表层	m^3	7.7
4	砾石（用于混凝土）	m^3	8.4
5	中砂、粗砂	m^3	6.3
6	钢筋$\phi6~\phi10$mm	t	850
7	预制钢筋混凝土管$\phi450$mm	m	11.9
7	预制钢筋混凝土管$\phi600$mm	m	16.8
7	预制钢筋混凝土管$\phi900$mm	m	28
8	沥青	t	80
9	柴油	kg	0.45
10	水	m^3	0.08
11	电	kW·h	0.15
12	铁钉	kg	1.68

③ 设备基价。

a. 设备原价和折旧。设备原价按到达工程所在国到岸价计算，设备及折旧见表8-5。

表 8-5 设备及折旧

序号	名称	规格	数量	设备状况	到岸价（美元）	折旧率（％）	本工程摊销设备值
1	推土机	120HP	1	新购	110980	50	55490
2	推土机	120HP	1	调入旧设备	32500	100	32500
3	装载机	1.5~1.9m^3	2	新购	137800	50	68900
4	装载机	1.5~1.9m^3	1	调入旧设备	26000	100	26000
5	小型挖土机	0.5m^3	1	调入旧设备	32500	100	32500
6	平地机		1	新购	37960	50	18980
7	振动压路机	15t	1	新购	72800	50	36400
8	钢轮压路机	16t	2	调入旧设备	67600	100	67600
9	手扶夯压机	10t	2	新购	7800	50	3900
10	自卸汽车	10t	5	新购	195000	50	97500
11	自卸汽车	10t	5	调入旧设备	97500	80	78000
12	轮式起重机	10t	1	调入旧设备	35750	80	28600
13	混凝土搅拌站	30m^3/h	1	调入旧设备	195000	80	156000
14	砂浆搅拌机	400 L	1	新购	9100	50	4550
15	混凝土搅拌车	6m^3	2	新购	87100	50	43550
16	发电机	50kV·A	1	新购	9100	50	4550
17	空压机	90m^3	1	新购	10400	50	5200
18	水泵	4m^3	1	新购	2600	50	1300
19	水车	5t	1	旧车改造	15600	100	15600
20	测量仪器		2	调入旧设备	7800	50	3900
21	小翻斗车		3	新购	11700	50	5850
	合计				1202590		786870

小型工器具费用在计算标价时增加一定的系数，不另算工器具的折旧费。

b. 设备台班基价。设备的台班基价除上述折旧费外，还应包括设备的清关、内陆运输、维修、备件、安装、退场等，另外加每一台班的燃料费。以推土机为例，其台班基价计算如下：

新购推土机进口手续、清关、内陆运输、安装拆卸退场等费用，按设备原值的 5% 计算：

$$110980 \text{ 美元} \times 5\% = 5549 \text{ 美元}$$

备件及维修按 20% 计算：

$$110980 \text{ 美元} \times 20\% = 22196 \text{ 美元}$$

本工程推土机拟使用 10 个月，每日两个台班，则使用台班数为

$$10 \text{ 月} \times 25 \text{ 工日/月} \times 2 \text{ 班/工日} \times 0.8(\text{使用系数}) = 400 \text{ 台班}$$

每台班摊销：

$$\frac{55490 \text{ 美元} + 5549 \text{ 美元} + 22196 \text{ 美元}}{400} = 208.1 \text{ 美元}$$

每台班燃料费：

$$0.45 \text{美元/kg} \times 73\text{kg} \times 1.2(\text{系数}) = 39.4 \text{美元}$$

则本推土机台班使用费为

$$208.1 \text{美元} + 39.4 \text{美元} + 11.4 \text{美元} = 258.9 \text{美元}$$

用同样的方法可计算出旧有推土机的台班费为

$$\frac{32500 \text{美元} \times 1.25}{400} + 39.4 \text{美元} + 11.4 \text{美元} = 152.4 \text{美元}$$

因两台推土机平均使用，故推土机的平均每台班费为

$$(258.9 \text{美元} + 152.4 \text{美元}) \div 2 = 205.65 \text{美元}$$

可取 206 美元。

经计算设备使用台班单价见表 8-6。

表 8-6 设备使用台班单价

序号	名称	规格	单位	设备台班基价（美元）
1	推土机	120HP	台班	206
2	装载机	1.5~1.9m³	台班	127
3	挖土机	0.5m³	台班	120
4	平地机		台班	110
5	振动压路机	15t	台班	110
6	钢轮压路机	10t	台班	95
7	手扶夯压机	10t	台班	25
8	自卸汽车	10t	台班	118
9	轮式起重机	10t	台班	140
10	混凝土搅拌站	30m³/h	台班	240
11	砂浆搅拌机	400L	台班	25
12	混凝土搅拌车	6m³	台班	130
13	水车	5t	台班	118
14	小翻斗车		台班	25

2）通过工料分析，计算直接费单价。水泥混凝土路面单价分析表见表 8-7。

表 8-7 水泥混凝土路面单价分析表

序号	工料内容	单位	基价（美元）	定额消耗	单位工程量计价（美元）
1	材料费				
1-1	水泥	t	100.9	0.338	34.1
1-2	碎石	m³	7.7	0.89	6.9
1-3	砂	m³	6.3	0.54	3.4
1-4	沥青	kg	0.08	1	0.1
1-5	木材	m³	480	0.002	1
1-6	水	m³	0.08	1.18	0.1
1-7	零星材料				2.2
	小计				47.8
	乘上涨系数 1.12 后材料价				53.5

(续)

序号	工料内容	单位	基价（美元）	定额消耗	单位工程量计价（美元）
2	劳务费				
2-1	一般熟练工	工日	9.4	0.62	5.8
	小计				
3	机械使用费				
3-1	混凝土搅拌站	台班	240	0.0052	1.2
3-2	混凝土搅拌车	台班	130	0.01	1.3
	小型工器具费	项			0.2
	小计				2.7
	合计				62

工料分析后直接费单价计算结果见表8-8。

表8-8　直接费单价表

项目编号	工程内容	单位	单价（美元）
101	场地清理	m²	0.1
103	土方开挖	m³	2.2
106-1	填方（利用本工程挖方）	m³	2.3
106-2	借土填方	m³	4.5
107	路基垫层（上基层）	m³	8.4
200	路基垫层（基础面）	m³	7.3
310	水泥混凝土面层	m³	62
410	路面钢筋网	t	890
415-1	φ450mm 钢筋混凝土管道	m	12.8
415-2	φ600mm 钢筋混凝土管道	m	17.7
415-3	φ900mm 钢筋混凝土管道	m	28.5
500	路缘石、散水	m	7.6
502	浆砌石护坡	m³	17.8
508-1	雨水干管人孔	个	160
508-2	雨水次干管人孔	个	95
510	安全护栏	m	16.7
608-1	双孔涵洞	个	4500
608-2	单孔涵洞	个	2500
710	人行道面层（沥青混凝土）	m²	1.5

3）直接费汇总。直接费单价与工程量乘积汇总得出直接费，见表8-9。

表 8-9 直接费汇总

项目编号	工程内容	单位	数量	价格（美元） 单价	价格（美元） 总价
101	场地清理	m²	550000	0.1	55000
103	土方开挖	m³	250000	2.2	550000
106-1	填方（利用本工程挖方）	m³	210000	2.3	483000
106-2	借土填方	m³	170000	4.5	765000
107	路基垫层（上基层）	m³	177539	8.4	1491327.6
200	路基垫层（基础面）	m³	138945	7.3	1014 298.5
310	水泥混凝土面层	m³	82268	62	5100616
410	路面钢筋网	t	548	890	487720
415-1	φ450mm 钢筋混凝土管道	m	15625	12.8	200000
415-2	φ600mm 钢筋混凝土管道	m	12465	17.7	220630.5
415-3	φ900mm 钢筋混凝土管道	m	19966	28.5	569031
500	路缘石、散水	m	81086	7.6	616253.6
502	浆砌石护坡	m³	2445	17.8	43521
508-1	雨水干管人孔	个	400	160	64000
508-2	雨水次干管人孔	个	800	95	76000
510	安全护栏	m	1030	16.7	17201
608-1	双孔涵洞	个	1	4500	4500
608-2	单孔涵洞	个	12	2500	30000
710	人行道面层（沥青混凝土）	m²	162171	1.5	243256.5
	直接费总计				12031355.7

（2）计算间接费

1）施工管理费。

① 管理人员费用：

a. 公司派出管理人员10人，平均工资1200美元/(人·月)。

1200 美元/(人·月)×10人×20月=240000美元

b. 聘用当地技职人员8人，平均工资600美元/(人·月)。勤杂人员4人，平均工资300美元/(人·月)。

(600 美元/(人·月)×8人+300美元/(人·月)×4人)×20月=120000美元

c. 公司派出人员住房。在当地租公寓两套，每套月1000美元，另加水、电、维修等按20%计算。

1000 美元/(套·月)×2套×20月×1.2=48000美元

以上三项合计：408000美元。

② 办公费、邮电费：

按管理人员数量计算，30美元/(人·月)。

30 美元/(人·月)×22人×20月=13200美元

③ 交通工具费。项目部配置两辆越野车、一辆轿车，在当地购置，摊销50%。购置费为50000美元，本项目摊销25000美元。油料及维修备件费20000美元。共45000美元。

④ 办公器具购置费20000美元。

以上各项合计：486200美元。

2）临时设施费。

① 工地生活及生产办公用房1000m²，按当地简易房标准平均40美元/m²计算：

$$40 美元/m^2 \times 1000m^2 = 40000 美元$$

② 生产性临时设施，包括临时水电、进场道路、混凝土搅拌站及预制场地，按当地简易标准计算为160000美元。临时工地实验室仪器（按50%折旧）及经常性试块、土壤实验等按每月100美元计算，共50000美元。

以上各项合计：250000美元。

3）法律顾问、会计顾问费。按当地公司的一般经验，20个月的聘用费约20000美元。

4）资金利息。本工程虽然有预付款及工程进度款，但不够项目支出。依据施工方案，为保证项目的正常运行，约需150万美元的流动资金，利率按年利10%计算。用粗略的资金流量预测，利息支出约15万美元。

5）投标费。按实际发生额计入11000美元。

6）保险。本工程的保险包括工程一切险、第三方责任险及人身事故伤害险等，按当地保险公司提供的费率计算为130000美元。

7）代理人佣金。与当地公司协议支付200000美元。

8）保函手续费。各类保函银行手续费按每年0.75%计算。投标保函金额为标价的2%，预付款保函和履约保函的金额各为标价的10%，维修保函为3%（一年），设备临时进口税收保函金额为设备值的20%。

其中设备临时进口税收保函手续费为

$$549180 美元 \times 20\% \times 2 \times 0.75\% = 1648 美元$$

其他保函手续费计算见表8-10。

9）总部管理费。本工程总部管理费按合同总价的2%计算。其计算见表8-10。

10）税金。合同税为总价的4%，公司利润税为35%。计算见表8-10。

5. 确定利润

根据综合测算，当利润率为10%时，期望利润最大，因此利润率按成本的10%计取，即利润为合同总价的9.09%。计算见表8-10。

6. 计算标价

计算标价，并将各项费用汇总，见表8-10。

表8-10 合同总价及各项费用汇总

序号	费用名称	计算式	金额（美元）	占总价百分数
1	直接费		12031355.7	73.75%
2	间接费			
2-1	施工管理费		486200	2.98%
2-2	临时设施费		250000	1.53%
2-3	法律顾问、会计顾问费		20000	0.12%
2-4	资金利息		150000	0.92%

(续)

序号	费用名称	计 算 式	金额（美元）	占总价百分数
2-5	投标费		11000	0.07%
2-6	保险		130000	0.80%
2-7	代理人佣金		200000	1.23%
2-8	保函手续费		56710.4	0.35%
(1)	设备临时进口税收保函手续费		1648	0.01%
(2)	投标保函手续费	2%×0.75%=0.015%	2447.2	0.015%
(3)	预付款保函手续费	10%×2×0.75%=0.15%	24472.2	0.15%
(4)	履约保函手续费	10%×2×0.75%=0.15%	24472.2	0.15%
(5)	维修保函手续费	3%×0.75%=0.0225%	3670.8	0.0225%
2-9	总部管理费	2%	326295.5	2.00%
2-10	税金	4%+9.09%×35%=7.18%	1171400.9	7.18%
	间接费小计		2800406.8	17.16%
3	利润		1483013.1	9.09%
4	合同总价	$\dfrac{13279003.7}{1-0.015\%-0.15\%\times2-0.0225\%-2\%-7.18\%-9.09\%}$	=16314775.6	

7. 标价调整与决策

（1）标价分析

标价汇总见表8-11。

表8-11 标价汇总

工程投标价格构成内容	金额（美元）	比　　重
人工费	2153550.4	13.20%
材料费	8708827.2	53.38%
机械费	1168978.1	7.17%
间接费	2800406.8	17.16%
利润	1483013.1	9.09%
总价	16314775.6	100%

经比较，表8-11中的指标与经验指标吻合，可以认为标价计算基本合理。

（2）进行报价决策并填写投标报价汇总表

公司决策层、算标人员、项目未来班子成员共同研究后认为总标价有竞争力，不再调整。但考虑本工程"场地清理"和"土方工程"先开工，可采用不平衡报价的技巧，将场地清理和土方工程多摊50万美元。

场地清理和土方工程直接费合计为1853000美元，如均匀摊销间接费和利润应为659707.6美元，则采用不平衡报价后两项的摊销系数为

$$\frac{659707.6 \text{美元} + 500000 \text{美元}}{1853000 \text{美元}} \times 100\% = 62.6\%$$

其他分项工程的直接费合计为10178355.7美元，均匀摊销间接费和利润应为3623712.3美元，则采用不平衡报价后其他分项的摊销系数为

$$\frac{3623712.3\text{美元} - 500000\text{美元}}{10178355.7\text{美元}} \times 100\% = 30.7\%$$

投标报价汇总表见表 8-12。

表 8-12 投标报价汇总表

项目编码	工程内容	单 位	数 量	价格（美元）	
				单 价	总 价
101	场地清理	m²	550000	0.16	88000.00
103	土方开挖	m³	250000	3.58	895000.00
106-1	填方（利用本工程挖方）	m³	210000	3.74	785400.00
106-2	借土填方	m³	170000	7.32	1244400.00
107	路基垫层（上基层）	m³	177539	10.98	1949378.22
200	路基垫层（基础面）	m³	138945	9.54	1325535.30
310	水泥混凝土面层	m³	82268	81.03	6666176.04
410	路面钢筋	t	548	1163.23	637450.04
415-1	φ450mm 钢筋混凝土管道	m	15625	16.73	261406.25
415-2	φ600mm 钢筋混凝土管道	m	12465	23.13	288315.45
415-3	φ900mm 钢筋混凝土管道	m	19966	37.25	743733.5
500	路缘石、散水	m	81086	9.93	805183.98
502	浆砌石护坡	m³	2445	23.26	56870.70
508-1	雨水干管人孔	个	400	209.12	83648.00
508-2	雨水次干管人孔	个	800	124.17	99336.00
510	安全护栏	m	1030	21.83	22484.90
608-1	双孔涵洞	个	1	5881.5	5881.50
608-2	单孔涵洞	个	12	3267.5	39210.00
710	人行道面层（沥青混凝土）	m²	162171	1.96	317855.16
	合计				16315265.04

投标人还应按招标文件要求填写其他报价表，这里省略不写。

（资料来源：《国际工程施工承包投标报价研究》，李超，沈阳建筑大学学位论文，2011 年.）

第 9 章

国际工程法律法规

本章要点
- 英国、美国、德国、日本、新加坡建设法律法规
- 我国的建设法律法规
- 中国建筑立法的问题分析

◆ 引入案例

2018 年，A 公司与 B 公司就承建某国商业大厦项目签署了一份总承包合同，其中 B 公司是业主方，A 公司是承建方。总承包合同约定的整体工程造价为 5000 万美元，开工时间为 2018 年 5 月，工期 21 个月。该合同约定有关合同的争议将通过某国际仲裁机构仲裁解决。在工程进展过程中，由于投资方提供施工图和移交现场等方面的延迟，加之 A 公司与业主方就因工程材料价格上涨而调整合同价格事宜未能达成一致，工程进度被迫放缓，工期发生延误。由于 A 公司将国内的项目管理惯例、裁判实践、法律规定直接移植到海外项目，对合约约定的属地国法律未充分了解，仲裁结果 A 公司请求增加材料涨价价款未得到支持，造成严重的合同履约损失。

9.1 发达国家国际工程相关的法律法规

发达国家十分重视建筑法规的立法工作，虽然建筑法规的具体内容各不相同，但当前的法规内容大体包括了以下几个方面：规划法，建筑法，建筑标准，建筑工程人员资格评定制度，材料、构件、设备生产的许可授权及产品检验制度。

9.1.1 英国建设法律法规

1. 概述

判例法是英美法系国家的主要法律渊源,它是相对于大陆法系国家的成文法或制定法而言的。判例法的来源不是专门的立法机构,而是法官对案件的审理结果,它不是立法者创造的,而是司法者创造的,因此,判例法又称为法官法或普通法。

所谓判例法(Case Law),就是基于法院的判决而形成的具有法律效力的判定,这种判定对以后的判决具有法律规范效力,能够作为法院判案的法律依据。与判例法对应的是制定法。制定法是由国家享有立法权的机关依照法定程序制定和公布的法律。

在英国,法规属于法定文件(Statutory Instruments,SI)。法定文件为次级立法,主要是对法律(Act)条款的细化或调整,由国会授权各国务大臣(部长)制定,包括"令"(Orders)、"规定"(Rules)、"条例"(Regulations)等主要形式。

具体到建筑法规,一般是指《建筑条例》(Building Regulations)。为进一步解释《建筑条例》,英国国会(联合王国议会)还发布其他次级立法,主要包括《建筑核准检查员条例》(Building(Approved Inspectors etc.)Regulations)、《建筑地方机构管辖权条例》(Building(Local Authority Charges)Regulations)、《建筑能效条例》(The Energy Performance of Buildings(England and Wales)Regulations)等。苏格兰、北爱尔兰、威尔士等议会发布的法规与此类似。

2. 《建筑条例》

(1)概况

《建筑条例》的法律依据是现行的《建筑法》(Building Act 1984)。《建筑法》共分五章,其中,第一章即为"建筑条例";全部的135条条文(局部修订后有所增删)中,有46条是第一章的内容,可见其分量之重。在第一条中,即规定了制定《建筑条例》的目的(相关人员的健康、安全、福利、便利;节省燃料与电力;减少垃圾、不当消耗、误用或污染水)、负责人(国务大臣)、范围(附录1)、权力(法定文件)等。这为相关部门制定《建筑条例》奠定了法律基础。

(2)制定程序

依照《建筑法》,由主管社区与地方政府事务的国务大臣(Secretary of State)即住房、社区与地方政府部(Ministry of Housing, Communities and Local Government,MHCLG)部长负责制定《建筑条例》。其间,由该部在财务与行政事务业务(Finance and Corporate Services Group)方面所设的法律事务司(Legal)提供法律建议,具体部门为该司下设的住房、建筑与土地处(Housing, Building and Land)。

(3)主要内容

现行的《建筑条例》包括10章,分别是总则,建筑工程的控制,告示、方案与认证,非地方机构管辖的建筑工程的监管,自认证制度,能效,节水,工程执行人员提供的信息,测试与调试,其他,共54条。相比之下,《建筑条例》的内容并没有《建筑法》丰富,但却对如何执行法律要求在管理和技术两方面做了更细致的规定。其技术方面的附录A包括了15部分内容:结构,防火,场地准备与防污染防潮,防毒,隔声,通风,给水卫生和安全,排水与排污,燃烧设备和燃料储存系统,人员保护,节能,无障碍通勤,玻璃,电气安全,材料和工艺。

9.1.2 美国建设法律法规

美国建设法律法规体系如图 9-1 所示。

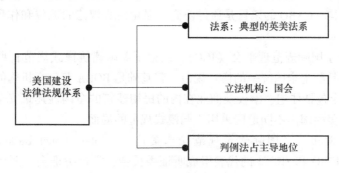

图 9-1 美国建设法律法规体系

美国建设法律法规体系主要源于国家的基本法律和建筑业的法规。

美国国家法律由联邦政府制定,建筑业应遵守的母法、与建筑业有关的法律主要包括民商法和经济法,如《统一商务法规》《合同重述法》等。

1. 美国建筑技术法规体系特点

美国是联邦制国家,其建筑标准体系与世界其他国家相比比较独特。联邦政府不负责且很少涉足建筑标准事务,这部分事务属于各州政府职责范围。各州负责建筑安全立法工作,州、县、市政府颁布实施建筑技术法规。编制模式规范(Model Code)的绝大部分工作由协会或标准组织承担。这些机构多属于独立的非营利民间/私营机构,不受政府机构和组织的管理。根据美国《宪法》的规定,各州有权根据本州情况立法以及决定采用任何协会的模式规范作为本州的技术法规。因此,各州是否采纳已有模式规范由各州自行决定;即使是采纳模式规范的各州,其采纳情况及进程也各不相同。

概括而言,美国建筑技术法规体系具有如下特点:

1)政府、民间分工明确。美国由民间机构编制建筑技术规范,即模式规范;联邦政府和地方政府不直接组织参与规范和标准的编制,主要通过立法,使模式规范具有法律的地位,成为建筑技术法规。简言之,民间编制模式规范,政府赋予法律效力。

2)规范和标准编制制度完善。模式规范都有固定的制修订和出版周期,可及时改正规范中可能存在的错误,吸收新的技术成果,有利于规范的长期健康稳定发展。与之配套的标准也都有完备的制修订程序,可有效支撑模式规范的发展。

3)规范和标准体系配套。美国工程建设标准化实行技术法规与标准结合的体制,技术法规由政府管理,标准由民间机构(包括协会、学会等)制订。技术法规大量引用标准。技术法规使用法律语言,侧重于重大的技术原则和带有普遍性的技术问题,注重原理、概念。大量被法规引用的技术标准内容均成为法规的一部分。

2. 美国建筑技术法规的制定

美国建筑技术法规的制定工作,起步于 20 世纪初期。20 世纪上半叶,先后成立了国际建筑官员与规范管理者联合会(BOCA,1915)、国际建筑官员联合会(ICBO,1922)和南方建筑规范国际联合会(SBCCI,1941)三个非营利的民间机构。这三个机构都编制谋求统一标准地位的建筑模式规范。模式规范与协会或学会制定的标准之间相关性很强,引用了大量其他相关组织（如美国试验与材料协会（ASTM）、美国土木工程师协会（ASCE）、美国混凝土协会（ACI）等）制定的标准。

1972年，成立了美国建筑官员理事会（CABO），由上述三个机构的董事会成员组成，但不代替上述三个机构。CABO的宗旨是通过协商，强化模式规范的地位和作用，在政策上体现一致性。

1994年，成立了国际规范理事会（ICC），结束了美国建筑模式规范长期三足鼎立的分割局面。其任务之一是制定全国统一的模式规范，其基础是BOCA等三个机构的三套模式规范。

ICC致力于制定包括住宅、学校及商业在内的民用建筑的全国性建筑安全、防火与节能规范，从而改变以往美国国内不同地区采用不同模式规范的局面。

1997年，ICC发布了《国际建筑规范（草案）》（International Building Code（Draft），IBC）。由BOCA、ICBO和SBCCI的代表组成听证委员会，举行听证会，两次听取公众对规范草案的意见。此后，这三个机构各自制定的模式规范均不再更新，合并为统一的IBC规范。IBC规范2000年正式出版。至今，ICC已经出版了15本模式规范，成为一个系列规范I-Code，如《国际防火规范》（International Fire Code，IFC）等。规范冠名"国际"，反映了ICC的愿望，但并非在国际通用。

ICC国际规范是统一完整的、不受区域限制的、获得公认的全国性建筑规范。尽管有些地方仍在自行制定规范，但大多数美国境内的州、市和县都选择采用由ICC制定的国际规范和建筑安全规范。这些规范还作为联邦地产在美国境外建造建筑时的依据。世界上很多国家也参考使用这些规范。

3. 美国建筑技术法规体系的构成

美国建筑技术法规体系主要由以下三大部分文档构成：①模式规范（Model Code）；②标准（Consensus Standard）；③源文档（Resource Document）。这三部分内容形成一定的层次关系，其中模式规范的级别最高，认可度最高，内容也最少，各个规范中均采用或是引用了一定的标准；标准是得到广泛认可的、暂时没有上升到模式规范的内容或者是模式规范内容的具体说明，用于指导具体的工程设计工作；源文件记录的是更深层次的内容，讲解规范和标准规定内容的原理、背景等，也包括各规范、标准的最新研究成果，源文件也经常被模式规范所引用。建筑技术法规体系中这三大部分内容同时发展更新，它们之间不是严格的递进关系，包含着相互的穿插渗透。当它们被政府通过立法程序采纳后即成为技术法规。

4. 建筑模式规范

与建筑相关的三个主要模式规范及其采用情况如下：

1) IBC（2015 International Building Code）。适用范围包括除独户、双户住宅和三层及以下的联排别墅外的所有建筑，在50个州以及哥伦比亚特区、关岛、北马里亚纳群岛、纽约市、美属维尔京群岛和波多黎各采用（整州和（或）地方层面）。

2) IRC（2015 International Residential Code）。全面汇集了非商用独户和双户住宅中所有建筑、管道、机械、气体燃料和电气方面的要求，覆盖了住宅和三层及以下的联排别墅，在49个州以及哥伦比亚特区、关岛、美属维尔京群岛和波多黎各采用（整州和（或）地方层面）。

3) IFC（2015 International Fire Code）。目的是保护人身及财产免受火灾及爆炸危害，包括一般预防措施、应急计划和准备、消防通道、供水、自动喷淋系统、火灾报警系统、特殊危险和有害原料的储存及使用等内容。在42个州以及哥伦比亚特区、关岛、纽约市和波多黎各采用（整州和（或）地方层面）。

5. 行业协会标准编制程序规定

建筑技术法规大量引用各专业协会、学会编制的配套技术标准。这些专业协会、学会多为非官方的、由 ANSI 授权的标准发展机构（SDO），如 ASCE，ACI 和 ASTM 等。这些机构都有整套合规、完备的标准编制和管理程序。

（1）ASCE 标准规范编制

ASCE 的标准编制采用自愿原则，由标准委员会 CSC（Codes and Standards Committee）进行统一管理。任何组织和个人均可以提出新标准的创建。CSC 通过公开征求意见期进行的公开投票决定标准的接纳。ASCE 接收与其目标一致、具有公众利益且具有可行性的标准申请，其 CSC 由相应专业分会建立。ASCE 标准发布标准的渠道有很多，如协会主办的杂志、学术类期刊等，协会各部门及消费团体、公共利益组织、其他工程协会与技术组织等也会收到协会的通知。

（2）ACI 标准规范编制

ACI 技术委员会手册 TCM-15 对设计和建造标准规范的编制做了详细说明。ACI 标准编制主要包括七个步骤：①新文件或对现有标准修改文件的准备；②技术委员会对草案进行通信投票；③将技术委员会批准的文件提交技术活动委员会（TAC）审核；④根据 TAC 的意见对文件进行修改；⑤为期 45 天的公众讨论；⑥公众讨论后的文件经技术委员会修改后提交 TAC 审核；⑦提交标准理事会做最终审核。

（3）ASTM 标准规范编制

ASTM 标准的制定一直采用自愿达成一致意见的制度。标准由技术委员会负责，由标准工作组起草。经过技术分委员会和技术委员会投票表决，在采纳大多数会员共同意见，并由大多数会员投票赞成后，标准才获批准，作为正式标准出版。在一项标准编制过程中，对该标准感兴趣的每个会员和任何热心的团体都有权充分发表意见，委员会对提出的意见都给予研究和处理，以吸收各方面的正确意见和建议。

9.1.3 德国建设法律法规

联邦德国，顾名思义是一个联邦制国家。联邦政府赋予联邦各州一定的权力。除去联邦级的建筑法规以外，每个州有权制定符合本州利益和实际情况的建筑法律和规定。这个州的建筑法律和规定称为联邦州级建筑法律和规定（下面简称州建筑法规）。联邦州建筑法规不得同联邦建筑法规产生任何矛盾。

德国建设法规体系包括《联邦建筑法》《建筑产品法》等一系列法律法规条例标准。《联邦建筑法》是德国建设管理的根本大法，《建筑产品法》对建筑产品质量保证的范围、形式、内容、程序进行了具体规范，明确规定了建筑产品质量保证体系中检测机构、监督机构及认证机构不同的权利和义务。图 9-2 为德国建设法律法规体系。

1. 联邦和州的立法职权

联邦德国《宪法》明确指出：所有的联邦建筑活动管理规定用一部法律概括是违背联邦《宪法》规定精神的。根据 1954 年 6 月 16 日联邦宪法法院的决定，联邦有权颁发一部仅涉及城市规划、交通占地、地产分配和合并、土地开发和没收以及土地评估等相关内容的法律。这个法律就称为《联邦建筑法》。

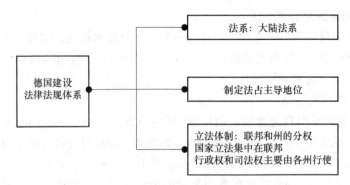

图 9-2 德国建设法律法规体系

与《联邦建筑法》平行的具有管理建筑活动功能的法律，还有《联邦水平衡法》《土地法》《自然保护法》。

每个州有一部本州的建筑法，同时还有一个同州建筑法不可分割的州建筑法应用范本，这个范本进一步完善了州建筑法，同时更进一步更详细阐述了州建筑活动法律的核心问题，它还具有协调各个建筑法规和技术规定的作用。州建筑法包括管理建筑工程全过程的条例（例如建筑工程许可审批过程）和建筑工程使用材料条例。

当然，联邦各州的自主权确定了州与州之间的建筑法是不可能完全统一的，但是对建筑活动中的指导原则和使用材料的要求，各州建筑法中无任何差别，差别较大的是建筑土木工程的许可审批程序。

2. 建筑技术标准 DIN

在联邦德国建筑领域里，首先使用的国家普遍认可的技术规定是德国技术标准规定，简称为 DIN。德国建筑技术 DIN 标准是众多的技术规定中一部很重要的技术规定。

DIN 标准里也有两大类：技术标准和非技术标准。在 DIN 技术标准里，德国最高设计审查监理当局认可的并同德国 DIN 标准协会有执行合同的，才属于建筑设计施工的标准技术标准。假如某个技术标准没有与德国最高设计审查监理当局的合同关系，则在设计施工中可参考并不必须遵守。非技术标准是供各方参考的一个范本。

只要德国最高设计审查监理当局认可的并同编制方有合同的技术规定在公法和私法的范围内都是有效的依据。德国最高设计审查监理当局不得对有执行合同的技术规定条款加以限制。

德国建筑工程要执行的普遍认可的技术规定大约 2000 多个（不包括水暖电、装修和材料），但常用的为 700 个左右。尽管如此之多，但德国技术规定原则上没有州级建筑审查管理当局的特殊解释和补充通知，它们都必须被明确地遵守和执行。

9.1.4 日本建设法律法规

日本是中央集权国家。《宪法》规定，国家实行以立法、司法和行政三权分立为基础的议会内阁制。内阁为国家最高行政机关。

日本法律体系从上到下分为四级：法律、政令、省令和告示。

1）法律由议会批准，由天皇公布，例如《建筑基准法》。

2）政令也叫政府令，由内阁制定，是为实施宪法和法律而制定的，例如《建筑基准法施行令》就是为了实现《建筑基准法》的目标要求或性能要求而做出的更为具体的技术规定。

3）省令是根据日本《国家行政组织法》第十二条的规定，各省大臣就所管事务为实施法律、政令或根据法律或政令的专门规定可发布相关政府部门的"总理府令或省令"。例如建筑领域，为实施《建筑基准法》《建筑基准法施行令》以及其他法律、政令制定《建筑基准法施行规则》省令。

4）告示也叫通告，是各大臣、各委员会及各厅负责人就本部门所管事务当认为有必要公布时而发布的告示。

图 9-3 为日本建设法律法规体系。

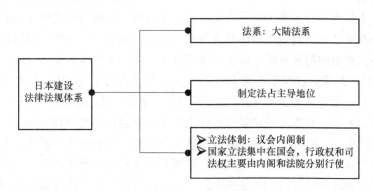

图 9-3　日本建设法律法规体系

1. 建筑法律

日本的建设法律法规体系非常完备而严明。《建筑基准法》是日本主要的建筑法律文件。此外，还有一些同样涉及建筑防火安全、结构安全、卫生安全、无障碍、节能等方面技术要求的法律文件。这些法律文件分为限定性法律和促进性法律，如图 9-4 所示。限定性法律的要求是强制的。《建筑基准法》通过对相关法律中有关建筑工程的技术要求加以引用来确保技术要求实施的一致性。

建筑法律法规涉及领域		限定性法律	促进性法律
防火安全	消防设备等	《消防法》	
	耐火性评估等	《建筑基准法》	
结构安全			《抗震加固改造法》
卫生安全			《建筑管理法》
无障碍			《无障碍法》
节能			《节能法》

图 9-4　日本建筑法律法规文件

《建筑基准法》由总则、建筑规范和规划规范三部分组成。总则规定了行政管理、违法处罚和实施的程序。《建筑基准法》既有方法性条款，也有性能化条款；不仅适用于所有建筑，也适用于烟囱、铁塔等结构；不仅包括了室内空气质量和节能等具有绿色特点的要求，同时规定了从建筑施工开始至拆除时的全生命周期的要求，包括建筑运行维护阶段的定期检查。

《建筑基准法》全国适用，但考虑到日本各地的不同气候和环境条件，法律允许各地在不影响建筑安全的前提下,增添符合区域条件的附加要求。例如,结构计算采用的数字来自当地的积雪、风压和地震力的实际数据。

2. 建筑技术法规

《建筑基准法》与配套的政令、省令和省级告示等一起经法律授权强制执行,作为建筑技术法规文件整体发挥作用。

《建筑基准法》、规定实现《建筑基准法》要求的监管及程序的政令、省令和省级告示、地方政府根据地方具体情况制定的补充条款,以及法规大量引用的技术标准文件构成了日本建筑技术法规体系。

3. 建筑技术标准

日本建筑技术标准本身是非法律效力文件,自愿采用,但它是建筑法律法规引用的重点对象。标准及其条款被法律法规引用后即具有与技术法规相同的法律地位,强制执行。

被日本法律法规引用的建筑技术标准主要有日本工业标准化委员会(JISC)组织、日本标准协会(JSA)具体起草的日本工业标准(JIS),日本建筑学会(AIJ)技术委员会编制的标准、指南等,以及日本混凝土学会(JCI)编写的与混凝土相关的指南、手册等。

从标准的内容来看,日本政府建筑技术标准体系主要包括两大方面的标准:一是针对建筑物实体方面的建设标准,这类标准主要对建筑物本身所要遵守的技术、经济、功能、环保等方面的要求做出详细规定;二是针对建筑物实施过程中所要遵循的管理要领、建设流程、组织方式、人员职责等方面的要求进行的系统规定。其中,针对建筑物实体方面的建设标准又按照建筑物的类型不同,分别制定不同的标准。例如,按照建筑物的新旧类型不同,分别有新建一般政府建筑的标准和营造修缮项目的建设标准;按照建筑物的项目类型不同,分别有政府建筑、国库负担的义务教育学校等建设标准等。

9.1.5 新加坡建设法律法规

新加坡,早在1824年成为英国殖民地,除1942—1945年被日本占领三年之外,被英国统治一个多世纪,1953年得以自治,1965年成为一个独立的国家。由于这样的历史渊源,其法律体系和英国法律体系一脉相承,属英美法系。新加坡的法律框架由立法、司法、招待三大机关构成。总统与国会为立法机关,高等法院为司法机关,内阁为招待机关,国家发展部主管国家工程建设。

新加坡政府在对工程项目实施进行管理时依据的法律法规体系相当完善,其法律法规体系主要由三个层次构成:第一层是建筑管理法,该类法律文件规定了建筑市场及管理的基本原则;第二层是建筑管理条例,这些条例根据建筑管理法制定,并对具体情况进行了进一步的说明;第三层由一些针对具体方面的规定组成。这些法律法规不但明确了管理原则、方法,同时对违反规定的处理也有明确的条文。图9-5为新加坡建设法律法规体系。

1. 工程项目计划和建设相关法律法规

(1) 计划法

计划法具有《中华人民共和国城乡规划法》的作用,但也不仅限于此:保证新建、改建或扩建的建设项目遵守土地使用计划,保证留有绿地。此法每隔五年修改一次。计划法规定市区重建局有权计划和修改国家土地的使用模式,建设项目的发展商和建筑师必须把发展计划提交区重建局审批。

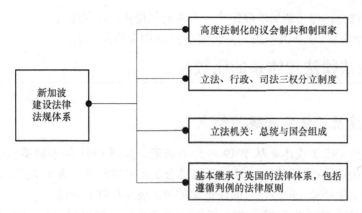

图 9-5 新加坡建设法律法规体系

（2）建筑控制法

建设项目发展计划被批准后，具体的结构设计和建设必须遵守建筑控制法，由公共工程局负责监督。建筑控制法的主要目标是确保建筑物的结构和防火安全，它也确保建筑物的其他相关部分如停车场、水、电、卫设施等的合理设计和建设。类似我国的工程建设标准规范。

（3）工厂法

在新加坡，建筑施工工地被认为是一个生产建筑物"工厂"。工厂法规定雇主对员工的健康、安全和福利的权利负有责任，工厂法规定工作场所必须符合法律规定的条件，如清洁通风、照明、卫生、机器设备的操作条件等方面，而且规定工地必须备有食用水、急救箱和安全指南，所有事故必须马上报告等。另外，建筑施工和工程工作法规也属于工厂法，它们是根据工厂法进一步说明施工现场有关安全方面的各项规定。

（4）有关的临时入伙准证和正式完工证书规定

与我国类似，新加坡也制定了入伙和完工的相关规定。

2. 建筑物维修和管理相关法律法规

（1）建筑物维修和管理法

该法确保建筑物得到适当地维修和管理，所有建筑物的业主必须确保建筑物的维修、保养和清洁。

（2）分层地契法

该法律把建筑物的地契分成个别单位的分层地契，使建筑物里的个别单位能够单独出售、自由买卖。并对物业管理进行规定，由住户中选取12人并从中推选出一个主席、两个副主席、一个秘书长，每年至少开会一次。委员会负责对公用部分（楼梯、走廊、停车场等）进行清洁管理。

（3）建屋发展局房屋装修法规

该法规说明建屋发展局房屋屋主在装修时必须遵守的有关各项规定。

3. 用工相关法律法规

新加坡的劳务用工多来自国外，针对外籍人员制定了《新加坡雇佣法》。对于雇佣的基本条件，包括雇员的雇佣合同，工作时间、休假、工资、福利、待遇，解雇都具有明确的规定。

新加坡法律健全，与《新加坡雇佣法》有关的其他法律法规还有很多，如《童工法》《员工赔偿法》《工会法》《工业关系法（分包关系）》《中央公积金法》等。

9.2 中外建筑业法律法规体系的比较

9.2.1 中国建筑业法律法规的特点

中国的建筑业法律法规体系从1949年开始制定，直到1994年才初步形成较为完整的体系。在制定法律法规体系的过程中，中国不仅结合了国内建筑业的现实特点，同时大量吸收了国外先进成熟的立法经验。中国已有的建筑业法律法规存在以下特点：

1)《中华人民共和国建筑法》（以下简称《建筑法》）成功地构筑了中国建筑法律法规体系的基本框架，建筑工程监理的法律地位得到了确认，建筑工程质量管理有法可依。但是，在建筑部门的具体应用中，该法逐渐显露出原则性过强而适应性和可操作性稍弱等一些缺点。

2)《建设工程质量管理条例》是国务院颁布的行政法规，它在建筑工程质量监管方面的规定比《建筑法》更加具体化，可操作性较强，它明确提出了"谁设计、谁负责，谁施工，谁负责"的原则，分解了设计、施工、监理、勘察等各方主体质量行为的责任，加大了质量管理的处罚力度，并首次把政府监督的验收评定等级改为竣工验收备案制度。

3) 验评标准、设计规范、施工规范、强制性标准条文等规范标准层出不穷，不断更新，但有些与实际结合不够紧密，执行起来不到位、不具体、可操作性差。

4) 在整个建筑法律法规体系中，对建筑产品质量保证体系中检测机构、监督机构及认证机构不同的权利和义务没有完全明晰。在建筑法律法规的实施过程中，没有专门机构针对法律法规的执行情况进行跟踪调查和分析，因此法律法规的修订完善工作比较滞后。

9.2.2 中国建筑工程法律法规体系

建筑工程法律法规体系是由很多不同层次的建筑工程法律、法规与规章组成的，建筑工程法律法规体系的组成形式一般有宝塔形和梯形两种。建筑工程法律法规体系宝塔形结构形式，是先制定一部建筑工程基本法律，将建筑工程领域内可能涉及的所有问题都在该法中做出规定，然后再分别制定不同层次的建筑工程专项法律、行政法规、部门规章，对一些建筑工程具体问题进行细化和补充。建筑工程法律法规体系梯形结构形式则不设立建筑工程基本法律，而以若干并列的建筑工程专项法律组成建筑工程法律体系的顶层，然后对每部建筑工程专项法律再配置相应的不同层次的行政法规和部门规章作为补充，形成若干相互联系而又相对独立的建筑工程专项法律体系。根据《中华人民共和国立法法》有关立法权限的规定以及中国实际情况，中国建筑工程法律法规体系采用了梯形结构形式，由以下几方面构成：

(1) 建筑工程法律

建筑工程法律是由全国人民代表大会及其常务委员会制定并颁布的有关建筑工程的各项法律。建筑工程法律是建筑工程法律体系的核心和基础。建筑工程法律包括但不限于《建筑法》《中华人民共和国城乡规划法》《中华人民共和国招标投标法》《中华人民共和国合同法》等。

(2) 建筑工程行政法规

建筑工程行政法规是由国务院制定并颁布的有关建筑工程的各项行政法规，其效力低于建筑工程法律，在全国范围内有效。建筑工程行政法规的名称常以"条例""办法""规定"等名称出现。建筑工程行政法规包括但不限于《建设工程质量管理条例》《建设工程安全生产管理条例》《建设工程勘察设计管理条例》等。

(3) 建筑工程地方性法规

建筑工程地方性法规是由省、自治区、直辖市的人民代表大会及其常务委员会在不同宪法、法律、行政法规相抵触的前提下，根据本行政区域的具体情况和实际需要制定并颁布的，或者较大的市（即省、自治区的人民政府所在地的市，经济特区所在地的市和经国务院批准的较大的市）的人民代表大会及其常务委员会在不同宪法、法律、行政法规和本省、自治区的地方性法规相抵触的前提下根据本市的具体情况和实际需要制定并颁布的有关建筑工程的各项地方性法规。建筑工程地方性法规在其所管辖的行政区域内具有法律效力。

(4) 建筑工程自治条例与单行条例

建筑工程自治条例与单行条例是指民族自治地方的人民代表大会依照当地民族的政治、经济和文化的特点所制定并颁布的有关建筑工程的自治条例与单行条例。建筑工程自治条例与单行条例可以依照当地民族的特点，对建筑工程法律和行政法规的规定做出变通规定，但不得违背建筑工程法律或者行政法规的基本原则，不得对宪法和《中华人民共和国民族区域自治法》的规定以及其他有关法律、行政法规专门就民族自治地方所做的规定做出变通规定。建筑工程自治条例与单行条例在其所管辖的民族自治地方具有法律效力。

(5) 建筑工程部门规章

建筑工程部门规章是由国务院各部委根据建筑工程法律与行政法规制定与颁布的有关建筑工程的部门规章。

(6) 建筑工程地方政府规章

建筑工程地方政府规章在其所管辖的行政区域内具有法律效力。

(7) 建筑工程技术法规

建筑工程技术法规是国家制定或认可的，在全国范围内有效的建筑工程技术规程、规范、标准、定额、方法等技术文件。

(8) 国际公约、国际惯例与国际标准

国际公约是国际有关政治、经济、文化、技术等方面的多边条约；国际惯例是在国际交往中逐渐形成的不成文的原则和规则；国际标准是国际标准化组织（ISO）、国际电工委员会（IEC）和国际电信联盟（ITU）制定的标准，以及国际标准化组织确认并公布的其他国际组织制定的标准，在世界范围内统一使用。

9.2.3 香港地区建设法律法规

大陆法系和英美法系是西方法学家根据法律的历史传统对法律形式进行的分类。香港地区由于历史政治因素，其法律制度体系主要来源于英国，属于英美法系，又称普通法体系，是以英国中世纪时期的法律作为传统而产生和发展的法律体系。其主要特点是在司法审判中遵从先例，以判例作为法律主要的渊源。香港回归前，成文法和不成文法同时适用于香港。香港回归以后，《香港特别行政区基本法》于1997年7月1日生效。根据《香港特别行政区基本法》的规定，香港地区原有法律，即普通法、衡平法、条例、附属立法和习惯法，除同基本法相抵触或经香港特别行政区的立法机关做出修改者外，予以保留。由此可见，普通法（以判例为基础的法律体系）同成文法同时构成了香港地区法律基础。但当普通法同成文法发生矛盾时，则以成文法为主。

1. 香港地区建筑法例规范

香港地区建筑法例体系关系如图9-6所示。《建筑物条例》是规范香港地区建筑活动的最高法例规范，由香港地区最高立法机构——香港特别行政区立法会制定，属规范建筑活动的成文法。《建筑物条例》1889年开始实行，至今已有100多年的历史。同内地的建筑法规不同的是，香港地区的《建筑物条例》调整范围比较广泛，它涵盖了内地有关实体法、程序法以及技术标准法的内容，包括了工程项目的图则审批、工程建设实施阶段的监管、竣工验收后的维修保养以及对于违例行为的检控和上诉制度，还包括了旧有楼宇的维修以及建筑技术标准等。

为保证《建筑物条例》得以顺利实行，《建筑物条例》还授权运输及房屋局订立一系列附属规例，作为《建筑物条例》的配套法规。规例范畴涵盖行政管理、建筑和拆卸工程、规划、私家道路、通路、水管附设工程、卫生设备工程以及各种技术事项等。

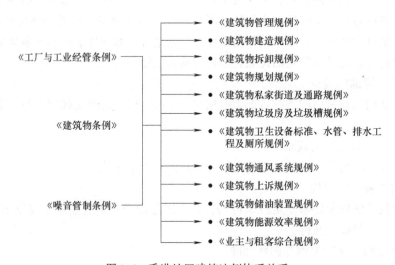

图9-6 香港地区建筑法例体系关系

2. 香港地区建设工程分类管理制度

香港地区的建设工程按投资性质不同分为"两类工程"，即公共工程和私人工程。"两类工程"管理制度差别很大，适用的法律法规也有差异，分属不同政府管理部门，按不同管理模式进行管理。

1）对公共工程，政府相关部门（业主）主要根据《建筑物条例》、技术通告等通过签订合约等方式进行管理。

2）对私人工程，地区政府对承发包活动一般采取不干预政策；屋宇署主要根据《建筑物条例》、作业备考等对建设实施活动进行监管，宗旨是对公共利益负责。

香港地区对建设工程进行管理的政府职能部门及其体系如图9-7所示。从香港特别行政区政府建设行政管理部门的管理组织角度来看：发展局隶属于财政司，下设规划地政科和工务科；运输及房屋局隶属于政务司，下设运输科和房屋署。

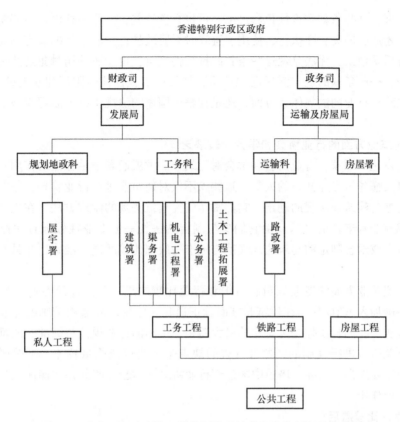

图 9-7 香港地区对建设工程进行管理的政府职能部门及其体系

9.2.4 中国建筑立法的问题分析

与发达国家建筑立法情况相比，中国的建筑立法确实还存在一定的差距。

1. 中国的法规体系尚不完善

在欧美等国，建筑业法律法规体系相当完善。例如，德国的《建筑产品法》和美国的《统一建筑条例》中都有非常详细关于建筑产品质量的内容。这些国家对于建筑工程立法的三个层次相互呼应、相互补充：建筑法律主要是明确建筑工程质量管理与监督的基本框架，明确建筑工程质量监督的程序以及质量监督和控制中政府、业主和生产者的职责和义务；建筑条例是对法规的补充和完善，使之具有可操作性；关于建筑的有关规范和标准则是具体针对某一部门、某一专业，对某些具体的技术活动进行权利、责任的界定，指导各项技术活动有效有序地开展。

相对而言，中国在这方面还较为薄弱。《建筑法》作为中国建筑业的一项基本法律，是在中华人民共和国国境内从事建筑生产及相关业务的企业和机构所必须遵守的法律，但与其配套的实施细则尚不完善。同时，中国建筑法规的执行力度也不够。

2. 中国对立法研究重视程度不够

长期以来，中国对建筑立法研究不够重视，并且关于立法规范化、立法表述、立法技术、立法程序等方面的理论欠缺，由此导致了中国制定的法规条款常常出现以下问题：一些条款的内容在语言表达上不够明确、不够具体，过于笼统、抽象、原则，使人们在执行、使用和遵守时难以准确把握；某些条款政策性色彩过浓，可执行性较差；一些条款语言不够精练；一些条款的规定相互矛盾、冲突，在执行、使用、遵守时无所适从；一些条款的规定不完整，只有行为模式，没有后果模式，无法兑现这些条款的授权性规定，也无法处罚触犯这些命令性、禁止性规定的行为；一些条款的规定滞后问题严重，如加以实施往往会阻碍建筑业的发展。因此，中国无论是在建筑行业的法规体系方面，还是在整个国家的法规体系方面都应该加强立法理论的研究。

3. 中国建筑业方面的行业协会和学会比较缺乏

在建筑业发达的国家，行业协会和学会对建筑业的发展起着举足轻重的作用。它们具有一大批既懂法律又懂建筑专业知识的人员，这些人不仅对建筑业进行行业管理，还制定各种行业规范，有些还参与建筑业法规的制定。它们常年研究建筑法规的制定方法，在立法技术、立法人员等方面都有非常丰富的经验，由它们参与制定的法规一般专业性较强且法律用语比较规范。由行业协会或学会制定的建筑法规规范与标准一般都比较严谨、准确，并具有很强的可操作性。

在中国，建筑业方面的专业人员、组织和行业比较缺乏，并且建筑专业人员的权威性不高，尤其在中国加入WTO后，在建筑业方面真正通晓并应用国际通用准则的专业人员和企业少之又少，这成为我们与国外先进企业的最大差距。中国的行业规范与标准一般都是由住建部委托相应的有关机构进行编制的，这种方式的缺点是一些规范质量较差，不够严谨、不够准确。因此，今后要加强、引导、培植中国建筑行业协会和学会，使其在法律法规的制定中发挥不可替代的重要作用。

4. 中国立法比较滞后

建筑法规是一个专业性较强、涉及面较广、非常复杂的法规体系，而建筑业的发展变化较快。因此，建筑法规的制定应该贯彻动态创新的原则，不断随着形势的发展而发展。在建筑立法成熟的国家，建筑法规的修改是非常频繁的，它们一般都有一些常设机构对法律的执行进行跟踪调查，发现问题及时进行修改。而在中国却没有这种专门机构，当一部法律出现了许多问题时才进行一次大的修改，这种方式导致法律滞后于建筑业的实际发展需要，对其发展不利。

9.2.5 国际工程对法务队伍建设的要求

国际工程是一项复杂的系统工程，涉及面广、不可预测因素多，法务方面主要涉及法律、合同、索赔、保险和合规等事务。而且，国际工程承包市场是开放性的，竞争异常激烈，高素质的法务队伍对于一个国际承包商的发展具有基础性、决定性和战略性的意义。

1. 海外项目需要更高素质的法律专家

通常情况下，从事海外项目面临的法律风险比国内项目更大，国际工程公司必须熟悉工程所在国的法律环境，以达到预防、规避法律风险的目的。国际工程公司涉及的法律主要有公司法、劳动法、招标投标法、合同法、建筑法、对外贸易法、保险法、税法、HSE法律、知识产权保护法、反不正当竞争法等法律。对于一个国际工程公司来说，公司的注册、证照的年审、税务的策划、社保的缴纳、劳务纠纷、合同纠纷、诉讼、仲裁等大量法律事务需要高素质的法律专家。承包商通常会聘请当地知名律师事务所处理法律事务，然而如果承包商的管理团队中没有高素质的法律专家，就很难主动预防潜在的法律风险，只能被动地预防，也很难与当地的律师沟通，因此承包商必须培养自己的复合型、外向型的法律专家。

2. 合同管理需要开拓型、外向型的合同专家

合同管理是国际工程项目管理的核心，需要开拓型、外向型的合同专家。在国际总承包中，一个大型主合同下会伴随众多不同类型的从合同，例如，联合体协议、技术服务、工程分包、委托、保险、买卖、运输、加工承揽、租赁、维修、贷款、外籍劳务等方面的合同。国际工程合同从前期的招标投标、谈判、签订、执行到合同关闭都是以合同管理为中心展开的。合同管理包含了技术、进度、成本、质量、HSE 以及对分包商的管理等多维度的管理，合同管理不应仅仅看成是程序性的事务性管理，而是更需要开拓型、外向型合同专家的专业性管理。

3. 国际工程需要高素质的索赔专家

国际工程索赔是随着工程承包发展而产生的一门独立的集工程管理、法律法规、合同知识、工程成本及技术经济以及沟通交流能力等于一身的跨学科的专业，是一项复杂的系统工程。索赔水平是国际工程项目管理水平的综合体现，需要专门的索赔团队和索赔管理专家。索赔管理是合同管理的核心内容之一，一个国际工程项目是否盈利，索赔占很大因素。总承包商不仅有大量针对业主的索赔与反索赔，还会有与联合体伙伴、分包商、供应商之间的索赔与反索赔。在国际工程实践中，我国的承包商也许能交出高质量的工程，但最终不能获利的案例比比皆是，究其原因是承包商没有形成以合同管理为中心的索赔理念。

4. 国际工程需要高水平的保险专家

国际工程总承包是高风险行业，需要专门的风险评估专家和保险管理专家。工程所在国的保险通常有社会强制险和商业保险。社会强制险是工程所在国要求为雇员依法强制缴纳的保险，主要有养老保险、医疗保险、工伤保险、失业保险等。商业保险主要有一切工程险、雇主责任险、第三方责任险、施工机具和设备险等，在法语系国家还有十年工程险。我国的总承包行业起步晚，承包商风险意识淡薄，对工程保险知识知之甚少，认为工程保险是花"冤枉钱"，由于不熟悉保险业务，即使投保了也不能及时发现索赔点，从而丧失了索赔机会。发达国家的国际承包商都有专门的风险评估专家和保险理赔专业人士，然而现阶段我国的承包商专业保险人才较少，须高度重视保险业务，培养出自己的保险管理专家。

5. 国际工程需要合规管理专家

企业合规管理已经发展成为国际总承包商防控风险的主要措施之一。近年来，我国的国际总承包企业也在学习借鉴国际大型公司的经验，建立自己的合规管理体系。国际大型承包商普遍倡导合规理念，并形成了较为完备的合规管理体系，而且这些大型承包商非常关注合作对象是否合规，合规已经成为中国承包企业与国际大型工程公司进行合资合作和参与投标的前提条件。因此，要提高在国际交往合作中的话语权和竞争力，与国际工程公司的管理接轨，必须加强合规管理。执行企业合规管理的部门通常是法务部，人员通常为法务人员，因此，合规管理需要专家管理。

6. 国际工程需要高素质的法律服务队伍

国际工程中的法律、合同、索赔、保险、合规管理业务的特点要求其法律服务队伍是集工程管理、法律法规、合同知识、成本与技术经济、外语水平和沟通能力等于一身的综合跨学科专业人员，其知识面不仅专而且要宽。具有扎实法律基础的复合型人才的匮乏已经成为制约我国国际工程公司向更高水平、更广领域发展的"瓶颈"。

9.3 我国国际工程实施过程中涉及的主要法律问题

9.3.1 国际工程涉及的主要法律

国际工程法律是指调整不同国家参与的包括工程咨询、项目融资、工程承包、物资采购、项目管理及培训等内容的与建设项目相关的各方权利与义务的各种判例、制定法、国际惯例与国际公约等各种法律规范的总称。国际工程法律的渊源主要有判例、国内法、国际惯例以及国际条约。

1. 国内法——中国法

国内法主要涉及对外工程承包资格制度、境外工程质量和安全生产管理制度、境外工程分包管理制度、中国税收法律制度、中国外汇管理制度、中国出口检验检疫和海关制度。

2. 属地国法——项目所在国法

1）普通法（判例法）——例如：英联邦国家或原英国殖民地。
2）大陆法（成文法）——例如：非洲原法属殖民地国家。
3）伊斯兰法——例如：中东和北非阿拉伯国家。

每个法系国家有关国际工程的方方面面的法律也不尽相同，例如：有税收法律制度、外商投资法律制度、政府采购和招标投标法律制度、劳动法律制度、进口检验检疫和海关法律制度、外汇管理制度；还有一些行业行政、技术法律法规等，如保险法律制度、HSE相关法律制度、行政许可法律制度、技术法规（强制性标准）；在国家范围内的一些基本法律，如民法、民事诉讼法等。

3. 国际法

国际法是指适用主权国家之间以及其他具有国际人格的实体之间的法律规则的总体。国际法规则形成的方式有国际公约、国际惯例等。

（1）国际公约

国际公约（International Convention）是指国际有关政治、经济、文化、技术等方面的多边条约。公约通常为开放性的，非缔约国可以在公约生效前或生效后的任何时候加入。

有关法律冲突与法律适用方面的国际公约主要有1985年《国际货物买卖合同适用法律公约》。有关国际民事诉讼程序与商事仲裁方面的国际立法有1958年的《联合国承认及执行外国仲裁裁决公约》、1968年布鲁塞尔《关于民商事案件管辖权及判决执行公约》、1971年海牙《民商事案件外国判决的承认与执行公约》、1979年《美洲国家间关于外国判决与仲裁裁决的域外效力的公约》。其中，最有影响的是《联合国承认及执行外国仲裁裁决公约》，该公约是1958年6月10日在纽约召开的联合国国际商业仲裁会议上签署的，处理的是外国仲裁裁决的承认和仲裁条款的执行问题。我国第六届全国人大常委会第十八次会议于1986年12月2日决定我国加入，我国政府1987年1月22日递交加入书，该公约1987年4月22日对我国生效。目前世界上已有130多个国家和地区加入了该公约，这为承认和执行外国仲裁裁决提供了保证和便利，为进一步开展国际商事仲裁活动起到了推动作用。

我国的国际工程项目大多在发展中国家或不发达国家，这些国家经济文化落后，法律体系不完善，很可能没有加入某个条约或公约，如未加入《联合国承认及执行外国仲裁裁决公约》。因此，在评审国际工程合同纠纷解决条款前，应进行工程所在国法制环境调查。如果合同当事方所在国没有加入这一条约，或者只有一方加入，一旦发生纠纷，即便通过仲裁裁决获胜，也很难得到执行。

通过仲裁解决国际货物买卖过程中出现的争议，是当前国际上普遍采用的方式。因为它较一般的友好协商易于解决问题，裁决对双方的约束力也较大；仲裁比司法诉讼有较大的灵活性。

《中华人民共和国合同法》第一百二十九条规定："因国际货物买卖合同和技术进出口合同争议提起诉讼或者申请仲裁的期限为四年，自当事人知道或者应当知道其权利受到侵害之日起计算。"《中华人民共和国仲裁法》第一章第四条规定："当事人采用仲裁方式解决纠纷，应当双方自愿，达成仲裁协议。没有仲裁协议，一方申请仲裁的，仲裁委员会不予受理。"国际的一些习惯做法和一些国家的法律规定也都要求：采取仲裁解决争议的，当事人双方必须订有仲裁协议。

世界主要的仲裁机构有：
1）国际商会仲裁院。
2）美国仲裁协会（AAA）。
3）中国国际经济贸易仲裁委员会（CIETAC）。
4）伦敦国际仲裁院（LCIA）。
5）投资争端解决国际中心（ICSID）。
6）斯德哥尔摩商会仲裁院（SCC）。

在国际商事仲裁领域，国际商会仲裁院是最具影响的仲裁机构。

（2）国际惯例

国际惯例是指在国际交往中逐渐形成的不成文的原则和规则。一般认为，构成国际惯例，须具备两个因素：一是物质的因素，即有重复的类似行为；二是心理因素，即人们认为有法律拘束力。因此，国际惯例一般要经过相当长的时间才能逐步形成。由于英美法系缺乏成文法的详细规定，国际工程项目中的许多细节或要求是由合同条件规定的。国际工程项目的国际惯例是英美法系国家法律制度在国际工程实践中长期发展形成的结果，为大多数国家和地区通用，不受政策调整和经济波动的影响。例如：

1）《国际商事合同通则》（Principles of International Commercial Contracts，PICC）是国际统一私法协会1994年编撰的，2004年做了大的修订。它是一部具有现代性、广泛代表性、权威性与实用性的商事合同统一法。它可为各国立法参考，为司法、仲裁所适用，是起草合同、谈判的工具，也是合同法教学的参考书。

2）联合国《国际商事仲裁示范法》是联合国国际贸易法委员会于1985年主持制定的。该法没有强制执行力，供各成员国制定国内法时参考之用。俄罗斯、保加利亚等国都根据此法制定了其国内的仲裁法。

像我们都熟悉的FIDIC条款虽然不是法律，也不是法规，但是全世界公认的一种国际惯例。

还有ICE合同条件、NEC合同条件、AIA合同条件都是国际工程惯例的集中体现。这些国际工程惯例是国际工程承包界多年实践的结果，并经各专业机构常年跟踪调查和精心修订，已为国际社会普遍认可，成为国际工程法律法规的重要渊源。

《中华人民共和国民法通则》第一百四十二条第三款规定：中华人民共和国法律和中华人

民共和国缔结或者参加的国际条约没有规定的，可以适用国际惯例。我国法律认可在特定条件下对国际惯例的适用，即在没有法律或者条约规定的情况下，可以适用惯例；如果有法律规定或者有条约，则不能适用惯例。

9.3.2 国际工程中的法律难题

国际工程作为跨国的经济活动，相较于国内建设工程，其法律问题更为复杂，所涉及的范围更加广泛。在理论研究方面，国际工程法律问题属于国际经济法学的范围，尚未形成自身独立的系统的法学理论体系。在国际工程项目管理实践中，遇到的法律难题通常包括以下几个方面：

1. 多种法律制度并存

国际工程项目管理不仅涉及承包商自己国家的法律，还会涉及国际法、项目所在地的国家法律，也可能涉及一个或多个第三国的法律，这些国家还有可能是"复合法域国家"或"多法域国家"。正是由于多个法系并存，对项目管理者来说，很难做到对相关的这些法律全面了解。就算收集到一些法律文件，由于受时间和语言等因素的限制，也很难做到真正准确的理解和全面把握。多种法律制度并存导致的第二个问题，是其相互间可能发生的矛盾和冲突。知法难和法律打架问题，增加了项目管理者知法守法的难度和困惑。

2. 法律和合同的执行

尽管有上述问题和困难，管理者在项目经营管理和相关经济活动中，应自觉地尽可能完全遵守相应的法律法规，做到合法经营，不仅项目内部经营管理合法，项目周围自然和社会环境的应对处理也应合法。所谓合法经营，就是要求承包商单位和个人的行为资格合法，办事程序合法，行为表现合法。

在项目管理中承包商必然会与相关方签订各类合同协议，这些合同协议依法签订后具有法定效力，管理者应自觉完全地履行其法定责任义务；同时也有权监督合约对方履行其应尽的合同和协议责任义务。承包商如果出现违法违约行为，可能需承担相应的法律或合约责任。同样，承包商因相关方的违法违约行为而遭受伤害和损失时，也可通过法律和合同手段来维护自身的权利。

3. 争议的解决

解决合同争议的途径应在合同中明确规定，以便在争议发生时遵照执行。通常采取以下途径：①双方友好协商；②第三方调解；③仲裁；④法律诉讼。一般是渐进地采取多种措施，而仲裁和法律诉讼只能二者选其一。

采取第三方调解的，合同协议中应明确调解人的选择方法。采取仲裁的，应确定仲裁地或单位，遵从的仲裁规则。采取司法程序的，应明确规定管辖法庭及适用法律。

4. 法定效力问题

项目合同中用到的特定术语，需在合同中明确定义。合同一般由多个文件组成，如合同协议书、中标函、合同条件、技术规范、设计图、工程量价格清单等，这些文件可能会出现不一致的情况，故需在合同中明确规定文件的效力顺序。项目实施中可能会采用多种语言，相互之间难免会出现翻译或理解歧义，所以需规定主导语言。

5. 法定证据管理

项目在实施过程所形成的各类往来文件和信息，包括影像资料及实物等，在法律合同纠纷处理时都有可能成为真实有效的证据，因此承包商应具备自我保护的法律意识，平时注意这些证据材料的收集、整理和保管，以备不时之需。

6. 法律体系不健全

这似乎与上述的多种法律制度并存相矛盾，这正是国际工程法律问题的复杂性所在。的确，在一些小的、落后的、政局不稳或实行特殊政体的国家和地区，其法律体系并不完善，身在其中甚至要面临恶劣的法律环境。在这样的国家实施国际工程，有可能承包商在遭受侵犯伤害时，无法采取正常的法律手段来维护自身的权益。而且，尽管说法律的作用是维护公平主持正义，但承包商毕竟工作生活在别人的国家，真要遇到法律问题而诉诸司法手段时，当地司法机关和个人可能有意无意会偏向当地人一方，何况他们还很有可能受司法以外的其他干预和影响。当然，也不排除个别无良承包商乘机钻法律的空子，明目张胆地干违法和突破伦理道德底线的勾当。

7. 法律风险管理

法律风险管理包括法律风险源识别、风险分析评估、风险预警防范以及风险实际发生后的处理和补救措施等。

8. 法律合同问题解决难度大

国际工程项目实施过程中一旦出现法律合同纠纷，处理起来过程复杂漫长，成本投入大。有时即便有了最终解决方案或裁决结果，也不一定能完全得到执行，这种得不偿失的例子举不胜举。

9. 广义合法性问题

广义合法性是指不仅上述所说的承包商单位和个人合法，项目本身也要合法，项目相关参与方，如业主、咨询、投资、分包、供应商等的主体资格和行为均要合法。广义合法性问题也要引起承包商的注意，否则可能会受之牵连。

10. 法律人力资源管理

法律人力资源管理是指与承包商内部法律专（兼）职人员、社会法律人力资源（如律师个人或单位）的相关问题的处理。

9.3.3 国际工程行业的法律管理

1. 定义

国际工程行业的法律管理，就是相关管理主体运用立法、执法和司法等法律手段，对国际工程行业进行强制性规范管理，以建立和完善国际工程行业的法律环境，规范国际工程行业的经营行为，维护国际工程行业的经营秩序，保护国际工程行业相关从业者的合法权益。

2. 立法管理

国际工程行业立法管理就是通过立法手段来建立和完善国际工程行业的法律环境，以法律的强制性和威慑性来规范行业经营主体的行为，它是对国际工程行业进行间接管理的一种有效手段。

严格地说，截至目前，我国还没有颁布实施一部针对国际工程行业的专项国家法律。但是，国际工程行业管理的对象是国际工程企业及其经营活动，而国际工程行业又是一个建筑工程和国际商业贸易交叉的领域。因此，原则上凡是适用于企业、工程建设和国际贸易的法律法规都属于管理国际工程行业的法律范畴，包括国内法律、国际公约和国际工程贸易惯例等。另外，国际工程也包括境内涉外工程，与之相关的参与方在中国境内从事工程投资经营活动，理所当然必须接受中国相关法律制度的管辖。即便中国国际工程企业的一些经营活动不在中国境内发生，但了解和遵守中国的相关法律法规，做遵纪守法的组织和个人，必然有利于增强其在境外合法经营的自觉性。

国际工程行业法律管理中的法是一个广义的概念，包括国家法律、行政法规、部门规章、专业技术标准以及行业管理制度和规则等，因此立法主体也应相应地扩大，负责或参与立法的相关方有立法机关（即全国人大）、政府部门、行业主管部门、行业协会等。

与国际工程行业管理相关的国内法律所涉及的内容包括企业法律制度、建筑法律制度、对外贸易法律制度、海关法律制度、工程建设从业资格制度、工程招标投标法律制度、建设工程合同法律制度、工程质量法律制度、工程安全法律制度、工程建设标准化法律制度、工程建设环境保护法律制度、规划与勘察设计法律制度、劳动法律制度、工程建设争议解决制度，以及其他方面的法律制度，如税收、反不正当竞争、消费者权益保护、货物进出口许可配额、运输和商检等方面法律制度。

相应地，构成国际工程行业管理法律体系的法律包括：①国家法律，如公司法、建筑法、对外贸易法、海关法、合同法、招标投标法、安全生产法、环境保护法、劳动法等；②行政法规，如建设工程质量管理条例、建设工程安全生产管理条例等；③部门规章，如企业资质管理规定、招标投标管理办法、施工许可管理办法、重大事故报告和调查程序规定等；④专业技术标准，包括不同工程专业领域的技术规范、标准、规程、定额、工法等；⑤行业管理制度和规则，即相关行业协会制定的自律管理公约、制度和规则。

国际工程行业管理相关的立法内容还包括，参与与国际工程行业相关的国际公约、国际惯例以及其他国家间的协议条约的立法活动，包括法律文件的起草、谈判、签署或批准加入等，一般涉及的内容有国际贸易管理、国际投资、市场开放准入、国际货物买卖、运输和支付、国际产品责任、贸易争端、知识产权保护、环境保护等方面。

3. 执法管理

（1）定义

国际工程行业的执法管理，是指法定的国家行政机关和得到法律、法规授权的组织依照法定权限和程序，对国际工程行业的经营主体和经营活动进行监督检查和处置的过程。

（2）特点

国际工程行业的执法管理具有以下几个特点：

1）执法管理是以国家的名义进行的，因此具有国家权威性和强制性。

2）执法主体是行政机关和得到法律、法规授权的组织，包括国务院及相关部委、地方政府及相关管理部门等，具体实施者则是代表行政管理部门的国家公职人员。

3）执法具有主动性和单方面性，即行政机关在进行行政执法管理时，应当以积极的行动主动执行法律、履行职责，而不一定需要行政相对应的组织或个人的请求和同意。

4）执法过程必须坚持依法行政、讲究效能和公平合理的原则。

5）执法管理一般是对国际工程行业的经营主体和活动直接进行监督检查和处置，即直接管理。

（3）内容

国际工程行业执法管理的主要内容包括：

1) 工商行政管理部门定期检查国际工程企业的营业许可和范围是否合法，一般是按年度对企业营业执照进行年检校验。

2) 税务部门对国际工程企业的纳税情况进行监督检查。

3) 国家发改委和建设主管部门对境内国际工程项目的招标投标和建设实施过程进行监督检查。

4) 质量技术监督部门对境内国际工程项目的现场监督检查。

5) 安监部门对境内国际工程项目的现场安全管理进行监督检查。

6) 环保部门对境内国际工程项目施工环保情况进行监督检查。

7) 商务部门对国际工程企业的对外经营许可进行检查。

8) 商务部所属驻外经商参处对在境外项目招标投标活动中的中国国际工程企业之间是否存在恶性竞争行为进行监督检查。

9) 海关部门对国际工程企业的进出口商品进行检查。

10) 外汇管理部门对国际工程企业的外汇收支管理进行监督检查。

（4）措施

国际工程行业执法管理的方式有定期、不定期和全程动态的监督检查，以及专项、联合检查等多种方式。

执法管理过程结束，执法管理者应对执法检查结果给出明确处理意见。对经检查合格或合法的组织或个人，应予通过或放行，并办理相应的法律手续或文件。对经检查不合格或不合法的，应视具体情况依法依规采取不同的处置措施，包括暂扣、退回、要求补齐或整改、查封、销毁、罚款、降级等，情节严重涉嫌犯罪的应移送司法机关处理。

4. 司法管理

国际工程行业的司法管理，是指国家司法机关及其司法人员依照法定职权和法定程序，具体运用法律处理与国际工程行业经营主体和经营活动相关的民事、刑事案件的专门活动，包括案件的立案侦查、判决（调解）以及判决（调解）结果的执行等。我国的司法机关一般是指人民法院和人民检察院，从广义上理解也可以包括公安机关、国家安全机关、司法行政机关、军队保卫部门、监狱等负责刑事侦查的机构。

广义上说，司法管理包含在执法管理范围内，也是一种执法手段。但严格地说，二者在实践中是有区别的，主要有以下几点：

1) 司法必须独立，公正至上，活动范围狭小；执法不能独立，效率至上，活动范围广。

2) 执法是严格依法办事，执行法律；司法则不然，职能要广泛些，如司法审查职能、造法职能等。

3) 执法实行首长负责制，司法实行法官负责制。

4) 二者适用的法律程序区别很大。

5) 司法是被动的，执法是主动的。

涉及国际工程行业的案件主要有三类：①对国际工程企业、个人或经营活动构成侵犯、伤害、损失的案件，即以国际工程经营主体为原告的案件；②国际工程企业、个人或经营活动侵犯、伤害、损失到其他组织、个人或环境的案件，即以国际工程经营主体为被告的案件；③国际工程行业的从业人员的职务犯罪案件，这类案件严格地说也可以归入第二类。

需要说明的是，国际工程业务经营活动中一些经济合同纠纷案件的发生地不在国内，那么其管辖权可能不在国内，因此其适用法律和有管辖权的司法机关所在地应按双方事先合同约定执行。

9.3.4 我国国际工程公司法务队伍建设情况

1. 发达国家的企业法务队伍情况

发达国家的总承包商通常实行企业法律顾问制度或公司律师制度来管理公司法律事务。世界范围内最早在企业内部设置法律工作人员的是美孚石油公司。到20世纪七八十年代，发达国家的企业法律顾问制度进入成熟期。国际知名企业都有专门的法律事务机构和众多的法律执行人员，如法国埃尔夫石油公司有500多名企业法律顾问，美国埃克森美孚石油公司共有企业法律顾问700余人，发达国家企业法律顾问平均具有15~20年的专业法律事务经验。据业内专家估计，大型国际石油企业在外部律师方面的投入与其内部法律顾问方面的投入不相上下，年费约3亿~6亿美元。

2. 我国国有工程公司的法务队伍建设情况

我国企业中的法务管理是伴随着经济向着市场化方向转型，以及在推进建立和持续现代企业制度的过程中出现和发展起来的，虽然发展较快，但与发达国家的法律服务市场相比，我国法律服务市场存在着人为切割、定位混乱、评价与选拔法务人才存在多重标准的现象。即使国有企业原来实行的企业法律顾问制度也不过10余年，法务服务队伍还很年轻，缺乏处理复杂国际事务的经验。

与知名的国际工程公司相比，我国国有国际工程公司现阶段在法务队伍建设方面主要存在以下六个方面的问题：

（1）法律职业化程度较低

司法队伍在建设上忽视了职业特性和专业要求，造成司法队伍素质欠佳，突出表现在专业知识和业务素质以及法律职业伦理的欠缺上。这一现象必然影响我国工程公司法务队伍的职业化建设。

（2）法务管理机构设置混乱

例如：分公司层面上单独设立合同部、合同控制部，并在所属各项目部分设合同控制部；合同法律管理业务归口于市场部，或者共同归口于市场部和控制部等；多数海外子公司法务部门不是独立的部门，往往与成本、计划业务混编为一个部门，且名称混乱。

（3）复合型高端法律人才力量较薄弱

虽然大部分法务人员拥有全日制法学本科以上学历，但懂工程且精通外语的法律人才数量较少，大部分法务人员还不能完全独立处理高端市场和复杂环境下的合同法律事务，从专业水平和语言能力方面，不能应对国际化项目大型合同谈判及变更、索赔等工作。即使出现少量高端法务人员，也很快流失，没有领军人才，没有真正形成一支专业化、职业化、国际化的复合型法律队伍。

（4）合同法律管理职能不到位

没有相对独立的合同法律事务职能和机构，法务人员难以充分发挥为公司整体利益提供法律服务的能力和动力，法务人员的业务水平不能得到有效提高。即使设立法务部的分、子公司也存在着合同部门职能在项目管理流程中弱化、虚化的现象。法务人员参与公司重要决策的法律审核率不能得到保证，经营中的合同法律风险也不能得到有效的识别和管控。

（5）公司总部对法律人员的管理缺乏整体性和系统性

法务人员分散在海外各子公司，较大程度上局限在各自的分、子公司或项目上，各分、子公司之间以及分、子公司与总部法务部之间缺乏统一有效的工作沟通渠道和管理协调机制，尚未实现在公司范围内法务人才资源的合理调配及整合。法务人员考核没有配套的统一体系和标准。国内外及项目之间的岗位轮换制度未有效建立。

（6）法律风险防控流于形式

海外各分、子公司片面强调速度和效率，缺乏风险意识，忽视法律合同风险，重要决策法律论证制度不健全，合规合约管理流于书面形式，法务人员不能真正地参与到企业的重大经营决策中。部分海外法务人员在被动应付不断产生的突发性事件和诉讼中充当"救火队员"的角色。法务部门参与企业重要经营活动的程度不够，往往停留在事后补救上，法务工作偏重事后处理，对法律环境变化所产生的法律风险缺乏防范意识和有针对性的应对措施，对岗位人员引发风险的广泛性和严重性及防控风险的长期性缺乏足够认识。

3. 民营企业的法务队伍建设情况

（1）法律职业化程度较高

首先从法务队伍的规模上来看，在拥有独立法务部门的企业中，法务团队的平均规模约为9人，而民营企业的人员配置较高，平均人数为10人，民营企业的规模化优势较明显。

此外，在综合绩效、内部客户满意度、外部律所合作以及人才培养几个指标方面，民营企业的法律团队都比外资企业还要更为积极和适应多变的市场环境。

（2）涉外法务队伍建设滞后

各分、子公司基本上只有少数人从事涉外法务工作，大部分法务人员基本上从事国内诉讼与非诉讼业务。涉外人员参与国际工程项目程度低。对大型国外总承包项目，涉外法务人员基本上都能做到在合同签订前进行合同审查和报批，但在工程所在国标前调研时，涉外法务人员基本上未参加，涉外人员对工程所在国的法制环境、法律制度没有形成一个基本的清晰的认识，导致合同审查时不能以工程所在国的法律背景为依托，存在着合同审查缺乏针对性的弊端。

（3）涉外法务人员的知识能力不能适应公司国际化业务的需要

由于涉外法务人员对于国际工程的参与只是浅尝辄止，并且很多国际业务直接由国内的涉外律师事务所处理，再加之平时缺乏高水平的国际工程法务培训，逐步造成涉外法务人员过度依靠国内律师、不熟悉工程、不熟悉国际规则、外语水平达不到交流水平的状态，最终导致涉外法务人员在从事涉外合同、国际工程保险事务时不能适应需要。

9.3.5　海外工程涉及的主要法律问题

为了避免海外工程实施过程中面临的一些问题，降低法律风险，可以主要从以下几个方面加以注意：

1. 主体资格的有效性

海外工程的主体资格包括两个方面：

（1）获得国内许可

《中华人民共和国对外贸易法》第十条规定，从事国际服务贸易，应当遵守本法和其他有关法律、行政法规的规定,从事对外劳务合作的单位,应当具备相应的资质。同时第五十五条规定,国家采取措施鼓励对外贸易经营者开拓国际市场,采取对外投资、对外工程承包和对外劳务合作等多种形式,发展对外贸易。商务部负责对外承包工程项目核准工作。

(2) 获得所在国许可

工程所在地的经营资格包括两个方面:

1) 公司注册情况。包括:①股权结构,有些国家,如中东,仍规定当地人至少占51%以上;②对外投资核准、备案情况。我国商务部2014年《境外投资管理办法》第六条规定:商务部和省级商务主管部门按照企业境外投资的不同情形,分别实行备案管理和核准管理;企业境外投资涉及敏感国家和地区、敏感行业的,实行核准管理;企业其他情形的境外投资,实行备案管理。实行核准管理的国家是指与中华人民共和国未建交的国家、受联合国制裁的国家。必要时,商务部可另行公布其他实行核准管理的国家和地区的名单。实行核准管理的行业是指涉及出口中华人民共和国限制出口的产品和技术的行业、影响一国(地区)以上利益的行业。

2) 所在国承包主体资质。这对政府工程尤为重要。一般为政府下属机构负责审查资质,审查的内容包括:资金、人力资源、专业设备、履历经验等,并且实行分级管理、专业资质制度。例如,马来西亚对外国承包商的要求是:外国承包商注册不划分等级但要经过两个步骤:

①临时注册:在没有参加任何项目投标之前,要通过临时注册,其有效期至约定的时间或特定项目的投标时间。

②注册:获得项目施工权,在正式实施之前进行的注册,该注册在特定项目的建设期是有效的,每个项目都要经过这种注册。

2. 遵循的法律原则

海外工程涉及的国际私法体系有前面已经介绍的国际公约、制定法、习惯法等。

遵循的法律原则有以下两个:

(1) 意思自治原则

项目各方要协商确定使用的准据法,如工程所在国法律、业主所在国法律、承包商所在国法律或是第三国法律。但意思自治也要受到一定的约束限制,如:不得违反国家强行法的规定和公共秩序,要是善意的和合法的,甚至一些国家规定不得选择与合同毫无联系的国家的法律,如只允许在缔约地法、履行地法、物之所在地法、当事人住所地法、当事人国籍法之间进行选择。

(2) 最密切联系原则

最密切联系指的是:适用与合同具有最密切联系地方的法律,通常为工程所在地法。其他国际工程总承包合同涉及最密切联系的要素还包括:合同缔结地、谈判地、履行地、标的物所在地、法人营业地、法人注册地等。

3. 投标前的准备和调查工作

开展海外工程时,在投标前要做好充足的准备和调查工作。调查目的是确定项目、防范风险,包括调查以下内容:

1) 工程项目所在地的自然地理、交通条件。

2) 劳动力资源情况及当地民俗生活习惯。

3) 工程相关的大宗原材料产地、价格、质量情况等。

4) 施工设备、机具的生产、购置及租赁情况。

5) 业主资信情况、项目资金来源、业主拥有项目情况及国际荣誉等。
6) 研究项目所在国外汇变化。
7) 当地市场的通货膨胀情况。
8) 项目所在地施工情况、施工环境、施工现场情况。
9) 项目所在地社会治安情况。
10) 如选择代理人,要充分考察其在当地的社会地位和影响力,调查其经济实力及之前代理业务的案例等。

调查的参与人员应是多方面的,如商务、技术、法律方面的人员都应该有。最后的调查结果形成一系列报告,如营商调查报告、法律尽职调查报告。

投标前准备还有一个重要的方面是合同条件的审查工作,包括:合同风险边界的确认、双方的权利和义务的明晰、合同风险分配的衡量等。

4. 工程保函

通常而言,保函是指银行应合同关系一方的要求,向合同关系的另一方担保合同项下某种责任或义务的履行所做出的在一定期限内承担一定金额支付责任或经济赔偿责任的书面付款保证承诺。

从法律性质上说,工程保函是一种独立的保证。保函种类可分为见索即付保函、无条件(不可撤销)保函、可转让保函。

国际工程中的见索即付保函在索偿兑现前完全剥夺了承包商的申辩权利,是所有银行保函潜在风险最大的一种。承包商对这类保函要特别慎重。承包商须分析项目所在国的政治和经济形势,掌握业主信誉和财力、项目资金来源及可靠程度等。承包商须对保函格式中的具体内容逐字逐句进行认真研究。在开出的各类保函中应尽量避免"见索即付"这类字句。最好能在业主书面索偿与银行付款之间留有一定空隙期限,以便有缓冲时间(承包商可利用该时间提起诉讼申请暂时冻结保函)。如果业主信誉和财力相当有限,但又在标书中坚持承包商出具金额较大且期限较长的"见索即付"保函,承包商可考虑要求业主出具银行的付款反担保函。

5. 物资采购风险

物资采购风险主要是采购合同风险,涉及合同主体、标的物、数量、规格、质量、合同运输、交付、合同价格、支付、外汇、违约责任、合同担保、适用法律,以及对工程工期、施工效率的影响等一系列问题。

6. 劳务用工风险

劳务用工风险涉及劳动合同权利义务、工程所在地劳工法、工作准证、当地劳工配比、国内外劳动合同约定不一致、窝工、罢工等情况。多数国家认为在适用一国法律时不得违反法院地法、惯常劳务实施地法或境外用人单位营业地法律的有关规定。

《中华人民共和国涉外民事关系法律适用法》第四十三条规定,劳动合同,适用劳动者工作地法律;难以确定劳动者工作地的,适用用人单位主营业地法律。劳务派遣,可以适用劳务派出地法律。

《商务部关于切实做好对外承包工程项下外派劳务管理工作的紧急通知》(商合函〔2008〕11号)规定,企业必须依据项目所在国劳动法及我国有关法律法规,与外派劳务签订劳动合同。

案例分析

巴布亚新几内亚高地 Mendi 公路

1. 项目背景

Mendi 公路项目是某海外公司在巴布亚新几内亚承揽的最大公路项目,项目合同工期为 30 个月,全长为 49.6km,沿线道路曲折,线路两侧植被茂密。项目位于南高地省,雨季和旱季已不明显,全年多雨且雨量较大,历史最大日降雨量在 300mm 左右。全线软基点多,业主又不想有过多变更,在现有的预算内施工,由于线路较长,施工难度较大,因此全线施工过程中,项目组科学地制定了施工组织程序,增加了工作面,增加了人员投入,人员成本压力较大。2014 年,巴布亚新几内亚国家政府对工资法律进行调整,加剧了项目组的成本压力,项目组经过分析,采用 FIDIC 中变更与调整条款同监理和业主进行了协商,得到了监理和业主的初步认可。

2. 因法律改变的调整

承包商编制投标报价的依据之一就是工程所在国的各项法律,如果这些法律发生变动,其工程费用当然会受到影响。FIDIC 中 13.7 款中明确写道"于基准日期后工程所在国法律有所改变或对此类法律的司法或政府解释有改变,影响承包商履行合同义务的,合同价格应考虑上述改变导致的任何费用增减进行调整。"施工合同签订于 2011 年 9 月,但值得注意的是,FIDIC 这个条款并没有给出具体的计算方式,给合同索赔过程中监理和承包商之间留下了争议隐患。本案例仅以法律变化中国家最低工资标准为例,来探讨对承包商的影响,并提出索赔的模式。

2014 年,巴布亚新几内亚政府通过决议,将全国最低工资标准从原来的 2.29 基纳调整到 3.2 基纳,增幅达 39.7%。这个决定对全体国民无疑是福音,但却给企业带来了成本压力,特别是施工企业。

3. 最低工资标准变化引起承包商索赔模式

由于所在国法律变化给承包商费用造成影响,根据这些影响程度对价格甚至工期做出调整是公平合理的。FIDIC 中虽然明确指出由于所在国法律变更,导致承包商费用增加,业主方要承担责任,但是,并没有给出具体的计算方法。本案例依据 FIDIC 13.7 条款,结合巴布亚新几内亚国家和项目组,探讨出一个较为公平合理的计算方法和计算模式,具体如下:

N——假定合同总额为 N

M——平均每个月合同额 $N/30$

A——调整前一个双周所有工人工资总和

B——调整后一个双周所有工人工资总和

C——调整前后月份工资平均值,$(A+B)/2$

D——平均增加工资额度,$C-A$

E——平均每个月工资增加率,D/M

也就是说,由于最低工资标准变化引起的承包商索赔额为每个月计量总额 $\times E$(见表 9-1)。

第 9 章　国际工程法律法规

表 9-1　最低工资标准变化引起承包商索赔模式案例分析

1	合同总额	N
2	平均每个月合同额	M
3	调整前一个双周所有工人工资总和	A
4	调整后一个双周所有工人工资总和	B
5	调整前后月份工资的平均值	C
6	平均增加工资额度	D
7	平均每月工资增加率	E
8	最低工资标准变化引起的承包商索赔	每个月计量总额 $\times E$

通过计算该项目平均每个月工资增加率 = 1.14%，以当月产值 1200 万元人民币计算，当月索赔金额 1200 万元 × 1.14% = 13.68 万元人民币。承包商充分搜集工资发放证据，并积极同业主、监理沟通，得到了他们的初步理解，有望尽快解决。

4. 结论

本案例以巴布亚新几内亚高地 Mendi 公路为研究对象，运用 FIDIC 的变更与调整条款，探讨解决因法律改变引起的索赔的方法，以期维护承包商的合法权益，进而对在巴布亚新几内亚的中资施工企业有所帮助，主要有以下几个方面的结论：

1）承包商，特别是国际工程承包商必须深入了解所在国国情，尤其是所在国法律、合同条款。

2）充分搜集证据，用数据说话，严格按照合同索赔程序做事。

3）充分同业主、监理沟通，与之建立良好的互信关系，争取对方的理解和支持。

（资料来源：《国际工程因所在国法律改变引起的索赔案例分析——以巴布亚新几内亚高地 Mendi 公路为例》，刘长有、刘平，发表于《四川建材》2015 年第 2 期．）

第10章

国际工程融资

本章要点
- 国际工程融资渠道
- 国际工程融资模式及策略
- 国际工程融资中风险管理

◆ 引入案例

东南亚某国的电力供应无法满足本国基本电力需求。该国水力资源丰富,开发水电站是解决该国电力资源短缺的有效途径。水电站项目位于该国西南部山区的某河干流之上,距离该国首都西南方向150km,项目所在地交通状况良好。该水电站的主要功能是发电,同时具备城市供水及灌溉等辅助功能。

本项目采用BOT模式实施,建设期为4年,运营期为40年,总投资额为2.8亿美元。该水电站项目固定资产投资的72%(约2.02亿美元)是从中国进出口银行以出口信贷贷款的形式获得的,贷款期限为15年(含4年宽限期)。

该水电站的建成满足了该国部分省份的全部电力需求,以及首都白天40%、夜间100%的电力供应,极大地缓解了该国国内电力紧张的局面,为当地经济发展提供了巨大支撑。工程还有效调节了流域内季节性旱涝问题,提高了下游防洪能力,保证了下游农田的水利灌溉,减少了水土流失,保护了生态平衡,改善了当地鱼类及野生动物的栖息环境。

10.1 国际工程融资渠道

投资是指企业为获取未来收益而将一定数量的货币资金、股权以及经评估后的实物或无形资产等作价出资,进行各种形式的经营活动。投资经营中的资金来源,通常有企业的自有资金和外部资金。当自有资金无法满足投资需要时，就需要通过一定的筹资渠道，应用一定的筹资方式，经济、有效地筹措和集中资金，以满足投资需要，这就是融资。国际工程项目融资管理就是国际工程企业为开发实施国际工程项目，对资金的筹集活动进行的管理。

项目融资的种类有无追索权（No-Recourse）和有限追索权（Limited-Recourse）两种。

无追索权的项目融资也称纯粹的项目融资，在这种融资方式下，贷款的还本付息完全依靠项目的经营效益。同时，贷款银行为保障自身的利益，必须从该项目拥有的资产或收益权取得物权担保。如果该项目由于种种原因未能建成或经营失败，其资产或收益不足以清偿全部的贷款时，贷款银行无权向该项目的发起方追索。

有限追索权的项目融资，除了以贷款项目的资产和经营收益作为还款来源和取得物权担保外，贷款银行还要求项目发起方或第三方提供担保。在项目经营失败时，贷款银行有权向担保人追索。但担保人承担债务的责任，以他们各自提供的担保金额为限，所以称为有限追索权的项目融资。项目融资的有限追索性体现在以下三个方面：①时间的有限性，即一般在项目的建设开发阶段，贷款人有权对项目发起方进行完全追索，而通过"商业完工"标准测试后，项目进入正常运营阶段时，贷款可能就变成无追索性的了；②金额的有限性，如果项目在经营阶段不能产生足额的现金流量，其差额部分可以向项目发起方进行追索；③对象的有限性，贷款人一般只能追索到项目实体。国际工程项目一般采用有限追索融资。

根据项目所需融资的金额规模大小、贷款偿还期长短、项目风险大小和承包商所能承受的风险大小，承包商选择相应的融资方式。目前，我国国际工程承包的融资方式较为单一，根据政策优惠的不同，可分为优惠贷款和商业贷款。前者贷款利率较低，贷款期限比较长，但运作的程序较复杂，周期比较长；后者贷款利率执行市场化，最终由双方谈判确定，但总的来说比较高，贷款期限没有前者长，但运作程序简单，周期比较短。

根据项目性质和融资对象的不同，融资方式有买方信贷、卖方信贷、融资租赁、福费廷等。融资租赁主要是承包商租赁一些比较大型的施工设备，故融资规模不大，但承包商承担的风险较大。承包商能通过福费廷融资的规模也不是很大，但相比于融资租赁、卖方信贷，承包商承担的风险较小。

国际工程企业在市场营销过程中，将解决项目融资作为一种营销手段和竞争优势，通常选择出口买方信贷或出口卖方信贷的融资方式，融资规模根据实际情况可大可小，其中买方信贷对承包商的风险最小。

常见的买方信贷有商业信贷、两优信贷和互惠信贷等形式。

总的来说，国际工程融资方式的选择包括以下几个方面：

1）资本市场（发行股票、债券和私募等）。
2）金融市场（银行借款、信用证、保函、租赁和全球统一授信等）。
3）贸易融资（出口信贷、福费廷业务和项目收款权质押等）。
4）BOT、BOO和BOOT等。
5）公私合营（PPP、PFI和TOT等）。
6）资产证券化（ABS等）。

10.1.1 国际商业银行中长期贷款

1. 国际商业银行中长期贷款的特点

中长期贷款指的是期限在1年以上的贷款。第二次世界大战前将贷款期限1~5年的贷款称为中期贷款，5年以上的称为长期贷款。战后，习惯将1年以上的贷款称为中长期贷款，一般不严格划分中期与长期的界限。当前欧洲货币市场对工商企业的中长期贷款最长为6～7年，对政府机构的贷款最长为12年。中长期贷款主要有以下四个特点：

(1) 签订贷款协议

短期贷款，银行与借款人之间常常通过电话、网络联系，就能明确贷款条件、利率水平和归还期限等，一般无须签订书面协议；而中长期贷款，由于期限较长，贷款金额较大，一般均需签订书面的贷款协议。

(2) 联合贷款

所谓联合贷款，即一笔贷款往往由数家甚至二三十家银行提供，这也叫银团贷款（Consortium Loan）、辛迪加贷款（Syndicate Loan）。采取联合贷款的原因：一是中长期贷款金额较大，一家银行无力提供；二是可以分散风险，万一贷款到期不能收回，则由诸多银行分担损失。

(3) 政府担保

中长期贷款如果没有物质担保，一般均由政府有关部门对贷款协议的履行与贷款的偿还进行担保。

(4) 用浮动利率

由于贷款期限较长，若在贷款期内将利率定死，则对借贷双方都是不利的。如果采取固定利率方式，贷款协议签订时利率较低，在贷款期内，市场利率高涨，但协议已将利率定死，贷款银行不能要求再行提高利率，这时贷款银行吃亏较大；反之，贷款协议签订时利率较高，以后市场利率下降，因协议将利率定死，借款人不得要求贷款银行降低利率，这时借款人吃亏较大。如为浮动利率，则在贷款期内允许借贷双方视市场利率的实际情况，对原定利率进行调整，一般贷款协议规定每半年或每3个月调整一次利率。

2. 中长期贷款的利息及费用负担

(1) 利率

中长期贷款的利率一般按伦敦银行同业拆放利率（LIBOR）来收取。

(2) 附加利率

LIBOR为短期利率，所以借取中长期贷款要在LIBOR的基础之上，附加一个利率。附加利率的习惯做法是随着贷款期限的延长，附加利率的幅度逐渐提高。

(3) 管理费

管理费（Management Fee）近似于手续费，根据贷款金额，按一定费率收取，费率一般为0.25%～0.5%。

(4) 代理费

代理费（Agent Fee）即在银团贷款中借款人对银团代理行所支出的费用。因为代理行或牵头银行要与借款人及参加贷款的银行进行日常的联系交往，从而发生电传费、电报费、办公费等的支出，这些费用均包括在代理费中。

(5) 杂费

贷款协议签订前所发生的一切费用均为杂费（Out of Pocket Fee）。例如：贷款银行与借款人联系的车马费、宴请费、文件修订费以及律师费等。杂费由牵头银行提出账单，借款人一次付清，收费标准无统一规定。

(6) 承担费

承担费（Commitment Fee）指的是贷款协议签订后在承担期间对未提用的贷款余额所支付的费用。承担费根据未提用贷款的余额，按一定费率计算。承担费费率一般为年率的 0.25%～0.5%。承担费的支付办法大致有以下几种情况：在整个贷款期内，规定一个承担期，借款人应在承担期内用完贷款额；如承担期内未用完，应交纳承担费。过期未用的贷款额应自行注销。例如，有一笔 5 年期的贷款，规定承担期为半年。在承担期内，借款人应支用而未支用的贷款要支付承担费，已支付的贷款则开始支付利息。有的贷款规定从签订贷款协议之日起就开始收取承担费，有的贷款则规定从签订贷款协议之日一个月以后（或两个月以后）才开始收取承担费。在前一种情况下，实际上借款人只有在签订贷款协议的当天即将全部贷款提取完毕，才能避免支付承担费，这在实际经济生活中难以做到。在后一种情况下，借款人获得了一两个月的缓冲时间，如能在这段时间里支用全部贷款，就无须支付全部承担费；只有在规定的一两个月后仍未支用的那部分贷款，才需交纳承担费。由此可见，后一种情况对借款人较为有利。收取承担费的方法客观上促使借款人在签订贷款协议后积极地、尽快地动用贷款，有助于加快资金周转。承担费按未支用金额和实际未支用天数计算，每季、每半年支付一次。其计算公式如下：

$$承担费 = \frac{未使用贷款数 \times 未使用的实际天数 \times 承担费年率}{360(365)}$$

3. 贷款期限

贷款期限是指连借带还的期限，一般由宽限期（Grace Period）与偿付期（Repayment Period）组成。宽限期是指借款人只提取贷款不用偿还贷款的期限。宽限期一过则到了偿付期，借款人要开始偿还贷款。宽限期虽不偿还贷款，但要支付利息。如果贷款的期限为 7 年，一般宽限期为 3 年，偿付期为 4 年。一般宽限期越长对借款人越有利，因为他可以充分利用外借资金从事经营生产，获利后再偿还贷款，从而有较充分的回旋余地。

4. 贷款本金的偿还方式

（1）到期一次偿还

这适用于贷款金额相对不大、贷款期限较短的中期贷款。例如，某借款人借了一笔 3000 万美元的 3 年期贷款，分批使用。贷款利息从每次实际使用贷款之日起算，每半年（或每 3 个月）付息一次；本金则从签订贷款协议之日起算，3 年期满一次还清。

（2）分次等额偿还

这种方式下，在宽限期内，借款人无须还本，只是每半年按实际贷款额付息一次，宽限期满后开始还本，每半年还本并付息一次，每次还本金额相等。这适用于贷款金额大、贷款期限长的贷款。例如，某借款人获得一笔 2 亿美元 8 年期长期贷款，规定宽限期为 3 年，借款人在宽限期内只付息，不还本；宽限期满后开始分次还本，即从 3 年年末开始到 8 年贷款期满时止分 11 次等额偿还贷款本金，每半年归还本金 1818 万多美元，到 8 年期满时，借款人还清贷款本息。

（3）逐年分次等额偿还

这种方式与第二种方式类似，但无宽限期，从借款第 1 年起开始分次还本付息。例如，某借款人获得一笔 1 亿美元的 4 年期中期贷款，从第 1 年起每年偿还贷款本金 2500 万美元，并每半年支付利息一次，到 4 年期满时，借款人还清贷款本息。

对借款人来说，在上述方式中，以到期一次偿还最为有利。因为一方面，实际贷款期限与名义贷款期限相一致，占用时间较长；另一方面，到期才偿还贷款本金，偿债负担不重。第二种方式尚可接受，因为实际贷款期限虽比名义贷款期限为短，但有几年宽限期，在几年内可不还本，偿债负担相对有所缓和。第三种方式对借款人很不利，因为实际贷款期限仅为名义贷款期限的一半，且须从第一年起开始还本，偿债负担较重。

10.1.2 出口信贷

出口信贷（Export Credit）是一种国际信贷方式，是国家为支持和扩大本国大型设备的出口，加强国际竞争能力，以给予利息补贴并提供信贷担保的方式，鼓励本国的银行对本国出口商或外国进口商提供利率较低的贷款，以解决本国出口商资金周转的困难，或满足国外进口商对本国出口商支付货款需要的一种融资方式。出口信贷是争夺市场、扩大资本货物销售的一种手段。

1. 出口信贷的特点

出口信贷具有以下几个特点：

1）出口信贷属于对外贸易中长期信贷。

2）出口信贷的利率一般低于市场利率，利差由国家给予补贴。大型机械设备制造业在西方国家的经济中占有重要地位，其产品价值高，交易金额大。在垄断资本已占有了国内销售市场的情况下，加强这些资本货物的出口，对西方国家的生产与就业影响甚大。为了加强本国机械设备的竞争能力，削弱竞争对手，主要发达国家的银行竞相以低于市场的利率对外国进口商和本国出口商提供中长期贷款，给予信贷支持，以扩大该国资本货物的国外销路。

3）出口信贷的发放与信贷保险结合。由于中长期对外贸易信贷偿还期限长、金额大，发放贷款的银行存在着较大的风险，为了减缓出口国家银行发放中长期信贷的后顾之忧，保证其信贷资金的安全，发达国家一般都设有国家信贷担保机构，对银行发放的中长期出口信贷给予担保。如发生贷款不能收回的情况，信贷保险机构利用国家资金给予赔偿，从而加强本国出口商在国外市场的竞争能力，促进资本货物的出口。

4）国家成立专门的发放出口信贷的机构，制定政策，管理与分配国际信贷资金，特别是中长期信贷资金。发达国家提供的对外贸易中长期信贷，直接由商业银行发放，如金额巨大，商业银行资金不足时，则由国家专设的出口信贷机构予以支持。例如，英国曾规定商业银行提供的出口信贷资金超过其存款的18%时，超过部分则由出口信贷保证局予以支持。美国发放中长期对外贸易信贷的习惯做法是由商业银行和出口银行共同负担。有的国家对一定类型的对外贸易中长期贷款，直接由出口信贷机构发放。由国家专门设置的出口信贷机构，利用国家资金支持对外贸易中长期信贷，可以弥补私人商业银行资金的不足，改善本国的出口信贷条件，加强本国出口商争夺国外销售市场的实力。这些出口信贷机构在经营出口信贷保险的同时，还根据国际商品市场与资本市场的变化，经常调整本国的出口信贷政策，以迎接其他竞争对手的挑战。

2. 出口信贷的主要类型

（1）卖方信贷

在大型机械装备与成套设备贸易中，为便于出口商以延期付款方式出卖设备，出口商所在地银行对出口商的信贷即为卖方信贷（Supplier's Credit）。在卖方信贷方式下，进出口商签订合同后，进口商先支付10%~15%的订金，在分批交货验收和保证期满时，再分期付给

10%~15% 的货款，其余70%~80%的货款在全部交货后若干年内分期偿还（一般每半年还款一次），并付给延期付款期间的利息。而出口商（卖方）需向其所在地的银行商借贷款，融通资金。进口商（买方）随同利息分期偿还出口商（卖方）货款后，根据贷款协议，出口商再用以偿还其从银行取得的贷款。出口商向银行借卖方信贷，除按出口信贷利率支付利息外，还须支付信贷保险费、承担费、管理费等，这些费用均附加于出口成套设备的货价中。因此延期付款的货价一般高于以现汇支付的货价，有时高出3%~4%，甚至高出8%~10%。卖方信贷的程序如图10-1所示。

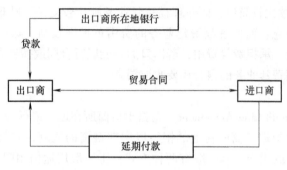

图 10-1　卖方信贷的程序

（2）买方信贷

在大型机械设备贸易中，由出口商（卖方）所在地的银行贷款给外国进口商（买方）或进口商的银行，以给予融资便利，扩大本国设备的出口，这种贷款叫买方贷款（Buyer's Credit）。在买方信贷方式下，进口商与出口商洽谈贸易，签订贸易合同后，进口商先交相当于货价15%的现汇订金，在贸易合同签订后至预付订金前，进口商与出口商所在地银行签订贷款协议，进口商用其所贷款项，以现汇条件向出口商支付货款，进口商对出口商所在地银行的贷款，按贷款协议的条件分期偿还。买方信贷的程序如图10-2所示。

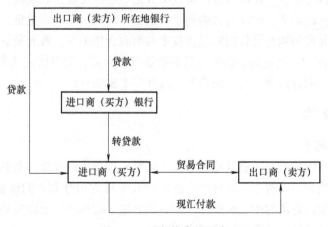

图 10-2　买方信贷的程序

（3）福费廷交易

福费廷（Forfaiting）交易是指在延期付款的大型设备贸易中，出口商把经过进口商承兑的、期限在半年以上至五六年的远期汇票,无追索权地授予出口商所在地的银行和大金融公司,以提前取得现款的一种资金融通方式。福费廷交易与一般贴现的区别如下:

1)一般票据贴现,如票据到期遭拒付,银行对出票人能行使追索权,要求票据的出票人付款。而办理福费廷业务所贴现的票据,不能对出口商行使追索权,这是福费廷与贴现的最大区别。

2)贴现的票据一般为国内贸易往来中的票据,而福费廷则多为与出口设备相联系的票据。

3)贴现的票据有的国家规定须具备三个人的背书(Endorsement),但一般不需银行担保;而办理福费廷业务的票据,必须有一流银行的担保。

4)办理贴现的手续比较简单,而办理福费廷业务则比较复杂。贴现的费用负担一般仅按当时市场利率收取贴现息;而办理福费廷业务的费用负担则较高,除按市场利率收取贴现息外,一般还收取管理费、承担费等费用,若出口商未能履行合同或撤销贸易合同,以致福费廷业务未能实现,办理福费廷业务的银行还要收取罚款。

(4)安排限额

信用安排限额(Credit Line Agreement)是指出口商所在地的银行为了扩大本国一般消费品或基础工程的出口,给予进口商所在地的银行以中期融资的便利,并与进口商所在地银行配合,组织较小金额业务的成交。其一般有两种方式:①一般用途信用限额(General Purpose of Credit),有时也叫购物篮信用。在这种形式下,出口商所在地银行向进口商所在地银行提供一定的贷款限额,以满足对方许多彼此无直接关系的进口商购买该出口国消费品的资金需要。②项目信用限额(Project of Lines of Credit),在这种形式下出口商银行向进口国银行提供一定贷款限额,以满足进口国厂商购买出口国的基础设备(Capital Goods)和基础工程建设的资金需要。

(5)混合信贷

混合信贷(Mixed Credit)是指国家为扩大本国设备的出口,加强本国设备出口的竞争能力,在出口国银行发放卖方信贷或买方信贷的同时,出口国政府还从预算中提出一笔资金,作为政府贷款或给予部分赠款,连同卖方信贷或买方信贷一并发放,以满足出口商或进口商支付当地费用与设备价款的需要。政府贷款的利率一般比出口商信贷利率更低,这就更有利于促进该国设备的出口,并可加强与借款国的经济技术与财政合作关系。政府贷款一般占整个贷款金额的30%~50%。这种为满足同一设备项目的融通资金需要,卖方信贷或买方信贷与政府贷款混合贷放的方式即为混合信贷。这一信贷形式近几年来发展较快。

10.1.3 政府贷款

1. 政府贷款的概念

政府贷款是指一国政府利用财政或国库资金向另一国提供的优惠性贷款。贷款国政府使用国家财政预算收入或国库的资金,通过列入国家财政预算支出计划,向借款国政府提供贷款。因此,政府贷款一般由各国的中央政府经过完备的立法手续批准后予以实施。政府贷款通常是建立在两国政府政治经济关系良好的基础之上的。

2. 政府贷款的特点

1)政府贷款是以政府名义进行的双边政府之间的贷款,因此,往往需要经过各自国家的立法机构通过,完成应具备的法定批准程序。

2）政府贷款一般是在两国政治、外交、经济关系良好的情况下进行的，是为一定的政治、外交、经济目的服务的。

3）政府贷款属于中、长期无息或低息贷款，具有援助性质。

4）政府贷款一般要受到贷款国的国民生产总值、国家财政收支状况的制约，因此，它的规模不会太大。

3. 政府贷款的条件

1）政府贷款的标的应该是货币金额，常以贷款国的货币表示，有时也以第三国货币表示，它是每笔政府贷款规模的标志。

2）政府贷款既可以无息（即不必计算与支付利息）又可以计息。有息贷款利率较低，年利率一般在1%～3%，当然个别也有高达5%左右。按规定，政府贷款的赠予部分应高于25%甚至高于35%。

3）政府贷款中的无息贷款或者低息贷款，有时规定应由借款方向贷款方支付一定百分比的管理费，或称手续费。对于计息的政府贷款，有时还规定应由借款方向贷款方支付一定百分比的承担费，多数国家提供的政府贷款不收取费用。

4）政府贷款的期限属于中、长期贷款，一般为10～30年甚至长达50年。贷款的用款期（Availability Period），即使用贷款的支付期限，一般规定为1～3年，有的长达5年；贷款的宽限期，即贷款开始使用后只支付利息、不偿还本金的期限，一般为5年、7年或10年；贷款的偿还期，即还款的期间，一般规定从某年开始10年、20年或30年之内，每年分两次偿还贷款本金并支付利息。

5）政府贷款虽属优惠性质，但它毕竟要为贷款国家的政治、外交和经济利益服务，因此，政府贷款中除很少使用的现汇款外，对于商品贷款或与项目结合的贷款，通常规定采购限制条件。例如，借款人借入贷款，必须用于购买贷款国的资本货物、技术、商品和劳务，从而带动贷款国的货物和技术劳务的出口。

4. 政府贷款的种类

（1）无息贷款

这是最优惠的贷款，不必计算和支付利息，但要收取一定的手续费，一般不超过1%。

（2）计息贷款

这种贷款必须计算和支付利息，它的利息率都比较低，年利率一般为1%～3%。除贷款利息之外，有时也规定借款国须向贷款国政府支付不超过1%的手续费。

（3）现汇贷款

现汇贷款系指贷款国政府向借款国政府提供可以自由兑换的货币的贷款，由借款国根据自己的需要予以使用，还款期内借款国须偿还同种可自由兑换的货币。

（4）商品贷款

商品贷款是指贷款国政府向借款国政府提供规定品种数量的原材料、机器、设备等商品，计价汇总作为贷款，至于商品贷款是以货物偿还还是以可自由兑换的货币偿还，由双方协商决定。

（5）与项目结合的贷款

与项目结合的贷款是指贷款国政府向借款国政府提供为双方协议的建设项目所需要的整套原材料、机械设备、设计技术图、专利许可证和专家指导、人员培训、劳务技术服务等，计价汇总，作为贷款额度。

（6）政府混合贷款

政府混合贷款是指政府提供的低息优惠性贷款或政府提供的无偿赠款与出口信贷结合使用而组成的一种贷款。

10.1.4　国际金融组织贷款

在国际工程开发与投资业务中，可以进行融资的一条主要渠道是国际金融组织的贷款。在国际金融组织中，有全球性金融组织（如世界银行集团），也有区域性金融组织（如亚洲开发银行等）。了解这些金融组织贷款对搞好国际工程开发与投资有重大的作用与意义。

1. 世界银行贷款

（1）世界银行的成立及宗旨

世界银行（International Bank for Reconstruction and Development，IBRD 或简称 the World Bank）成立于1945年12月，凡参加世界银行的国家必须首先是国际货币基金组织的会员。根据《国际复兴开发银行（世界银行）协定》第一条规定，世界银行的宗旨可以归纳为：对用于生产目的的投资提供便利，以协助会员国的复兴与开发；鼓励较不发达国家生产与资源的开发；促进私人对外投资；用鼓励国际投资以开发会员国生产资源的方法，促进国际贸易的长期平衡发展，并维持国际收支平衡。

（2）世界银行的贷款条件

世界银行的主要业务是以实收资本、公积金和准备金，或者以其从会员国金融市场筹措的资金和其他金融机构一起联合对外发放贷款，或自行发放贷款；也承做对私人投资、贷款给予部分或全部保证的业务。世界银行的贷款条件有以下几点：

1）限于会员国，若贷款对象为非会员国的政府时，则该项贷款须由会员国政府、会员国中央银行和世界银行认可的机构进行担保。

2）申请贷款的国家确实不能以合理的条件从其他方面取得贷款时，世界银行才考虑发放贷款、参加贷款或提供保证。

3）申请的贷款必须用于一定的工程项目，有助于该国的生产发展与经济增长。

4）贷款必须专款专用，并接受世界银行的监督，银行的监督不仅在使用款项方面，同时在工程的进度、物资的保管、工程管理等方面也进行监督。

5）贷款的期限一般为数年，最长可达30年。从1976年7月起，贷款利率实行浮动利率，随着金融市场利率的变化定期调整，并附加一定的利息。与国际资金市场收取承担费相似，世界银行对已订立借款契约而未提取部分，按年征收0.75%的手续费。

6）世界银行使用不同的货币对外发放贷款。对承担贷款项目的承包商或供应商，一般用该承包商、供应商所属国的货币支付。如果由本地承包商供应本地物资，即用借款国货币支付；如本地供应商购买的是进口物资，即用该出口国货币支付。

（3）世界银行的贷款种类

1）项目贷款与非项目贷款。这是世界银行传统的贷款业务，属于世界银行的一般性贷款。项目贷款是目前世界银行最主要的贷款，指的是世界银行对会员国工农业生产、交通、通信、市政、文教卫生等具体项目所提供的贷款的总称。非项目贷款是世界银行为支持会员国现有的生产性设施需进口物资、设备所需外汇提供的贷款，或是支持会员国实现一定的计划所提供的贷款的总称。

2)"第三窗口"（The Third Window）贷款。这是在传统贷款之外的一种中间贷款，其贷款条件介于世界银行贷款和国际开发协会贷款之间，即比世界银行贷款条件宽，但不如国际开发协会贷款条件优惠。为发放这项优惠贷款，世界银行设立了由发达国家和石油输出国捐资的"利息补贴基金"（Interest Subsidy Fund），由该基金付给世界银行4%的利息补贴，借款国负担世界银行一般性贷款的利息与4%的利息补贴之间的差额。"第三窗口"贷款的期限可长达25年，但只贷给低收入（1972年人均GNP低于375美元）国家。它只开办了两年，到1977年年底结束。

3)技术协助贷款。这种贷款包括两方面：①在许多贷款项目中用于可行性研究、管理或计划的咨询，以及专门培训方面的资金贷款；②独立的技术援助贷款，即为完全从事技术援助的项目提供的资金贷款。

4)联合贷款（Co-financing）。这是世界银行同其他贷款者一起，共同为借款国的项目融资，以有助于缓和世界银行资金有限与发展中会员国不断增长的资金需求之间的矛盾。它起始于20世纪70年代中。联合贷款的一种方式是，世界银行同有关国家政府合作选定贷款项目后，即与其他贷款人签订联合贷款协议，然后，世界银行和其他贷款人按自己通常的贷款条件分别同借款国签订协议，分头提供融资；另一种联合贷款的方式则是，世界银行同其他贷款者按商定的比例出资，由世界银行按其贷款程序与商品、劳务采购的原则同借款国签订借款协议。两种方式相比，后一种方式更便于借款国管理，世界银行也倾向于采用这种方式。

(4)世界银行的贷款程序

由于世界银行发放贷款要与一定的项目相结合，专款专用，并在使用过程中进行监督，所以会员国从申请到按项目进度使用贷款，都有严密的程序，概括起来有以下几个方面：

1)会员国申请贷款首先要提出计划，世界银行贷款部门初步审查后，派人到申请贷款的国家实地考察，经与申请国研究、核实后确定最重要、最优先的项目。为保证贷出款项能得到偿还，项目投建即能收到实效，世界银行要对借款国的经济情况与技术管理水平进行全面调查。调查涉及的范围包括工农业生产、交通、资源、经营管理水平、外贸和国际收支、偿债能力和经济政策等。

2)在项目确定以后，世界银行专家组要对项目建设过程中的技术方案、组织管理方案、部件和附属设备配套计划、资金拨付方案、财务计划以及项目竣工后经济效益的核算等多方面进行审查。只有经专家组确认各项计划可落实、可行，经济效益显著，申请借款国才能与世界银行进行具体的贷款谈判。

3)贷款谈判结束后，世界银行行长提出报告，将贷款申请送交执董会审议。报告经执董会批准后，由世界银行与借款国全权代表正式签订贷款协议。贷款文件签字生效后在联合国注册登记。

4)工程项目招标，按工程进度发放贷款，并进行监督，确保资金合理使用。

5)在贷款全部发放后一年左右，世界银行对其贷款项目提出实际情况的审计报告，就该项目计划完成情况是否经济合理、竣工后的效益与作用做出评价。

2. 国际开发协会贷款

国际开发协会（International Development Association，IDA）是专门向低收入发展中国家提供优惠长期贷款的一个国际金融组织，是世界银行集团的附属机构。其宗旨是对欠发达国家提供比世界银行条件宽、期限长、负担轻,并可用部分当地货币偿还的贷款,以促进它们经济的发展和居民生活水平的提高,从而补充世界银行的业务,促进世界银行集团目标的实现。

从国际开发协会的贷款条件看,协会贷款只提供给低收入发展中国家,按最初标准,人均 GNP 为 425 美元以下,1992 年这一标准已提升至 675 美元,均有资格获得信贷。协会贷款对象规定为会员国政府和公私企业,实际上均向会员国政府发放。其贷款的用途与世界银行一样,是对借款国具有优先发展意义的项目或发展计划提供贷款。贷款的期限为 50 年,宽限期为 10 年,头 10 年不必还本,第二个 10 年,每年还本 1%,其余 30 年每年还本 3%。偿还贷款时,可以全部或一部分使用本国货币偿还,贷款只收取 0.75% 的手续费。

3. 国际金融公司贷款

国际金融公司(International Finance Corporation,IFC)和国际开发协会一样也是世界银行集团的一个附属机构。其宗旨是通过对发展中国家尤其是欠发达地区的重点生产性私人企业提供无须政府担保的贷款与投资,鼓励国际私人资本流向发展中国家,支持当地资金市场的发展,以推动私人企业的成长和会员国经济的发展,进一步充实世界银行的业务活动。

国际金融公司的贷款与投资,只面向发展中国家的私营中小型生产企业,并不要求会员国政府提供担保,公司贷款一般每笔为 200 万~400 万美元,在特殊情况下最高也不超过 2000 万美元。公司贷款与投资的部门主要是制造业、加工业和采掘业、旅游业以及金融开发公司。

国际金融公司的贷款方式为:直接向私人生产性企业提供贷款;向私人生产性企业入股投资,分享企业利润,并参与企业的管理;或将上述两种方式相结合。公司在进行贷款与投资时,或者是单独进行,尔后再将债权或股票转授给私人投资者,或者是与私人投资者共同对会员国的生产性私人企业进行联合贷款或联合投资,以促进私人资本向发展中国家转移。

国际金融公司贷款的期限一般为 7~15 年,还款时需用原借入货币进行支付,贷款的利率不统一。

4. 亚洲开发银行贷款

亚洲开发银行(Asian Development Bank,ADB)简称亚行,是一个类似于世界银行,但只面向亚太地区的区域性政府间金融开发机构。它于 1966 年 11 月正式成立并于同年 12 月开始营业,总部设在菲律宾首都马尼拉。其宗旨是向成员提供贷款与技术援助,帮助协调成员在经济、贸易和发展方面的政策,同联合国及其专门机构进行合作,以促进亚太地区的经济发展。

从亚行的贷款条件来看,亚行根据 1990 年人均国民生产总值的不同将发展中成员分为 A、B、C 三类,对不同种类的国家或地区采用不同的贷款或赠款条件。按贷款条件划分,亚行的贷款可分为硬贷款、软贷款和赠款三类。硬贷款的贷款利率为浮动利率,每半年调整一次,贷款的期限为 10~30 年(含 2~7 年宽限期)。软贷款,即优惠贷款,除特殊情况外,一般仅提供给 A 类成员(人均国民生产总值不超过 851 美元),贷款期限为 40 年(含 10 年宽限期),不收利息,仅收 1% 的手续费。属于 B 类的成员有可能获得软贷款,但与普通资金混合使用。至于赠款,则用于技术援助,资金由特别基金提供,但赠款金额有限制。

亚行贷款的具体形式可分为以下几种:

1) 项目贷款,即为某一成员发展规划的具体项目提供的贷款,这些项目须具备经济效益好、有利于借款成员的经济发展和借款成员有较好的资信三个条件。

2) 规划贷款,即对成员某个需要优先发展的部门或其所属部门提供资金,以便通过进口生产原料、设备和零部件,扩大原有生产能力,使其结构更趋合理化和现代化。

3) 部门贷款，即对成员的同项目有关的投资进行援助的一种形式。这项贷款是为提高所选择的部门或其分部门执行机构的技术与管理能力而提供的。

4) 开发金融结构贷款，是通过成员的开发性金融结构进行的间接贷款，因而也称中间转贷。

5) 综合项目贷款，是对较小的借款成员的一种贷款方式，把借款数额不大的一些项目捆在一起作为一个综合项目办理贷款手续。

6) 特别项目援助贷款，是为避免亚行提供贷款的项目执行过程中由于缺乏配套资金等未曾预料到的困难所提供的贷款。

7) 私营部门贷款，分为：由政府担保的贷款，或是没有政府担保的股本投资以及为项目的准备等提供技术援助的直接贷款；通过开发性金融机构的限额转贷和对开发性金融机构进行股本投资的间接贷款等。

8) 联合贷款，即一个或一个以上的官方机构或私人投资者等经济实体与亚行共同为成员某一项目融资。它主要有以下五种类型：①平行融资（Parallel Financing），是指将项目分成若干具体、独立的部分，以供亚行和其他融资伙伴分别融资；②共同融资（Joint Financing），是指亚行与其他融资伙伴按商定的比例，对某成员的某一项目进行融资的方式；③伞形融资或后备融资（Umbrella or Standby Financing），即在开始时由亚行负责项目的全部外汇费用，但只要找到联合融资伙伴，亚行贷款中的相应部分即取消；④参与性融资（Participatory Financing），是指亚行先对项目进行贷款，然后商业银行购买亚行贷款中较早到期的部分；⑤窗口融资（Channel Financing），是指联合融资伙伴将资金通过亚行投入有关项目，联合融资伙伴与借款人之间并不发生关系。

10.2 国际工程融资模式及策略

10.2.1 产品支付

产品支付是针对项目贷款的还款方式而言的。借款方在项目投产后不以项目产品的销售收入偿还债务，而是直接用项目产品还本付息。在贷款得到偿还以前，贷款方拥有项目的部分或全部产品，借款人在清偿债务时把贷款方的贷款看作这些产品销售收入折现后的净值。

当然，这并不意味着贷款银行真的要储存几亿桶石油或几亿千瓦时电力，在绝大多数情况下，产品支付只是产权的转移而已。在产品支付这种形式下，贷款方常常要求项目公司重新购回属于它们的项目产品，或充当它们的代理来销售这些产品。因此，销售的方式可以是市场出售，也可以由项目公司签署或取或付合同。无论哪种情况，贷款方都用不着接受实际的产品。

产品支付在美国的石油、天然气和采矿的项目融资中应用最为普遍。这种偿贷方式的运作技巧就是由贷款方设立一家专设公司购买项目公司的石油、天然气或矿物等产品。专设公司的成立有助于把某些潜在的责任（如环保责任）同项目产品的所有权分割开来。

产品支付这种形式具有以下几个特点：
1) 用来清偿债务本息的唯一来源是项目的产品。
2) 贷款的偿还期应该短于项目有效生产期。
3) 贷款方对项目经营不承担直接责任。

产品支付这种形式的可行性在某种程度上取决于项目产品的所有权能否合法地顺利转移。

在很多国家，矿产和油田的所有权属于国家，不能随便转移。项目公司的权利仅仅是进行开发和管理，对其产权却无权染指，更不用说把它拱手相让了。

10.2.2 远期购买

远期购买（Forward Purchase）具有产品支付的许多特点，但远期购买更为灵活。同产品支付一样，贷款方可以成立一个专设公司。这个专设公司不仅可以购买事先商定好的一定数量的产品，还可以直接接受这些产品的销售收入。具体销售的方式可以选择公开市场、或取或付合同，或与项目发起方签订类似的协议等。与产品支付的情况一样，贷款银行将会对影响到其对产品所有权的任何风险进行投保。

10.2.3 融资租赁

融资租赁（Finance Lease）在资产抵押性融资中用得很普遍，特别是在购买轮船和飞机的融资中。在英国和美国，很多大型工业项目也采用融资租赁，因为融资租赁可以通过厂房和设备的折旧为项目发起方带来税收好处，从而降低其生产成本。

在英国一些正在筹建的大型电力项目中，融资租赁这种形式重新受到了发起方的重视，虽然这些年来折旧所带来的税收优惠越来越小，但项目发起方通过支付租金所得到的税收好处依然很有吸引力，所以他们并不在乎文件的烦琐以及高额的律师费用。

除了税收好处外，项目发起方和贷款方选择融资租赁还有其他方面的考虑。例如，在某些国家为某些资产进行融资的时候，如果该国缺乏充分和稳定的担保法律，融资租赁便具有优越性，因为资产的所有权仍属于贷款人。另外，融资租赁的灵活性也是它的一个显著特点。短期的经营租赁，可以使项目公司仅在建设开发期的某一特定时期使用某些特定的设备或其他资产。又如，在"伊斯兰融资"中，贷款不能有利息但投资又不能没有回报，这个时候融资租赁提供了一个解决问题的方法。

出租人和担保人之间协商谈判的过程是项目进行融资最困难的阶段。尽管有担保银行的担保，出租方仍希望保持对资产的所有权，以便在将来需要的时候可以重新拥有它；而银行却希望有足够的资产抵押来担负其担保责任。出租方和银行之间谁享受优先权这个问题总是谈判的一个焦点，出租方一般不会放弃优先权，除非是在与税务无关的补偿索赔中。银行担保的范围是谈判的另一个重点，特别是当出租方坚持要它对整个项目长达20～30年的还款责任进行担保的时候。一般而言，银行会尽量把其担保局限在租金偿付和其他金融风险内，它们不愿为项目公司的所有责任提供一揽子担保。

对于一些大的项目来说，任何一家租赁机构都很难具有足够的资金购买所需的全部设备，因此，项目资产往往由许多租赁公司分别购置和出租，或者由它们组成一个新的合伙制公司共同完成租赁业务。

融资租赁这种融资方式的步骤大致如下：

1）项目发起方组成项目公司，项目公司或项目发起方中的某一方签订资产购置和施工合同，购买开发建设所需的厂房设备，并在合同中声明这些厂房和设备的所有权都将转移给一个或几个融资租赁公司。当然，这个合同必须在融资租赁公司同意的前提下方可签署。

2）融资租赁公司从银行获得贷款，并用银行贷款购买厂房和设备，然后把它们租给项目公司。贷款银行以租赁公司对项目厂房、设备的所有权及相关合同作为担保，并同租赁公司就担保细节进行协商谈判。在这个阶段，贷款银行可能还会要求项目发起方对项目公司的责任进行一定程度的担保。项目的开发建设将由项目公司（或项目发起方中的某一方）代表租赁公司进行监督。

3) 在建设阶段，项目公司开始向租赁公司支付租金，租金在数额上应该等于租赁公司购置资产所需资金的利息。租金担保通常由一家或几家银行完成，个别时候也可以由项目发起方作为担保。融资租赁公司一般不会承担风险。

4) 工厂建成后进入经营阶段。在这个阶段，承租方要向租赁公司补缴在建设期内没有付清的租金。租赁公司以其收到的租金通过担保信托支付银行贷款的本息偿还。项目建成后，项目发起方往往会终止担保，贷款银行需要承担一定的项目风险，但它仍可从租赁资产的租金及项目的销售合同和应收款项的转让中获得担保。

5) 在第一阶段的后期，当租赁公司的成本全部收回并获得了相应的回报后，融资租赁便进入了第二阶段。在这个阶段中，项目公司只需交纳很少的租金。在租赁结束时，项目公司没有购买租赁资产的权利，否则一切租赁形式所能带来的税收好处都不复存在。但是，项目公司可以代理的身份代表租赁公司把资产以租赁公司可以接受的价格卖掉，售价大部分都会被当作代销手续费由租赁公司返还给项目公司，而资产的买主很多时候都是项目发起方本身。

10.2.4 BOT

1. BOT 融资方式的优越性

BOT 融资方式的优越性主要表现在以下几个方面：

1) 减少项目对政府财政预算的影响，使政府能在自有资金不足的情况下，仍能上马一些基本项目建设，政府可以集中资源，对那些不被投资者看好但又对国家有重大战略意义的项目进行投资。BOT 融资不构成政府外债，可以提高政府的信用，政府也不必为偿还债务而苦恼。

2) 把私营企业中的效率引入公用项目，可以极大地提高项目建设质量并加快项目建设进度。同时，政府也将全部项目风险转移给了私营发起方。

3) 对于发展中国家来说，吸引外国投资并引进国外的先进技术和管理方法，对东道国长远的经济发展会产生积极的影响。

2. 东道国政府与项目公司的关系

对于那些具有很强社会性的项目（如交通或能源项目），BOT 是一种非常理想的融资方式。在这种融资方式中，通常是由项目东道国政府或它的某一机构与项目公司签署特许权协议，把项目建设及运营的特许权交给后者。但并不是所有的 BOT 项目都需要政府亲自出面，例如，可以通过有政府背景的企业来与项目公司合作。另外，如果项目公司完全是为了从政府那里得到项目而设立的，而它又要承担相当的法律义务，那么政府就希望项目发起方对项目公司给予一定的担保和支持。从政府的角度看，在运用 BOT 方式时，项目公司必须确保以下事项：

1) 在整个特许经营期内提供足够的服务。
2) 达到有关的安全和环保标准。
3) 对消费者和用户的收费是合理的。
4) 经常对机器和设备进行维修、保养，使它们能够正常工作并安全移交。

同样，项目发起方也希望政府能在某些情况下对项目给予照顾和扶持，例如为项目提供必要的配套设施（道路、电力等）或保证项目的换汇需求等。项目发起方也会尽可能地得到政府的某种许诺，保证政府不会做出违背协议或其他对项目不利的事。

在 BOT 项目中，贷款银行同样是项目融资谈判的主角之一。特许权协议对项目风险的分配起很大作用，政府和项目公司进行协商谈判时，应该充分考虑到贷款银行对协议做出的反应。由于在 BOT 项目中东道国政府一般不直接同贷款银行发生联系，它们双方有着各自不同的利益，因此项目发起方应该充分考虑到它们之间的协调、沟通工作。

3. BOT 融资方式的过程

BOT 融资方式的过程大致如下：

1）项目发起方成立项目公司，项目公司同东道国政府或有关政府部门达成项目特许权协议。

2）项目公司与建设承包商签署建设合同，并得到建筑商和建设设备供应商的保险公司的担保。项目公司与项目运营承包商签署项目经营协议。

3）项目公司与商业银行签订贷款协议或与出口信贷银行签订买方信贷协议。出口信贷银行为商业银行提供政治风险担保，同时，贷款方得到项目本身的资产担保，项目本身可以用作担保的资产包括销售收入、保险、特许权协议和其他项目协议等。

4）进入经营阶段后，项目公司把项目收入（如依照销售合同所得的销售收入以及道路、隧道和桥梁的通行费等）转移给一个担保信托。担保信托再把这部分收入用于偿还银行贷款。

10.2.5 资产证券化融资

资产证券化（Asset-backed Securitization，ABS）是以项目资产可以带来的预期收益为保证，经过信用增级，在国际资本市场发行债券来募集资金的一种新的项目融资方式。

1. ABS 的特点

ABS 具有以下几个特点：

1）通过证券市场发行债券筹集资金，是 ABS 不同于其他项目融资方式的一个显著特点。无论是产品支付、融资租赁，还是 BOT 融资，都不是通过证券化进行融资的，而证券化融资代表着项目融资的未来发展方向。

2）由于是通过项目公司发行高档投资级债券募集资金，这种负债不反映在原始权益人自身的资产负债表上，从而避免了受原始权益人资产质量的限制。

3）项目公司利用成熟的项目融资改组技巧，将项目资产的未来现金流量包装成高质量的证券投资对象，充分显示了金融创新的优势。

4）由于证券投资者的还本付息资金来源于项目资产，风险取决于可预测的现金收入，而不是项目原始权益人自身的信用状况，并且不受原始权益人破产等风险的牵连。

5）债券在证券市场上由众多投资者购买，从而使投资风险得到了分散。

6）债券的信用风险得到了 ABS 的信用担保，是高档投资级证券，并且还能在二级证券市场进行转让，变现能力强，投资风险小，因而具有较大的吸引力，易于债券的发行推销。

7）ABS 融资涉及的机构较少，从而最大限度地减少了酬金、差价等中间费用，并且使融资费用降至较低的水平。

8）ABS 融资债券属高档投资级债券，利息率一般较低，但比普通储蓄的投资回报高。

9）因为通过证券市场筹集资金，操作比较规范，一股应有高质量的专业咨询机构的参与，并且按照严格的专业标准提供服务。

10）在运用 ABS 方式时，不必担心项目是关系国计民生的基础设施而被外商控制，凡有可预见的稳定的未来收益的基础设施资产，经过一定的结构重组都可以证券化。

2. ABS 的运作过程

ABS 的运作过程如下：

1）组建 SPV，该机构可以是一个信托投资公司、信用担保公司、投资保险公司或其他独立法人，该机构应能获得权威性资信评估机构较高级别的资信等级（AAA 或 AA 级）。成功地组建 SPV，是 ABS 能够成功运作的基本条件和关键因素。

2）SPV 寻找可以进行资产证券化融资的对象。原则上，投资项目所依附的资产只要在未来一定时期内能带来现金收入，都可以进行 ABS 融资。能够带来现金流入量的收入形式可以是：信用卡应收款，房地产的未来租金收入，飞机、汽车等设备的未来运营收入，项目产品出口贸易的收入，航空及铁路的未来运费收入，公路及其他公用设施收费收入，税收及其他财政收入等。

3）拥有这种未来现金流量所有权的企业（SPV）称为原始权益人。这些未来现金流量所代表的资产，是 ABS 融资方式的物质基础。在进行 ABS 融资时，一般应该选择未来现金流量稳定、可靠、风险小的项目资产。一般情况下，这些代表未来现金收入的资产，本身具有很高的投资价值，但是由于各种客观条件的限制，它们自身无法获得权威信用评估机构授予的较高级别的资信等级，因此无法通过证券化的途径在资本市场筹集项目建设资金。

4）以合同、协议等方式将原始权益人所拥有的项目资产的未来现金收入的权利转让给 SPV。转让的目的在于将原始权益人本身的风险和项目资产未来现金收入的风险割断。这样，SPV 进行 ABS 融资时，其融资风险仅与项目资产的未来现金收入有关，而与建设项目的原始权益人本身的风险无关。在实际操作中，为了确保这种风险"隔绝"万无一失，SPV 一般要求原始权益人或有关机构提供充分的担保。

5）为了利用信用增级手段使该资产获得预期的信用等级，需要调整项目资产现有的财务结构，使项目融资债券达到投资级水平，达到 SPV 关于承保 ABS 债券的条件要求。SPV 通过提供专业化的信用担保进行信用升级。信用增级的渠道有：利用信用证，开设现金担保账户，直接进行金融担保。之后，委托资信评估机构，对即将发行的经过担保的 ABS 债券在还本付息能力、项目资产的财务结构、担保条件等方面进行信用评级，确定 ABS 债券的资信等级。

6）在资产证券化交易中，信用评级通常分两次进行，即初评和发行评级。初评的目的是确定为了达到所需要的信用级别必须进行的信用增级水平。在按评级机构的要求进行信用增级之后，评级机构才进行正式的发行评级，并向投资者公布最终评级结果。证券的信用等级越高，表明证券的风险越低。

7）SPV 直接在资本市场发行债券募集资金，或者 SPV 通过信用担保，由其他机构组织债券发行，并将通过发行债券募集的资金用于项目建设。由于 SPV 的信用等级很高（一般均获得权威性资信评估机构授予的 AAA 级或 AA 级信用等级），按照信用评级理论和惯例，由它发行的债券或者通过它提供信用担保的债券，也自动具有相应的信用等级，从而使得项目能够在高档投资级证券市场上以较低的资金成本募集项目建设所需资金。

8）SPV 通过资产的现金流入量，清偿债券本息。

10.3 国际工程融资风险管理

承包商对于融资项目的风险，主要从两个方面来管理和控制：①外部环境风险，即融资项目所在国的政治风险、法律风险和经济风险等；②选择融资方式本身的风险。

在选择项目时，首先要考虑：项目所在国的政局是否稳定；法律是否健全，是否对外国承包商有种种限制的法律规定，包括税法、劳工法、环保法等，有没有以前签订合同又不执行的案例。同时，要了解项目所在国近几年的经济情况如何，是否平稳，通胀率如何，国家的整个经济财政能力强弱，未来经济发展的趋势如何，外汇是否管制等。另外，要考虑项目本身的经济效益和社会效益，以及偿还能力，又要考虑施工环境，能否在合同期内按时完工，包括在项目完工维修运行期间的各种风险。

在选择融资方式时，要了解各种融资方式本身的特点和风险，以及承包商自身的财务能力，才能选择符合自己的融资方式。出口买方信贷、福费廷对承包商的财务能力要求不是太高。买方信贷是由业主或业主方银行向承包商银行贷款，而业主则以现汇方式向承包商支付工程进度款，业主不能按期还贷的风险将主要由银行承担，通过银行的担保及保险公司出口信用保险来转移这些风险，因此承包商的融资风险极小。福费廷融资方式承包商所承担的风险与买方信贷相似，但由于福费廷的重要特点之一是无追索权，即承包商将票据拒付的风险完全转嫁给了承接福费廷业务的银行，不过福费廷融资方式需要先由承包商向业主垫资，完成量待业主确权后，再由银行买断票据，因而事实上这种融资方式的风险要比出口买方信贷略大。出口卖方信贷融资租赁的承贷人为承包商，如业主不能按期还本付息，则由承包商偿还，承包商则通过投保出口信用保险、业主方银行的担保或其他手段来转移风险，因此在这种融资方式中承包商承担了很大的融资风险，也要求承包商有较强的财务能力。融资承包项目的风险最大，因而也要求承包商有极强的财务能力，因为它具有无追索权或有限追索权的特点，当业主（项目公司）不能偿还承包商以垫资方式向项目公司提供的资金时，项目业主不对承包商的垫资有无限追偿之责任，追索权仅限于项目公司的资产以及项目公司得到的任何合同权利、履约保证金、保险金和担保。因此，承包商要明确知道，承包商融资的目的是拿到项目，并通过项目实施获得承包利润，但融资风险与承包利润率并不完全成正比，承包商应根据自身的抗风险能力和项目风险的大小来选择融资方式，不可盲目推行，否则将带来不可估量的损失。

应该说，完全没有风险的融资是不可能的。承包商通过风险识别和分析，可以明确风险的来源，评估其发生的可能性及损害程度，并尽量选择将其控制在自身能够承受的范围以内。即便是较大的风险，在融资过程中还可以通过严格合同管理，实现风险的公平分担，以减轻自身的融资风险责任。在融资相关合同协议商签和实施过程中，为做到公平地分担融资风险，承包商应坚持以下几项原则：

1）全面公平原则，就是既要强调合同条款本身对风险权利义务的均衡，也要强调合同所派生的风险权利义务的均衡；既要关注合同主体由于风险事件引起的收益，同时也要关注合同主体面临的风险损失。

2）归责原则，即针对不同类型的项目风险因素确立不同的归责原则，形成具有内在逻辑联系的归责原则体系。

3）风险收益对等原则，即当一个合同主体有义务承担风险的同时，也应该有权利享有风险变化带来的收益，并且该主体承担风险程度与其所得回报相匹配。

4) 有效控制原则，即风险的分担应与参与各方的控制能力相匹配，将风险分担给最能管理和减少该风险的一方。

5) 风险成本最低原则，即风险的分担应使参与各方承担风险的总成本最小。

6) 风险上限原则，即每一方承担的风险要有上限，超过上限后实施调节或调价机制，甚至启动重新谈判。

7) 直接损失承担原则，即如果风险发生后，项目参与方为直接受害者，则该风险应分担给该方承担，这样可以促使该方积极管控风险，从而提高风险管理的效率。

8) 动态原则，即风险分担应该随着外部条件和合同各方情况的变化而改变，各方要主动制定应对风险的措施，协同解决风险，实现共赢的目的。

案例分析

马来西亚南北高速公路项目融资案例

1. 项目背景

马来西亚南北高速公路全长约900km，最初是由马来西亚政府所属的公路管理局负责建设，但是在公路建成400km之后，由于财政方面的困难，政府无法将项目继续建设下去，采取其他的融资方式使项目得以最终完成便成为唯一的途径。在众多方案中，马来西亚政府选择了BOT融资模式。

经过历时两年左右的谈判，马来西亚联合工程公司（UEM）在1989年完成了该高速公路项目的资金安排，使得项目得以重新开工建设。BOT项目融资模式在马来西亚高速公路项目中的运用在国际金融界获得了很高的评价，被认为是BOT模式的一个成功范例。

2. 项目融资结构

从1987年年初开始，经过为期两年的项目建设、经营、融资安排的谈判，马来西亚政府与当地的马来西亚联合工程公司签署了一项有关建设经营南北高速公路的特许权协议。马来西亚联合工程公司为此成立了一家项目子公司——南北高速公路项目公司，以政府的特许权协议为核心，组织起项目的BOT融资结构，如图10-3所示。

项目的BOT融资结构由三个部分组成。

（1）政府的特许权协议

马来西亚政府是南北高速公路项目的真正发起方和特许权协议结束后的拥有者。政府通过提供一项为期30年的南北高速公路建设经营特许权协议，不仅使得该项目由于财政困难未能动工的512km得以按原订计划建设并投入使用，而且通过项目的建设和运营带动了周边经济的发展。

对于项目的投资者和经营者以及项目的贷款银行来说，政府的特许权协议是整个BOT融资的关键核心。这个协议的主要内容包括以下几个方面：

1) 南北高速公路项目公司负责承建512km的高速公路，负责经营和维护高速公路，并有权根据一个双方商定的收费方式对公众收取公路的使用费。

2) 南北高速公路项目公司负责安排项目建设所需要的资金。但是，政府将为项目提供一项总金额为1.65亿马来西亚元（按当时汇率约合6000万美元）的从属性备用贷款，作为对项目融资的信用支持；该项贷款可在11年内分期提取，利率8%，并具有15年的还款宽限期，最后的还款期为特许权协议结束之日。

3) 在特许权期间政府将原已建好的 400km 高速公路的经营权益转让给南北高速公路项目公司。但是，项目公司必须根据协议对公路设施加以改进。

4) 政府向项目公司提供最低公路收费的收入担保，即无论在任何情况下，如果公路交通流量不足，公路的使用费收入低于协议中规定的水平，政府负责向项目公司支付差额部分。

5) 特许权协议为期 30 年。在特许权协议的到期日，南北高速公路项目公司将无偿地将约 900km 的南北高速公路的所有权转让给马来西亚政府。

政府的特许权协议不仅构成了 BOT 项目融资的核心，也构成了项目贷款的信用保证结构核心。

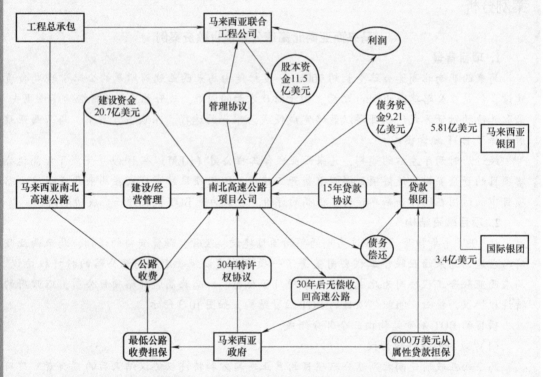

图 10-3 马来西亚南北高速公路项目融资结构

(2) 项目的投资者和经营者

项目的投资者和经营者是 BOT 模式的主体，在这个案例中，是马来西亚联合工程公司所拥有的南北高速公路项目公司。

在这个总造价为 57 亿马来西亚元（按当时汇率约合 21 亿美元）的项目中，南北高速公路项目公司作为投资者和经营者除了股本资金投入之外，还需要负责项目建设的组织、与贷款银行谈判安排项目融资，并在 30 年的时间内经营和管理这条高速公路。

马来西亚联合工程公司作为工程的总承包商，负责组织安排由 40 多家工程公司组成的工程承包集团，在为期七年的时间内完成 512km 公路项目的建设。

(3) 项目的国际贷款银团

英国投资银行——摩根格兰福（Morgan Grenfell）作为项目的融资顾问，为项目组织了为期15年、总金额为25.35亿马来西亚元（按当时汇率约合9.21亿美元）的有限追索项目贷款，占项目总建设费用的44.5%。其中16亿马来西亚元（约合5.81亿美元）来自马来西亚的银行和其他金融机构，是马来西亚国内银行提供的最大的一笔项目融资贷款；9.35亿马来西亚元（约合3.4亿美元）来自由十几家外国银行组成的国际银团。对于BOT项目融资模式，这个金额同样也是一个很大的数目。

项目贷款是有限追索的，贷款银团被要求承担项目的完工风险和市场风险。然而，由于实际上政府特许权协议中所规定的项目最低收入担保，项目的市场风险相对减轻了，并在某种意义上转化成为一种政治风险，因而贷款银团所承担的主要商业风险为项目的完工风险。项目的延期将在很大程度上影响项目的收益。但是，与其他类型的项目融资的完工风险不同，公路项目可以分段建设、分段投入使用，从而相对减少了完工风险对整个项目的影响。

项目建设所需要的其他资金将由项目投资者在七年的建设期内以股本资金形式投入。

3. 融资结构简评

（1）采用BOT模式为马来西亚政府和项目投资者以及经营者均带来了很大的利益

从马来西亚政府的角度看，由于采用了BOT模式，可以使南北高速公路按原计划建成并投入使用，对于促进国民经济的发展具有很大的好处，并且可以节省大量的政府建设资金。在30年特许权协议结束以后，政府可以无条件回收这一公路。

从项目投资者和经营者的角度，BOT模式的收入是十分可观的。马来西亚联合工程公司可以获得两个方面的利益：根据预测分析，在30年的特许权期间内南北高速公路项目公司可以获得大约2亿美元价值的净利润；作为工程总承包商，在七年的建设期间内从承包工程中可以获得大约1.57亿美元价值的净税前利润。

（2）对BOT融资模式中的风险问题的分析

采用BOT模式的基础设施项目，在项目的风险方面与工业或矿业项目融资模式有所不同，具有一定的特殊性。这些特殊性对BOT模式的应用具有相当大的影响。

基础设施项目的建设期比一般项目要长得多。如果采用贴现净现值的方法计算项目的投资收益，则会由于建设期过长而导致项目净现值大幅度减少。尽管类似高速公路这样的项目，可以分段建成、分段投入使用，然而，基础设施项目的固定资产寿命比一般的工业项目要长得多，经营成本和维修成本按照单位使用量计算也比工业项目要低，从而经营期的资金要求量也相对比较低。因此，从项目融资的角度，这种项目建设期的风险比较高，而项目经营期的风险比较低。

对于公路项目建设，有关风险因素的表现形式和对项目的影响程度与其他采用BOT融资模式的基础设施项目也有所不同。首先，公路项目的完工风险要低于其他采用BOT融资模式的基础设施项目，如桥梁、隧道、发电厂等。这是因为公路项目可以分段建成、分段投入使用、分段取得收益。如果项目的一段工程出现延期，或由于某种原因无法建设，虽然对整个项目的投资收益会造成相当大的影响，但是不会像桥梁、隧道等项目那样"颗粒无收"。正因为如此，在马来西亚南北高速公路的BOT项目融资中，贷款银行同意承担项目的完工风险。其次，公路项目的市场风险表现也有所不同。对于电厂、电力输送系统、污水处理系统等基础设施项目，政府的特许权协议一般是承担100%的市场责任，即负责按照规定的价格购买项目生产的全部产品。这样，项目融资的贷款银行不承担任何市场需求方面的风险，项目产品的价格也是根据一定的公式（与产品的数量、生产成本、通货膨胀指数等要素挂钩）确定的。然而，对于公路、桥梁等项目，由于市场是面对公众，使用者的数量以及支付的使用费不定，因此面临着较大的不确定性因素。项目使用费价格的确定，不仅仅是与政府谈判的问题，也必须考虑到公众的承受能力和心理因素。如果处理不好，类似收费加价这样的经济问题就会演变成政治问题。因此，在公路建设这样的项目中，政府在特许权协议中关于最低收益担保的条款，成为这类BOT融资模式中非常关键的一个条件。

项目所在国金融机构的参与对于促成大型BOT融资结构起着很重要的作用。在BOT融资结构中，由于政府的特许权协议在整个项目融资结构中起着举足轻重的作用，从项目贷款银团的角度，项目的国家风险和政治风险就变成一个十分重要的因素。这方面包括政府违约、外汇管制等一系列问题。项目所在国的银行和金融机构，通常被认为对本国政治风险的分析判断比外国银行要好得多和准确得多，因此，在大型的BOT融资结构中，如果能够吸引到若干家本国主要金融机构的参与，可以起到事半功倍的作用。在马来西亚南北高速公路的项目融资的安排中，这一点被国际金融界认为是十分成功的。

（资料来源：《国际工程管理概论——BOT案例分析》，刘尔烈，天津大学出版社出版，2015年.）

第11章

国际工程管理案例

11.1 中海外联营体波兰 A2 高速公路项目

A2 高速公路连接波兰华沙和德国柏林，是打通波兰和中西欧之间的重要交通要道。这条公路招标时要求必须在 2012 年 5 月 31 日前建成通车。2009 年 9 月，中海外和中铁隧道联合上海建工集团及波兰德科玛公司（DECOMA）组成中海外联营体（简称"联营体"），中标 A2 高速公路中最长的 A、C 两个标段，总里程 49km，总报价 13 亿波兰兹罗提（约合 4.72 亿美元）。该报价仅为波兰政府预算价 28 亿兹罗提的 46%，一度引起低价倾销的诉争。然而，2011 年 6 月初，距离预定工期已经过去一大半，而工程量只完成不到 20%。据中海外总公司估算，如果坚持完成该工程，联营体预计亏损 3.94 亿美元。由于资金拮据，联营体无法支付分包商款项，造成波兰分包商游行示威抗议，给中国企业在波兰当地造成了严重的负面影响，工程业主——波兰公路管理局则给联营体开出了 7.41 亿兹罗提（约合 2.71 亿美元）的赔偿要求并终止了合同，外加三年内禁止其在波兰市场参与投标。联营体中的波兰合作伙伴德科玛公司，也可能在业主方的强硬追索下破产。

主要风险分析：

1. 决策风险（项目干系人风险之承包商风险）

中海外把欧盟国家波兰视为打入欧洲市场的第一站。因为急于拿下合同，他们对波兰建筑市场的相关政治、经济、法律、技术规范、承包规则、市场环境、业主态度、主要竞争对手的实力、心态以及 A2 高速公路的背景等情况的全面深入调查了解不够，这给实施项目带来了隐患。同时，急于求成的心态导致签订合同的草率，为中标轻易地接受了许多不平等、不公正的合同条款。

2. 合同风险（项目自身风险之招标文件风险）

联营体与波兰业主签订了过于严苛的合同。招标合同参考了国际工程招标通用的 FIDIC 条款，但与 FIDIC 标准合同相比，联营体与波兰公路管理局最终签署的合同删除了很多对承包商有利的条款。例如：FIDIC 施工合同规定，如果因原材料价格上涨造成工程成本上升，承包商有权要求业主提高工程款，承包商实际施工时有权根据实际工程量的增加要求业主补偿费用；FIDIC 中规定"如果业主延迟支付工程款项，承包商有权终止合同"，这些条款被明确删除。

另外，关于仲裁纠纷处理的条款全部被删除，代之以"所有纠纷由波兰法院审理，不能仲裁"。这使得联营体失去了在国际商业仲裁法庭争取利益的机会。而且，合同中对变更有着严格的限制。关于变更程序，A2高速公路合同补充规定称：所有导致合同金额变动或者完成工程时间需要延长的，必须建立书面的合同附件。

正是由于承包商忽略了合同条款分析，轻视了合同对于双方商务关系的重要性，使得承包商在与业主的谈判中步履维艰。

3. 法律风险（项目环境风险）

中海外没有细致研究项目所在国的法律规定。波兰《公共采购法》明确规定，禁止承包商在中标后对合同金额进行"重大修改"。中海外的几次变更申请被波兰公路管理局拒绝，理由和依据就是这份合同以及波兰《公共采购法》等相关法律规定。

波兰加入欧盟后，各项法规向欧盟靠拢，变更频繁且突然。因欧盟标准更高，联营体经常在施工中因执行新标准被迫放弃投标时的施工方法和价格，致使工程费用大大增加。

联营体施工人员进入工地，必须持有波兰政府颁发的各种签证（如临时居住证、劳动许可证、特殊工种资格证等），办理这些证件时间长达1~3个月。这些门槛不仅增加费用，影响工期，而且迫使联营体无法使用国产设备，只能租赁当地设备，增加成本。

按波兰《劳工法》，海外劳工必须按当地工资水平雇用。这就意味着，中国劳动力的低成本优势不复存在。据有关方了解，中海外的波兰项目中只有500名工人来自中国，不到工人总数的1/6。

当地环保法律措施严格。欧盟的法律很注意对当地动植物的保护。A2高速公路西段综合投资为13亿欧元，其中环保成本就占将近25%。C标段报价单上包括动物通道、声屏障（这一项成本超过0.4亿兹罗提）、路边的绿化和腐殖土壤处理等所有可被视为"环保成本"的条目共计0.825亿兹罗提，占综合成本的19%。例如，项目C标段的设计公司要求中海外在高速公路通过区域为蛙类和其他大中型动物建设专门的通道，避免动物在高速公路上通行时被行驶的车辆碾死。但中海外的C标段合同报价中，桥梁方面的动物通道成本并没有明确被列入预算内。同时，出于保护当地珍稀蛙类的需要，还使得施工不得不中断两周。

4. 经济风险（项目环境风险）

中海外对原材料市场的预测不足。为了2012年夏天举办的欧洲足球杯，波兰开始兴建大量基础设施，各种基建原材料价格大幅上涨，一年多的时间，部分原材料和挖掘设备的租赁价格上涨了5倍以上，基建工程成本直线上升。欧洲基建承包商在波兰都有成熟的原材料供应商体系，也有自己的工程设备，受原材料价格上涨的冲击较小。而初来乍到的中海外不仅享受不到优惠的原材料供应价格，还受到欧洲竞争对手的排挤，致使材料成本大大超出预算。

5. 自然条件风险（项目环境风险）

中海外没有进行细致的现场勘察，对当地地质条件缺乏了解，而且项目说明书上的很多信息模糊。施工中发现，很多工程量都超过项目说明书文件中规定的数量，如桥梁打入桩，项目说明书规定为8000m，实际施工中达60000m；桥涵钢板桩，项目说明书中没有规定，可实际工程中所有的桥都要打钢板桩；软基的处理数量也大大超过预期。

6. 语言风险（项目环境风险之社会文化风险）

中文在波兰人日常生活与工作中并不普及，精通中文且具备法律和工程专业背景的翻译人员更是凤毛麟角。联营体和波兰公路管理局签署的是波兰语合同，而英文和中文版本只是简单摘要，由于合同涉及大量法律和工程术语，当时聘请的翻译并不能胜任。由于语言上存在障碍，造成项目实施过程中沟通不利，也是项目亏损的一个主要原因。

7. 业主风险（项目干系人风险）

业主支付条件苛刻，付款态度消极，使执行项目难度雪上加霜。业主付款周期为56天，但联营体对劳务、材料供应商、设备租赁商、分包商的付款周期最短的仅为3天。同时，大量设计文件、施工规范被工程师拖期审批，以致无法按时施工；因考古引起工程延误等一系列的索赔要求被工程师驳回。

正是由于中海外联营体对该项目所面对的种种风险没有深入研究并正确处理，致使该项目戛然而止，产生了巨大的负面影响。这一案例成了国际工程管理的典型案例，通过对案例的分析研究，得出了经验教训：国际工程的开展必须深入了解项目信息，包括项目内部和外部信息，尤其是要掌握项目所在地法律、经济、政治环境信息，充分论证项目所面临的各项风险，采取应对措施，不可盲目签订合同。

11.2 中铁建麦加轻轨项目

2009年2月10日，中铁建与沙特阿拉伯签订《沙特阿拉伯麦加萨法穆戈达莎轻轨合同》。该合同是"EPC+O&M"总承包合同（设计、采购、施工加运营、维护总承包），正线全长18.06km，共设9座车站。根据合同，2010年11月13日开通运营，达到35%运能；2011年5月完成所有调试，达到100%运能。中铁建称该工程为"不讲条件""不讲价钱""不讲客观"的政治工程。

麦加轻轨项目是世界轨道交通建设史上同类项目施工中难度最大、建设工期最短、客运能力最大的地铁工程，按照正常的商业规律，其价格理应最高。但最后的结果是，中铁建报出了17.7亿美元（约合120.70亿元人民币）的标价，价格偏低。中铁建称，在签订合同之前，公司进行过评估，认为按照当时的工程量，麦加轻轨项目能够盈利8%~10%。然而，截至2010年10月31日，项目合同预计总收入为120.51亿元，预计总成本为160.45亿元，另发生财务费用1.54亿元，项目净亏损高达41.48亿元，其中包含34.62亿元的已完工部分累计净亏损和6.86亿元的未完工部分的预计亏损。

主要风险分析：

1. 决策风险（项目干系人风险之承包商风险）

该项目在投标时，没有分析该项目要求和合同规定及规范，以为这样受政府重视的项目，也如我国国情一样，将受到各方支持，项目会顺利完成。同时，依据国内经验估算麦加轻轨项目，低估了该项目实施难度，没有在报价中充分考虑工程实施成本，这些都表明，中铁建在该项目上成本预算不准确，存在投标报价失误。

该项目2009年已开始出现亏损，但在中铁建"政治工程高于一切"的方针下，承包商并没有按照惯例停工进行索赔，而是调集国内技术骨干不计成本地赶工期，赶工成本超出数十亿元。工程具有的政治色彩，也是该工程巨额亏损的原因之一。

2. 合同风险（项目自身风险之招标文件风险）

合同条款苛刻，变更频繁。业主不断提出增加功能的要求，还要缩短工期。麦加轻轨项目开工后，业主就土建桥梁跨越道路形式、结构形式、车站面积、设备参数、功能需求等提出众多变更要求，其中仅土石方开挖就由原来的200万m^3变更为520多万m^3，增加了320多万m^3。由于合同条款苛刻，承包商没有很多的自主权，甚至连房间墙壁的颜色等都需要业主代表（城乡事务部副部长）亲自选择才能决定，导致大量本应通过正常流程决定的事情，需要经过若干次反复才能最后批复，审批进展滞后。

3. 法律风险

由于设备注册手续被控制，承包商自己的设备闲置时不能外租增加收入，还要花钱维护保养，极大地制约了资源的有效利用。

4. 经济风险（项目环境风险）

该项目实际上已经招标多年，有很多工程公司都投过标，其中还包括沙特阿拉伯当地最大的铁路建设集团（报价为27亿美元）。而中铁建给项目的报价初为22亿美元，经过议标之后，中铁建将报价降为17.7亿美元。投标时，业主只有概念设计，中铁建并没有针对性地结合自身设计技术对该项目的概念设计做出评估以较为准确地估计总体工程量，也没有与设计要求结合起来认真分析业主提供的有关工程资料，以便预先发现设计与施工中可能出现的不利情况，从而采取相应的措施并反映在报价中。此外，人民币升值带来的汇率波动，使得以外币结算的项目的亏损进一步放大。

5. 自然条件风险（项目环境风险）

项目初期，中铁建忽略了应该根据麦加轻轨项目当地的市场环境做出相应的决策分析。例如，由于忽视前期项目所在地环境调查，空调设计最初是按照室外温度38℃进行设计的，但是麦加当地炎热干燥，常年温度在40～50℃，地表温度超过60℃，按38℃进行空调设计让人不解。最后，项目空调设计将温度提高到按照室外46℃进行设计，标准提高带来了成本增加。

此外，项目所在地环境恶劣，施工区域地处高温和特大风沙区，夏季地表的最高温度可达到70℃左右，此地严重缺水，淡水比石油更加珍贵。施工范围主要集中在穆斯林地区，承包商由于看待项目过于乐观，没有进行详尽的现场考察和市场调研，为项目后来的巨额亏损埋下了隐患。

6. 社会文化风险（项目环境风险）

我国国内工程项目普遍采用工人24h三班倒的施工方式，然而，在沙特阿拉伯，当地企业普遍采用8h工作制度，一些工人工作时间甚至连8h都不到。当地的气候条件很恶劣，中午地表温度高度50～70℃，除了国外特许的石油行业的工人外，当地法律是禁止雇主要求工人正午外出干活的，除非给出足够的补贴。

此外，该项目位于伊斯兰教的圣城麦加，施工区域集中在穆斯林地区，朝觐、斋月和祷告使实际上有效的施工时间减少，工期较其他地区延长。

7. 分包风险（项目干系人风险）

由于中铁建并没有设计该轻轨项目的能力，项目签约时只有概念设计，因此，中铁建在投标决策阶段没有认真地研究业主提供的资料和合同及规范，认为设计分包出去就可以了，剩下的采购、施工仍是中铁建自己完成。事实上，该项目土建采用美国标准，系统采用欧洲标准，设计分包商均是由业主指定的西方公司和当地公司，直接听令于业主，这直接导致了承包商丧失了设备的采购权。由于设计主动权掌握在外国公司手中，技术标准与合同要求存在差异，设计理念与咨询不统一，造成了工程成本的大量增加。频繁地变更设计以及增加新的功能要求，更是给土建和系统工程施工带来了很大的被动。另外，材料和设备供应不足、拖延或数量的差错直接导致停工待料，造成人工和施工设备的浪费。

8. 业主方风险（项目干系人风险）

业主负责的地下管网和征地拆迁严重滞后，很多拆迁都不完成，一直拖到最后，影响正常施工，不仅导致了工期紧张，也增加了赶工成本。

项目以失败告终，项目的损失转嫁给了中铁建。项目的失败也为更多国际工程的后来者提供更多的视角来理解国际工程类项目的风险所在。通过整理和归纳，该项目失败的主要原因在于：中铁建对项目所在地市场环境不熟悉，缺乏对该地区政治、经济、法律、文化环境的考察，并且对该类项目（EPC + O&M 项目）合同和运作不了解，国际工程经验不足，对可能产生的各项风险没有规避。

这个案例也给予了后来者经验教训。正如时任中铁建董事长的孟凤朝所说，面对海外项目，不仅要降低其风险，还要完善海外经营体制，形成规避其风险的长期有效的体制；推动海外资源整合，掌握海外文化环境，创新海外经营方式，才能保证项目的顺利开展；同时要注重人才的培养整合，实现公司谈判、设计、咨询、施工、运营等多个方面的衔接，提高项目风险的应对能力。国际工程是中国企业走向世界的平台，积攒经验，提高自身能力，积极应对新环境所带来的问题，是中国企业屹立于国际工程舞台的保证。

11.3 中资煤矿公司赞比亚科蓝矿案

2010 年 10 月 15 日，赞比亚中资煤矿公司科蓝煤矿因劳资纠纷发生了冲突事件，造成 11 名当地员工和 3 名中方员工受伤，部分矿井设备受到严重损毁。2012 年 8 月 4 日，科蓝煤矿遭当地数百名工人冲击，造成中国员工 1 死 4 伤。

主要风险分析：

1. 法律风险（项目环境风险）

中资公司在非洲保障自身安全的前提是，搞好与当地人的关系，遵守该国劳动法和各种规章制度。旧的赞比亚《劳动法》规定：①雇主必须向雇员提供住房或支付住房补贴，其标准为基本工资的 30%。②雇员有权得到每月 7 万克瓦查（约合 90 元人民币）的午餐补贴，除非雇主提供足够免费饭食。③雇员工作岗位与他的住处半径超过了 3km 时，将得到每月 8 万克瓦查（约合 100 元人民币）的补贴，除非雇主提供交通工具。④在雇员生病时对其提供诊疗和药品，必要时提供到医疗单位的交通工具。⑤雇主还需要为雇员缴纳养老基金。⑥雇员每周工作时间不应该超过 48h，超过部分按小时工资标准的 1.5 倍付薪，公共假日或是周日（非正常工作日）工作，可得到小时工资的双倍薪水。而科蓝在 2010 年前一直采用临时工按日计酬方法，2010 年劳资冲突发生前夕，薪资标准为每日 2 万克瓦查（约合 26 元人民币），没有遵守 8h 工作制的要求，导致 2010 年冲突爆发。事件解决后，矿方提高了矿工工资，并将日薪改为月薪，规定每月 4 日发薪，缓解了劳资矛盾。

2011 年 11 月，新上台的赞比亚爱国阵线（AP）政府推动《劳动法》修改，规定了 220 美元/月的法定最低月薪标准，当地工会催促科蓝方面照办。2012 年 7 月，赞比亚劳工与社会保障部正式发布上述最低月薪标准，并于 8 月生效，当地工会与矿方沟通未果，8 月 4 日是发薪日，矿工发现领到的薪水仍是"旧标"，于是导致骚乱和伤亡事件的发生。

2. 沟通风险（项目干系人风险）

中资公司员工和当地人沟通不够也是风险产生的原因之一。据中国驻赞比亚大使馆转述的科蓝矿方的陈述，矿方实际上已与工会在 8 月 2 日达成协议，"谈妥加工资事宜"，但工会却忘记和工人交代，导致工人"误会"，三四百人乘车在 4 日中午冲入矿区"见中国人就打"，而矿主称"领导要求打不还手"，最终导致伤亡发生。

3. 雇员健康风险（项目干系人风险）

为雇员提供基本的工作生活环境，如食宿条件、健康保障等是当地相关法律与规定的要求。2006 年 6 月，赞比亚政府差点因该矿矿工在未穿戴防护服、防护靴情况下下井作业而关闭煤矿。2011 年 11 月，赞比亚人权组织资源企业人权中心（BHRRC）宣称，科蓝煤矿矿井通风设备老化不达标，这可能导致矿工患上严重肺部疾病。

采用稳妥的经营方式，应对非洲地区特殊的人文环境（政治、文化、经济环境等）所产生的风险，是科蓝煤矿案给中方企业最深刻的启示。中资企业在非洲地区开展国际工程是中方同非洲各国的战略合作之一，中资企业应当高度重视在非洲地区的工程管理，达成健康友好的合作，取得双方的互利共赢。

11.4 非洲某公路项目

国际工程项目投标往往涉及跨国项目考察以及有关投标信息的收集，对于新介入工程所在国市场的企业来说，在投标所规定的时间限制内从一个完全陌生的市场环境中收集整理投标所需要的全部信息并不是一件容易的事情。企业在市场推广和项目盈利的目标下，如果盲目依赖不完全市场信息或者通过想当然式经验照搬来进行投标价格分析，最终就只能是自己承担企业利益损失的风险。

1. 项目综述

国际工程实践中，无目标考察或者依赖片面考察信息来进行投标报价最终造成合同价格远低于成本价的案例不在少数。

例如，非洲某一世界银行公路项目包括 12km 的新修路段和 100km 的原路改造路段。在现场投标考察时，由于国际工程投标经验不足，在没有找到项目起始点、没有勘验项目新建路段现场地质条件的情况下就进行了投标报价。新修路段如果地势平坦的话，土方量与原路改造差别不大；但是该项目的新修路段处于山地路段，挖方填方等土方量非常大，所以新修路段虽然长度为项目总长度的 10%，但土石方工程量为项目总量的 60%。这样片面的考察信息带来土石方单价不符实际，最终造成土石方施工配置资源与实际需求不符。

另一非洲某公路项目，连续 4 个标段共计 400 余公里路段，沿线第一、三、四标段项目都有天然碎石骨料源。投标第二个标段时，承包商未认真考察现场，仅仅是想当然地认为沿线其他项目都有天然料场，那么该标段也肯定会存在。然后参考非正式的设计咨询工程师给出的项目设计和勘察报告中的信息，将某料场确定为项目沿线最大的料场和料源，安排天然骨料采集 20 万 m^3，并且在投标时采用其他临近项目的天然骨料价格进行投标报价。但实际上，虽然这个项目原本工程师提供的该料场材料试验的数据指标接近项目合同要求，但是工程师进行设计咨询服务时并没有严格进行"钻探取样"并进行试验。而承包商在进行投标时也没有足够的时间并且没有自行进行任何取样试验，只是采用工程师的非正式报告中的信息，最终签订合同后进行钻探取样试验，发现材料指标无法满足合同要求，该料场不适合作任何项目骨料来源，项目沿线也没有天然的碎石源。原计划的 1 套碎石设备必须临时增加为 3 套，并且将原定 12 个月的碎石生产周期延长为 36 个月，并增加 2 套挖掘机、装载机、水车等拌和设备进行机轧骨料拌和作业。该现场考察失误造成的连锁效应带来项目成本增加近 500 万美元，占合同额的 30%。

投标考察是项目投标信息收集工作的具体深化,也是项目风险的识别过程。作为投标价格组成的基础信息来源,投标考察的全面与否是投标报价合理与否、项目执行成败的关键。

2. 投标考察内容

(1) 宏观环境调查

宏观环境调查包括项目所在国政治形势、政府经济状况、国家法律环境、金融环境、基础设施状况、市场供应情况、建筑行业情况、自然环境和条件、人力资源情况等方面的调查。

(2) 项目现场环境考察

项目现场环境包括:①项目所在地区一般自然条件,即工程场地的地理位置、交通运输条件、场地地形、地貌、植被、海拔、气象水文资料、工程地质、自然条件限制。②施工条件,即临时生活设施的位置、进场道路、供水供电、通信、材料来源及适用性、人力资源等。③项目沿线居民生活条件及社会服务设施等。

(3) 对业主、工程师和竞争对手的调查

对业主的调查应着重落实其资金来源是否有保证和项目进度款支付的可靠性。对工程师的调查应充分了解其管理程序、处理问题的方法以及文化背景等,避免在项目实施中与其产生较大冲突。对竞争对手的调查主要是制定合理的投标策略,确保自己在盈利的情况下仍然具备竞争的优势。

11.5 中国石油工程建设公司伊朗油田工程

中国石油工程建设公司在 2011 年成功中标伊朗北阿扎德甘油田地面工程,这与其全面、准确的投标考察是密不可分的,主要考察内容包括以下几方面:

1. 政治、经济及法律环境

伊朗政府存在较为普遍的工作效率低的现象。伊朗长期受西方国家的严厉经济制裁,国内通货膨胀严重,年通胀率为 15%~20%。伊朗法律规定在伊朗执行工程必须保证 1% 的伊朗份额,外国人在伊朗工作实行严格工作准证制度。这些因素都制约了境外承包商在伊朗从事工程建设。

2. 财务和税务环境

伊朗外汇管制严格,外汇汇入伊朗较难,汇出相对容易。伊朗境内执行工程的承包商需要缴纳中央与地方的双重征税。

3. 人力、物资资源供应

人力方面,重点调查了主要作业工种及设备、工艺、电气、仪表、土建专业工程师的价格与供应情况。通过对中资工程单位的走访和对伊朗当地工程公司的询价,可以发现伊朗工人劳动效率相对较低,同等工作量耗工约为中国工人的 1.5~1.8 倍。

调查当地供货商的供货能力。伊朗当地可以采购到压力容器、普通型钢、普通焊管,但供货周期较长,需要根据项目整体进度计划要求确定采购策略。对主要工程物资水泥、砂、混凝土、钢筋、钢材、焊材、氧气、乙炔气和油漆价格进行询价,价格约是中国的 1.5~2.5 倍。

对于起重设备、叉车、焊机等工程设备租赁价格进行了重点调查。设备租赁价格约是中国的 1.5~2 倍。

同时,向当地公司就打桩、浇筑混凝土、钢结构制作安装、设备安装、管道安装及无损检测的费用进行询价,以便精准测算当地施工成本费用。

4. 实地施工现场考察

考察现场的地理位置、周边环境,水、电、气、燃油的来源与价格,基本工程物资、生活物资和机械设备的供应等情况。另外考察进入施工现场的路况，可否满足大型设备的运输要求。

5. 清关和关税情况

考察关税计费方式、项目相关设备材料关税税率、相关海关和港口的收费以及清关代理的收费情况。

6. 生活物资及营地建设价格

调查发现，伊朗的生活物资价格高，当地中资机构一般人均伙食费为 10~15 美元/天。办公及住宿区的房屋设施租用和购置价格较高，单层面积约 $150m^2$ 的四层小楼月租为 8000 美元，$12m \times 3m$ 的轻板房造价约 2 万美元/个，$12m \times 3m$ 集装箱带家具约为 3.5 万美元/个。另外也考察了手机话费、网络费的收取情况。

7. 调查竞争对手

调查参与这个工程竞标的其他公司的优势和劣势及以往工程的报价水平等，做到知己知彼。

根据调研信息，制定项目执行策略。根据对伊朗宏观微观市场环境对工程影响的分析，确定项目风险系数，并根据实际调研的信息及制订的项目执行计划完成设计、采购、施工以及管理费、财务费用、税费的测算，最终以合理的价格成功中标该工程。

投标考察中应注意的是，获得项目信息之后要判断项目信息的真实性和可靠性，排除虚假信息和不准确信息。首先要分析信息的来源是否为承包商所了解和熟知的可靠出处。若是新来源，一定要慎重考虑；同时如果信息是由他人提供的，还应注意提供者的目的和动机。整理有价值的项目信息，作为下一步投标决策工作的基础。

同时，在相对较短的时间内对项目进行投标考察，要求承包商在考察的时间及组织上多加筹划，特别是在进入新的市场时，在投标考察资金的投入上也要相应加大力度。

投标阶段要对是否投标、以怎样的报价投标进行决策。国际工程项目涉及多个领域，如果盲目投标，即使中标，在实施过程中也会遇到诸多问题，难以获得预期的经济利润；如果在报价中没有充分考虑风险，追求低价中标，最终可能导致项目失败或亏损巨大。因此，在项目投标考察的基础上，应从三个方面对项目全过程的风险进行识别、分析与评估，即项目环境风险、项目自身风险、项目干系人风险，分析该项目的主要风险因素及其成因、水平和发展趋势，建立风险评价指标体系，为项目的投标决策提供依据，并在项目实施过程对风险进行跟踪与预防，使得既能够保证中标后理想的经济效益，又能以有竞争力的价格脱颖而出。

需要注意的是，投标阶段对项目进行考察与风险识别的目的在于降低项目不确定性，从而能够在考虑投标价格竞争力的前提下，变被动应对风险为主动应对风险，合理地制定投标策略。最终的投标报价则需要项目决策者综合考虑项目风险、项目盈利性要求、亏损容忍度、与业主谈判的可能性等多方面因素，平衡报价盈利性与中标可能性后确定。

11.6 ABI Group 工程保险索赔案

1. 索赔

2005 年 12 月 7 日至 2006 年 1 月 19 日，被保险人 ABI Group 基于保单规定的政治暴力承保范围，向美国海外私人投资公司（OPIC）发出一系列邮件，提出索赔申请。索赔事由为一起发生在阿富汗首都喀布尔的自杀性汽车爆炸袭击造成的交通工具的损失，这起爆炸袭击发生在被保险项目附近，目标为某军事团体。

被保险人称，损失的交通工具为现代特拉卡吉普，原始价值为19970美元。

2. 事实背景

自北大西洋公约组织（NATO，简称北约）联军于2001年11月13日夺取喀布尔后，NATO一直领导着喀布尔的安全武装力量。NATO的国际安全援助部队（International Security Assistance Force，ISAF）成员包括来自36个国家的约12000名士兵。阿富汗暴力事件数量不断增多，保险事故发生前期也发生了此地区的第一起自杀性爆炸袭击。塔利班发言人已经声明对此事件负责，并且称他们的目标是颠覆新政府，重建旧的塔利班政权。2005年11月14日，两辆ISAF的汽车在同一路段遭到爆炸袭击，两次袭击相隔90min，袭击发生在从喀布尔市中心去往工业区的主要道路Jalalabad路。被保险项目在工业区设有一家工厂。

两次事故均在新闻媒体及NATO/ISAF网站公布。这些媒体报道描述了阿富汗以及ISAF军人的伤亡人数，都没有任何描述阿富汗车辆遭到破坏的报道（除了用来进行袭击的车辆），也没有任何与被保险项目相关的报道。

被保险人称项目使用的一辆汽车在其中一次袭击中遭到彻底毁坏，车内一人丧生，另一人严重烧伤并被送到ISAF医院。OPIC认定索赔事由属实。第三方的报道证实了被保险人索赔的一些细节。

3. 合同内容

该保险合同是一份简单的保险合同，它作为OPIC与被保险人贷款协议的附件存在，该贷款协议是在2004年8月19日签订的。

保险合同承保了被保险人项目价值4970000美元直接股权投资的90%，最高赔偿金额为4473000美元。承保风险为汇兑禁止、征收和政治暴力。

索赔事由必须发生在保单生效之日后和保单终止之日前，不包括生效日，但包括终止日。该保单只有在被保险人向OPIC提交"东道国批准函（Foreign Government Approval）"并得到OPIC对该文件的认可后才能生效。然而，美国和阿富汗之间在2004年4月17日签订了一项新的投资鼓励协议，该协议于当天签字生效。这个新的协议取消了对"东道国批准函"的要求。保单中关于"东道国批准函"的生效前提条件也就没有了法律效力，但其他条款仍然适用。保单的生效日为OPIC与投资者贷款协议的生效日，即2004年8月19日。

4. 基于合同做出的规定

（1）政治暴力直接导致了损失

保单将"政治暴力"定义为：旨在实现政治目的的暴力行为。

爆炸显然是暴力行为，实施诸如袭击等行为显然有其政治目的。行动是由塔利班还是别的组织实施并不是判定该事件为承保损因的必要条件。

而且，被保险人已经证明项目交通工具是在塔利班2005年11月14日爆炸袭击ISAF/NATO武装时遭到破坏的。

（2）赔偿金额为19970美元

被保险人拥有项目有形资产价值的份额是其在整个项目股权投资中的投资份额。成立被保险人的唯一目的就是通过设立一个分支机构来实施该项目，被保险人的投资代表了整个项目的股权投资，被保险人对损失财产的份额为100%。

基于2005年9月30日被保险人未经审计的财务报表中的资产负债表，投资的账面价值是

×××(保密)。这些是被保险人根据贷款协议所能提交给 OPIC 的最新财务报表。OPIC 于 2005 年 11 月 8 日向被保险人发放了一笔贷款,这将导致投资账面价值相应减少了一定的数额,但是减少后的账面价值依然超过了损失金额,因此本次损失全部为承保范围内损失。

基于被保险人的声明和提供的支持文件,财产的原始价值为 19970 美元,因此赔偿总额为 19970 美元。

(3) 被保险人履行了合同义务

该索赔的基础是政治暴力事件,被保险人通过电子邮件的方式及时向 OPIC 通知了事情的进展。对于此类索赔,OPIC 接受此种通知方式。

在整个过程中,没有发生使该保险合同自动终止的情况。贷款的偿还日为 2014 年 5 月 15 日,贷款还没有被偿还,并且被保险人也没有获得其他赔偿。OPIC 也没有终止保单的依据,保单 8.1(1)款规定,被保险人在 2005 年 12 月 15 日发生了没有按期支付 1 万美元管理费的违约事件,但是被保险人进行了及时补救。被保险人还需要向 OPIC 证明他已经实施了这个项目,并遵守了贷款协议 7.1(11)、(12)、(13)款有关工人权利、环境和反腐败的规定,以及被保险人履行了保单的所有义务。

5. 结论

基于前述决定,根据证明文件、权益转让文件及收据和其他声明,OPIC 认定被保险人的索赔有效,被保险人将获得 19970 美元的保险赔偿金。

上述案例展示了一个完整的保险索赔过程,强调了保险合同中约定的义务的重要性以及证据的收集与保存,被保险人在保险事故发生后,首先要保证现场人员安全,积极施救,并尽快通知保险公司,同时要为保险索赔做准备,尽力收集、保存理赔材料,包括该工程的总体发包形式及相关合同、发生本次损坏工程区域的具体合同、紧急事故处理报告(包括事故发生和发现及事后的检修处置步骤),以及本次事故的原因分析、事故图片资料。即便是某一较小的方面没有做到,也可能导致索赔失败。

11.7 北京城建第一建设发展有限公司越南黄金西湖公寓项目

伴随着国家"走出去"的号召,中国建筑企业如雨后春笋般涌入国际市场,来争抢国际工程这块蛋糕,中资企业给国际建筑市场注入了新的力量,同时也缓解了国内建筑市场竞争的压力。我们进入国际市场与其他国家同台共舞,既可以提高国际管理水平,拓宽思路,增强实力,增强中资企业在国际市场上的竞争力,又可以扬长避短,增进交流,带动建筑相关的其他行业同时步入国际市场。但是,中资企业水平良莠不齐,特别对新市场,如果没有摸清工程所在国的市场行情而急于求成,投标风险分析不够,则往往在投标之初即产生无法挽回的损失。下面以越南黄金西湖公寓项目为例,浅谈国际工程的投标风险管控,为国内企业走出去提供借鉴。

1. 案例背景

越南黄金西湖公寓项目是北京城建第一建设发展有限公司(以下简称"一建设")在越南的第一个施工项目,是由越南河内东成公司开发的集商业、办公、住宅于一体的综合建筑,地处越南河内市中心闹市区,该工程建筑面积约为 71080m^2,由澳大利亚 AIC 管理公司监理,北京某集团总承包施工,"一建设"作为分包商负责主体结构及装饰工程的施工,机电安装工程、门窗工程等由业主直接指定分包,计划工期为 578 天。

2. 问题分析

（1）投标阶段

1）急于开拓市场，决策出现失误。由于急于开拓越南市场，"一建设"前期对于越南市场的考察了解不够深入，对项目进行过程中有可能遇到的风险未进行全面评估，对总包合同与分包合同存在的风险未充分重视，忽视了谨慎进入新市场的风险防范原则，决策上出现了主观与片面性，为项目后期风险管控埋下了隐患。

2）未充分把握合同，单价总价合同未落实。对总包英文合同把握不足，总包解释其与业主签订的是单价合同，即先入为主地将此英文条款理解成单价合同，而未进行落实。由于分包合同规定受总包合同约束，因此在项目实施过程中，业主与监理认定总包合同是总价合同时，就意味着"一建设"分包合同成为总价合同，既要承担实际工程量多于清单工程量的风险，还要承担由于通货膨胀和物价上涨所带来的风险，导致风险大大超出预期。

3）合同条款理解差异，导致材料涨价风险失控。分包合同为中文合同，但是引用了总包合同内容，而且由于对总包合同英文条款理解有问题，直接导致了在材料涨价索赔时遇到了困难。

在与总包进行合同谈判时，总包合同中关于物价上涨的解释为：只要材料涨价超过10%，即可对上涨部分进行全额索赔，"一建设"经对英文合同审核后也认同了总包的解释，但在施工期间具体向业主和监理进行索赔时，业主和监理则坚持认为合同约定可以索赔的物价上涨仅是超出10%的部分。与业主谈判无果，最后总包口头承诺物价上涨10%以内的部分由"一建设"与其共同承担，使"一建设"承担了数百万元人民币的损失。

4）未能有效防范总包方不平衡报价，导致承揽工程价格较低。总包在签订总包合同时采用了不平衡报价的方法，土方、防水工程等由其直接分包部分报价很高，而对"一建设"负责施工的主体及装饰部分报价普遍偏低，"一建设"由于投标报价的时间紧张，对标书理解不够充分，对当地情况没有足够的认识，虽然向总包提出不平衡报价的质疑，但由于总包回答不存在这方面的因素，"一建设"商务人员在价格复核时未认真核查，出于对总包的信任而签订了分包合同，从而导致以较低的价格承揽了该工程。

（2）实施阶段

1）项目管理规划缺失。项目管理规划在前期阶段不完善，未根据项目量身定做，在实施阶段也未具体细化，导致机具配置出现闲置，资源保障计划相对粗放，无有效的降低成本措施。例如混凝土搅拌站仅能用来搅拌楼面混凝土，竖向结构混凝土全部采用商品混凝土，既增加了机具的投入资金，也增加了采用商品混凝土的额外费用，另外在模板投入与周转使用上未达到预期理想状态，额外增加成本约数百万元人民币。

2）项目部人员经验不足。项目部大部分管理人员第一次出国工作，缺乏国外施工经验，尤其缺乏国际项目商务管理经验，商务管理人员迟迟不能到位。另外，由于对国外的市场情况、项目监管模式估计不足，准备不够充分，也导致了项目管理出现被动局面。

3）与业主和监理无法有效沟通。由于"一建设"和业主的沟通都要通过总包，导致"一建设"的一些意见和要求很难及时到达业主方，存在沟通障碍。

与监理沟通的问题主要表现在对工程进行验收时，对于验收的及时性和标准的掌握上双方存在一定的分歧，加上总包对监理方的协调力度不够，对工程的顺利进行产生了一定影响。

4）工期控制出现问题。合同工期紧张，劳务资源与资金未能有力保障，加之对当地分包队伍管理不力,出现多次更换劳务队伍的状况,并且业主、设计方多次出现工程变更,直接或间接地对工期产生了延误。由于工期延误遇到了物价大幅上涨,让业主、监理抓住了工期延误的反索赔机会,给"一建设"造成了较大损失。

5) 通货膨胀导致物价上涨严重,项目成本增加。合同履约期间,特别是工期延误期间,越南由于通货膨胀材料和人工费涨价严重,项目成本大幅增加。

6) 不熟悉当地物资采购习惯做法。越南人普遍对外国人不信任,"一建设"不能有效与供货商交流沟通,导致与其谈供货合同时必须提供银行保函,否则必须全额付款。由于"一建设"项目部与总包均无法提供相应保函,不得不采用全额付款方式,使得项目在资金上一直处于非常紧张的状态。

7) 分包队伍不能满足项目顺利进行的需要。由于招聘等原因,劳务人员一直不能保证工程需求,当地劳务队伍频频更换,国内成建制劳务队伍进场不到一个月又撤场,导致项目工期延误。

8) 索赔能力不足。项目索赔能力严重不足,前期对索赔反应迟钝,而且索赔文件编制的速度比较缓慢,对于索赔中遇到的争议问题双方都不让步,导致索赔工作进展不顺利,并且索赔下来的资金也一直不能到位,造成项目资金紧张。

3. 案例启示

(1) 项目前期阶段必须做好项目规划,并且对项目风险全面分析

1) 必须做好项目的商务策划,将其纳入全面风险管理体系,还应做好项目管理规划与投标报价的有效对接,项目经理应提前介入并全面参与。

2) 对项目进行全面的风险分析。首先,对项目所在国的风险分析要全面进行,例如,对汇率、通货膨胀、社会文化、自然环境等各方面风险要综合进行分析,其次,也必须全面分析项目自身的风险,例如,项目要求与公司资源是否匹配,是否完全理解合同条款,项目现场条件对项目是否存在不利影响等;最后,对其他相关风险也应该进行分析,如业主方、总包方、监理方的风险。

(2) 合同履行阶段的风险管控

合同履行阶段出现的风险主要是由于合同签订时存在的问题在实施过程中显现,再就是由于项目内外环境产生变化,而项目的管理工作未能及时应变,从而使得项目处于风险之中。

中资企业在响应国家"走出去"号召的同时,必须注意国际工程的风险管控和防范,投标阶段、实施阶段及收尾阶段的风险管控必须时时抓,一刻不能掉以轻心,做好风险管控,才能使企业在国际舞台立于不败之地,实现企业所设定的预期目标。

11.8 中国土木工程集团公司尼日利亚铁路现代化改造工程

尼日利亚现代化铁路改造项目是在原有的尼日利亚铁路网络的基础上进行现代化改造扩建工程,铁路全长1315km,设计时速为160km/h,整个项目从设计、采购到施工全部都由中国土木工程集团公司负责(典型的EPC项目)。

该铁路经由首都阿布贾和8个州,沿线人口密集,将近占尼日利亚总人口的50%,尼日利亚的主要工业、商业、金融业都集中在沿线地区。项目建成后,将西非最大的港口拉各斯、阿布贾和尼日利亚最大的工业城市卡诺紧密地联结起来。这条铁路对尼日利亚政治、经济、文化、社会发展将起到举足轻重的作用。项目合同总金额83亿美元,这是当时全球最大的国际工程承包项目。

1. 国别风险分析

我国政府建立了国家涉外突发事件应急预案，根据政局形势、治安状况、公共卫生及自然灾害和涉及我国人员与机构安全突发事件等方面对各国状况进行了综合评估，按照风险高低程度划分为：红色（风险等级极高）；橙色（风险等级高）；黄色（风险等级中）；蓝色（风险等级低）。尼日利亚位于红色等级。

2. 经济风险分析

（1）项目成本风险

1) 当地原材料十分匮乏，大部分建筑材料依赖进口，而进口建筑材料价格往往十分高昂。

2) 尼日利亚国内的劳工生产率远远低于我国国内，只有我国国内的1/2。

3) 当地的气候条件加大了工程造价成本。

4) 在尼日利亚实施此项目，项目的组织管理难度较大。

（2）项目金融风险

此项目部分资金是以美元来支付的，而当初签约时，美元兑人民币的汇率大约为100美元 = 787元人民币（2006年10月30日），但是截至2008年3月24日，美元兑人民币的汇率大约为100美元 = 705元人民币，汇率变动十分惊人。因此，汇率风险直接关系到此项目的最终经济效益状况。

（3）项目资金风险

尼日利亚的总体经济稳定发展，GDP的年增长率保持在5%左右。特别是石油涨价后，尼日利亚的外汇储备达到约500亿美元。尼日利亚对金融体制进行了改革，对银行实行重组，提高了银行的储备金水平，货币稳定。

尼日利亚也基本上没有外债。但是，尼日利亚就像我国20世纪七八十年代的样子，百业待兴。除了这条铁路，尼日利亚还在规划建设东线铁路，总体需要几百亿美元的总投资。但尼日利亚的总体财力毕竟有限，资金是否能够及时到位还是个问题。一旦资金不能到位，会导致工期延误，而时间拖得越长，风险越大。

3. 风险应对措施

（1）国别风险措施

坚持与驻外使领馆保持联系，加强沟通，从国内多派医务人员，做好疾病的预防工作，一旦发病可以保证及时治疗；建立严格的规章制度，治安不好的地方不要去，晚上不许外出，增设保安人员等。

属地化管理也是化解国别风险的较好办法。属地化经营不但是要多雇用当地人作为工作人员，而且要在当地成立公司，要充分利用当地的人力资源、生产资料资源。

（2）经济风险措施

为了降低项目资金支付风险，中国进出口银行对此项目进行评估后，在签订的贷款协议中，要求用石油担保：①每天向中国提供5万桶石油；②给4个中方能够接受的石油区块。

根据尼日利亚的国家外汇储备，此项目资金十分困难，国家给予的外汇援助毕竟很有限。因此，在施工中，以业主现有资金预算为基础，有多少预算，我们就完成多少工程量。

11.9 中地公司孟加拉国 D-S 公路项目

中国地质工程集团公司（以下简称中地公司）2011年入选中国建筑业企业联合会评选的

中国建筑100强，排名第40位。中地公司的项目遍布亚洲、非洲、美洲等地，公司在30余个国家设有经理部、办事处、代表处。但10年前，中地公司在国内外工程市场还默默无闻。转折是从孟加拉国一个公路项目开始的。2001年，孟加拉国"D-S公路2B段改造项目"向全球招标。这条公路位于孟加拉国煤炭资源丰富的西北部地区。该工程项目属于孟加拉国第三期公路重建、维修项目之一，是连接首都达卡和西北重镇希莱特之间的一条重要干线，项目距离首都165km。该公路共分6个标段，2B是其中一段。该路段总长32km，其中大部分为新建项目，设计为沥青混凝土路面。项目本身难度很大，因为孟加拉国地理方面的最大特色就是河流和池塘特别多，全境有230多条河。此外，该项工程有许多世界级大工程承包商参与投标，竞争也异常激烈。2001年3月，孟加拉国交通部采用国际公开竞争方式招标，中地公司经过与几家国际承包商激烈的角逐后，最终以2200万美元的报价夺得了第一标。但随后与业主签订总承包合同时却遇到了难题。由于国际工程承包市场的竞争越来越激烈，项目融资、带资承包已经成为国际工程承包市场的发展趋势。而此项工程，业主方面的预付款仅为合同总价的20%，这给自有资金有限的中地公司带来了极大的资金压力。在此关键时刻，中国进出口银行的出口信贷发挥了作用，中地公司最终签下总承包合同。

中地公司能够在激烈的竞争中取胜，除了公司技术、人才优势外，资金成本优势在竞争中起了决定性的作用。该项目资金来源为世界银行贷款，合同总价2200万美元，其中30%为美元，70%为当地币。预付款为20%，80%按工程进度付款。中地公司除自有资金外，利用中国进出口银行的出口卖方信贷进行融资，融资额占合同总额的50%，约1100万美元。由于利用了出口卖方信贷，中地公司筹资成本大大降低，而且从资金规模上有了可靠的保证，使其在与国际承包商的角逐中能够报出有竞争力的价格，最终中标。据该项目完成的统计，该项目共带动国内成套设备及施工机具出口约600万美元，占合同额的27%。孟加拉国公路工程项目是以土建施工为主导，设计、施工、供货为一体的总承包项目，该项目的成功实施带动了施工设备、劳务和技术服务的出口，体现了中国承包商的整体能力。中国进出口银行出口卖方信贷的支持，为中地公司的最终中标创造了有利条件。

从中地公司的案例可以归纳出口信贷的主要特点如下：

（1）出口信贷是一种相对优惠的贷款，带有官方资助性质

出口信贷期限较长，多为1~5年或5年以上，属中长期信贷。贷款利率低于国际金融市场利率，而给提供出口信贷银行造成的利差损失，由出口国政府补贴，条件比较优惠。

（2）出口信贷与信贷保险相结合

出口信贷支持的出口商品多是大型、成套机器设备，贷款金额大、期限长，存在较大的风险。为了减少银行发放出口信贷的后顾之忧，发达国家一般都设有国家信贷保险机构，对银行发放的出口信贷给予担保。如果发生贷款无法偿还，风险由国家承担。

11.10 中国路桥集团埃塞俄比亚亚环路项目的索赔管理

1. 案例介绍

埃塞俄比亚首都亚的斯亚贝巴（简称亚市）环城公路简称亚环路，该路于1998年3月由中国路桥集团第一公路工程局中标承建。

亚环路一期、二期工程全长33.4km，设计路面宽40m，主道路幅宽8.3m，为双向4车道全封闭式交通，辅道路幅宽6.6m，人行道宽3m。设计标高基本按原地形变化，路面结构层厚

度为 1~1.20m。全线有桥涵结构物 41 座，其中城市高架桥 4 座，高架连续跨河桥 1 座，跨公路、铁路互通立交桥 1 座，过街天桥 23 座，其他中小桥涵 12 座。

亚环路一期、二期工程总标价为 603822384 比尔，其中主合同标价 459000000 比尔，后追加的照明系统合同标价 76500000 比尔，新增高架桥合同标价 68322384 比尔。开工日期为 1998 年 4 月 23 日，经过两次追加合同完工日期延至 2003 年 6 月 28 日。亚环路一期、二期工程含旧路改造 14.2km、新线 19.2km，14.2km 位于亚市西部闹市区，19.2km 位于亚市东南部非闹市区。

亚环路一期、二期主要工程量：路基挖方 262 万 m^3，填方 120 万 m^3，盖层 70 万 m^3，底基层 45 万 m^3，基层 28 万 m^3，沥青混凝土 9.5 万 m^3；管道工程总长度 123km；结构混凝土 10.6 万 m^3，混凝土的新泽西护栏、路缘石总长度 258.8km，浆砌片石 26 万 m^3；电缆敷设 75km，钢护栏 70km，灯杆、灯具 2100 套，标线 210km。

亚市人口 300 余万，为埃塞俄比亚第一大城市，是埃塞俄比亚政治、经济、文化中心，非洲统一组织总部所在地，是通往东非、西非各国的主要航空枢纽。亚市地势起伏，海拔高度 2200~2900m，西、北部为高原，东、南部较为平缓，流经城市两条河流，环城路地质以黑膨胀土为主。亚市日平均气温 23℃，最高气温 28℃，最低气温 6℃。每年 11 月至次年 5 月为旱季，除 3、4 月间有少量降雨外基本无雨，6—10 月为雨季，7、8 月为大雨季，年平均降雨量 1200mm。亚市城市道路状况很差，交通拥挤，建成环城路将会大大改善该市交通状况。1993 年埃塞俄比亚政府曾招标兴建环城路，一家加拿大公司中标，但因多方原因与困难于 1994 年合同终止，工程搁置数年，被当地人喻为"死了的路"。1998 年亚环路再次招标兴建，在中国政府的参与下，由中国路桥集团中标。亚环路建设由亚市政府投资和中国政府部分经援贷款投入。业主是亚市公路局，监理是英国 Parkman 公司。亚环路因其特殊的地理位置、较大的资金投入、较高的设计施工标准被列为亚市重点工程，也是该市迈向现代化的标志性工程，被喻为"埃塞第一路"。亚环路的再次招标兴建凝聚了中埃两国政府、两国人民的深厚友谊，有"丰碑路"之称。建好亚环路有着重要的政治意义和经济意义。

经过几年的艰辛施工，亚环路工程取得了一个又一个的阶段性成果，随着 1A 段、1B 段的先后交工，亚环路已展示出其特有的城市道路风采。2002 年 1 月 11 日，时任中国外交部部长唐家璇与时任亚市市长阿里·阿卜杜共同为 1A 段通车剪彩。2002 年 7 月 11 日，时任中国驻埃塞俄比亚大使艾平与亚市市长阿里·阿卜杜共同为 1B 段通车剪彩。

亚的斯亚贝巴寓意"鲜花之城"，环城公路的建成将是这座"鲜花之城"上一道最亮丽的风景。

2. 亚环路项目索赔工作的问题

亚市是一个人口密集而又缺乏资金和有效机制进行管理和规划的城市，政府的工作效率较低，亚环路项目又是一个复杂的大型市政道路，业主对亚环路开工前的准备工作不够充分。自工程依据合同开始实施以来，就面临着诸多的困难：埃塞俄比亚与厄立特里亚的战争造成我方被迫改变港口，给所有进口设备和物资的调运和进口造成一定的影响；业主对现场的移交即拆迁问题很大程度没有完成，很多情况是边施工边拆迁；设计缺乏计划性，设计变更异常频繁而且设计效率低，批复缓慢；异常的气候条件给施工带来一定影响；关税和其他税务增加；等等。这些给项目的施工生产、经营管理均带来了很大的阻力和影响，导致了工期的延误和额外费用的增加。以上提到的那些我方无法预见的因素及由业主的原因造成的影响，作为索赔事件我方均一一及时通知和上报了业主,同时通过不同方式让业主了解我方承包商所面临的困难和因此造成的在工期及经济上的巨大损失。为了引起业主的重视和便于操作,我方把所发生的索赔项目放在一起,每半年一次,以定期综合索赔报告的形式上报业主。

3. 亚环路投标阶段合同管理

1)人工和材料的调价部分必须认真对待。按照 FIDIC 条款的要求,人工和材料在合同项目实施过程中的价格涨幅风险由业主承担,因此在项目投标中,要求投标人将人工和规定的几种主材价格或价格指数列入,作为今后人工和材料调价所依据的基准。这在项目的具体经营管理中,是避免风险、保护应得效益至关重要的环节,因此在投标中要注意以下内容:

① 投标书中必须按要求提供全面的人工和材料的价格发票或指数证明,材料价格中须包括运费、保险费、关税、港杂费等所有到工地现场发生的费用,不能漏项。如果对某一个环节或某一种材料未提供相应的价格证明,由于缺少调价基准,监理将不予考虑调价。

② 人工、材料价格相应的证明票据要求真实可靠,在此基础上尽量使价格最低,如果可能,可以策略性地适当下调价格。

③ 对调价材料的料源认真考证,必须能保证供应,材料质量必须符合合同要求的技术标准。

④ 在具体材料采购过程中,如果根据实际情况需改变购货单位,则按照合同要求必须提前征得监理的书面认可。

2)投标书中间接费部分的构成和费用不能马虎。一定要认真逐项填写,要尽量使费用合理偏高。如果今后发生任何的延期索赔,这将是由于延期造成费用增加的直接和无争议的计算依据。

3)在工料机的价格调查中,要对运费、保险费、关税、港杂费及人工的收入所得税等所有按合同必须考虑的各项费率调查全面,避免漏项,尤其是机械和进口材料的关税部分必须充分了解,对当地税法和财务制度准确掌握。

4)在投标书中所列的资源计划(Resources Programme)要慎重填写,只要能满足招标书的要求即可,一般不应盲目加大上报数量,这在业主审查承包商投标书时只是起参考作用而已,但却可能使今后的索赔陷入被动。

4. 亚环路合同实施阶段的索赔管理

(1)内业工作(Paper Works)

1)开工前上报给监理的施工总体计划要高度重视,要求合理清晰,关键路线明确,资源计划合理,必须获得业主和监理的认可和批复。按照合同和监理要求格式报批的总体施工计划(Clause 14 Programme)是延期索赔重要的计算依据。

2)承包商月报(Monthly Report of Contractor)要全面反映施工整体情况,包括实际形象进度、上期计划完成情况、下月计划安排、计量支付情况、现场存在的情况、要求业主和监理解决的问题、资源使用记录、天气记录、工程进度及存在问题的照片等,要全面客观。承包商月报也是索赔工作重要的参考记录来源。

3)同业主和监理的有关合同及设计变更等方面的信函(Correspondence)要有专门的合同工程师负责,对任何与索赔相关的事件必须依据合同据理力争,不能使我方处于被动局面,为今后索赔带来麻烦。

4)每个月的现场降雨量记录(Rainfall Data)要由实验室专门进行测量,并以监理规定的格式上报给监理批复和备案。关于施工所在区域的雨量历史记录档案,要向当地气象部门索要或购买,这是进行异常降雨引起延期索赔的必备资料。

5) 对当地的一般法律(Law)、税法(Tax&Duty Regulations)(包括关税、企业所得税、个人所得税、增值税、矿区使用费、财务税等)、当地规章等资料要全面搜集并存档备案。跟踪税法和其他各种法律法规的变化,对引起我方费用增加的要立即通知监理和业主,并将所有此项费用的同期记录专项存档,定期上报监理。

6) 对发生的所有引起索赔的事件必须及早将索赔意向(Notice of Claims)书面通知监理并抄送业主,不宜拖延,更不能超出合同规定的28天的期限。意向上报及时,就可引起监理注意并对同期记录进行跟踪签认,保证记录的有效和及时性;如果拖延,则监理很可能会拒绝签认,这样可能会造成索赔失利或失败。

7) 对所有上报索赔意向的事件,要有专人负责跟踪、搜集、整理并存档同期记录(Contemporary Records),及时上报监理并业主。

(2) 现场索赔

1) 监理的现场指令和工程变更(Instruction&Variation)。在项目实施过程中,根据现场的实际情况驻地或旁站监理经常会在现场对工长发出一些口头指令(Verbal Instruction),如果这种指令是对工程某个部位或项目的变更或是合同外工程,作为工长应立即和合同经营部联系,得到内部通知后才能付诸实施。合同经营部应对现场通知的监理口头指令或是从监理处直接传达过来的指令立即行文给监理要求进行书面确认,同时对支付方法及单价给予明确。根据FIDIC条款的要求,监理必须在7天内给予书面确认,否则被认为默认有效。这样做是为了避免现场发生的一些额外项目上层领导不知情而漏掉结算,或事后与监理发生不应有的争执。

对合同外变更项目除了要求监理进行书面确认外,还应根据合同要求监理签发变更指令(Variation Order),明确支付方式和单价并给出合理的工期延长。如果我方对支付单价或工期延长不满意,应立即上报我方认为合理的单价和工期,并给出单价分析和延期具体理由。如监理不予批复,在暂时以监理的单价得到支付后,上报监理索赔意向,要求对差值部分索赔。

2) 同期记录的签认(Records Signing)。上报了索赔意向后,随即就应准备相应的同期记录,这要求合同经营部安排专门的现场索赔工程师(Site Claim Engineer)进行跟踪整理,要求同期记录真实、准确、及时,并应有监理的签认。但是往往在要监理签认的环节上有较大难度。对索赔所需的记录监理大部分持抵制态度,不愿签字。对此我方现场工程师应有充分的思想准备,戒骄戒躁,不卑不亢,以真实而准确的记录赢得现场监理的信任和支持,并从工程开始就建立这种正常友好的合同关系。如果现场监理始终坚持无理拒签,我方应书面通知监理和业主并附同期记录要求安排人员限期确认。

3) 现场记录和施工日志(Site Records)。在项目索赔组织机构中,施工工段是重要的一部分,施工工长负责现场基础数据的记录,包括与所有索赔事件相关联的资源使用记录、施工遇到的障碍、计划的被迫改变、施工的被迫拖延、资源被迫闲置等。现场记录和施工日志是现场索赔工程师整理同期记录的依据,至关重要。因此要求我方工长具有很强的索赔意识,懂得合同知识,有较强责任心。

实践证明,对所有的施工项目均要求工段做事无巨细的施工日志效果并不佳,因为海外项目人员相对紧张,工段很难长时间坚持。有效的办法是对那些发生索赔的事件有针对性地记录,并要求安排专门的现场索赔工程师跟踪和协助,从而使同期记录真实、准确、及时,并通过现场索赔工程师的沟通,使现场监理易于接受并签认。

参考文献

[1] 王道好. 国际工程管理 [M]. 北京：中国建筑工业出版社，2017.
[2] 中国建设工程造价管理协会，中信工程项目管理（北京）有限公司. 国际工程项目管理模式研究及应用 [M]. 北京：中国建筑工业出版社，2017.
[3] 汪世宏，陈勇强. 国际工程咨询设计与总承包企业管理 [M]. 北京：中国建筑工业出版社，2010.
[4] 杜强. 国际工程管理 [M]. 北京：人民交通出版社股份有限公司，2017.
[5] 国际咨询工程师联合会，中国工程咨询协会. 施工合同条件：1999 年第 1 版 [M]. 北京：机械工业出版社，2002.
[6] 国际咨询工程师联合会，中国工程咨询协会. 设计采购施工（EPC）/交钥匙工程合同条件：1999 年第 1 版 [M]. 北京：机械工业出版社，2002.
[7] 刘尔烈. 国际工程管理概论 [M]. 天津：天津大学出版社，2003.
[8] 鹿丽宁. 国际工程项目货物采购 [M]. 北京：中国建筑工业出版社，2010.
[9] 吴之昕. 国际工程合约管理 [M]. 北京：中国建筑工业出版社，2018.
[10] 雷胜强. 国际工程风险管理与保险 [M]. 北京：中国建筑工业出版社，2011.
[11] 吴之昕. 国际工程市场开拓 [M]. 北京：中国建筑工业出版社，2018.
[12] 王松江，王敏正. PPP 项目管理 [M]. 昆明：云南科学技术出版社，2007.
[13] 张水波，何伯森. 工程项目合同双方风险分担问题的探讨 [J]. 天津大学学报（社会科学版），2003，5（3）：257-261.
[14] 刘俊颖，李志永. 国际工程风险管理 [M]. 北京：中国建筑工业出版社，2013.
[15] 邱闯. 国际工程合同原理与实务 [M]. 北京：中国建筑工业出版社，2002.
[16] 杨煦. 中国企业海外工程的风险管理研究 [D]. 北京：北京交通大学，2014.
[17] 宋振华. 承包商视角下业主风险再分配的应对研究 [D]. 天津：天津理工大学，2011.
[18] 雷胜强. 国际工程风险管理与保险 [M]. 北京：中国建筑工业出版社，2002.
[19] 李启明. 国际工程管理 [M]. 南京：东南大学出版社，2010.
[20] 郝生跃. 国际工程管理 [M]. 北京：北方交通大学出版社，2003.
[21] 马泽方. 国际大型工程项目风险管控措施分析 [J]. 经济与管理，2012（12）：84-86.
[22] 杜训. 国际工程估价 [M]. 北京：中国建筑工业出版社，1996.
[23] 崔军，钱武云. 国际工程承包总论 [M]. 2 版. 北京：中国建筑工业出版社，2012.
[24] 李超. 国际工程施工承包投标报价研究 [D]. 沈阳：沈阳建筑大学，2011.
[25] 郝宇璠. 非洲国际工程承包投标报价研究 [D]. 天津：天津大学，2010.
[26] 高原，金梦夏，陈勇强. 2017 年版 FIDIC 系列合同条件保险问题解析 [J]. 国际经济合作，2018（11）：78-82.
[27] 张哲，周密. 解析 2018 年度 ENR 国际承包商 250 强 [J]. 中国勘察设计，2018（9）：8-13.